本书为国家社会科学基金重大项目"健全重大突发事件舆论引导机制与提升中国国际话语权研究"（编号：20&ZD319）的阶段性成果

新媒体
营销传播

郑满宁 —— 著

人民日报出版社
北京

图书在版编目（CIP）数据

新媒体营销传播/郑满宁著 . — 北京：人民日报出版社，2021.5
ISBN 978-7-5115-6784-0

Ⅰ.①新… Ⅱ.①郑… Ⅲ.①传播媒介－网络营销
Ⅳ.① G206.2

中国版本图书馆 CIP 数据核字（2020）第 239496 号

书　　名：新媒体营销传播
　　　　　 XIN MEITI YINGXIAO CHUANBO
著　　者：郑满宁
出 版 人：刘华新
责任编辑：梁雪云
版式设计：九章文化
出版发行：人民日报出版社
社　　址：北京金台西路 2 号
邮政编码：100733
发行热线：（010）65369509　65369527　65369846　65369512
邮购热线：（010）65369530　65363527
编辑热线：（010）65369526
网　　址：www.peopledailypress.com
经　　销：新华书店
印　　刷：涞水建良印刷有限公司
法律顾问：北京科宇律师事务所　010-83622312

开　　本：710mm×1000mm　1/16
字　　数：228 千字
印　　张：16
版次印次：2021 年 5 月第 1 版　2021 年 5 月第 1 次印刷

书　　号：ISBN 978-7-5115-6784-0
定　　价：49.00 元

CONTENTS 目录

第一编 背景篇

第一章 企业即媒体：社会化媒体与营销革新 ·············003
第一节 新媒体营销传播硬件与软件：关系传播与情感传播 // 003
第二节 新媒体时代的营销环境发生根本性变化 // 007
第三节 新媒体时代企业营销的思维革新 // 008

第二章 移动互联时代的用户需求与行为 ·············013
第一节 移动互联网用户主体 // 013
第二节 移动互联网用户的上网习惯 // 014
第三节 移动互联网用户的移动互联网行为模式 // 024
第四节 不同移动互联网世代的网民群体比较 // 030
第五节 移动互联网用户主体——90后的行为特征 // 046
第六节 移动互联网用户主体——90后的观念素描 // 059

第二编 理论篇

第三章 广告营销思想的演进与创新 ·············065
第一节 AIDA理念 // 065

第二节　USP理念 // 067

第三节　品牌印象理念 // 074

第四节　广告创意时代 // 076

第五节　定位理念 // 090

第六节　品牌性格理念 // 098

第四章　作为营销的市场活动思想 ······100

第一节　4P营销理论 // 100

第二节　4C营销理论 // 104

第三节　4R营销理论 // 105

第四节　4S营销理论 // 106

第五节　营销观念的新发展 // 107

第五章　新媒体营销传播的原则 ······110

第一节　社交货币的打造 // 111

第二节　情境制造 // 117

第三节　情感唤起与情绪制造 // 120

第四节　公共性打造 // 122

第五节　实用价值重塑 // 124

第六节　讲一个好故事 // 126

第七节　小结：STEPPS六原则 // 127

第三编　操作篇

第六章　事件营销 ······131

第一节　社会化媒体促使事件营销2.0时代的来临 // 131

第二节　事件营销2.0时代的传播策略优化 // 134

第三节　事件营销案例剖析 // 138

第七章 病毒营销 ·················147

第一节 病毒营销的定义 // 148

第二节 病毒营销的基本流程 // 148

第三节 病毒营销成功六要素 // 151

第四节 病毒营销案例剖析 // 153

第八章 内容营销 ·················159

第一节 企业生产原创内容成为趋势 // 159

第二节 内容营销成功的基本原则 // 164

第三节 内容营销的步骤 // 166

第九章 社群营销 ·················170

第一节 社群的定义、形成与分类 // 170

第二节 社群营销 // 172

第三节 "罗辑思维"的运营模式分析 // 175

第四节 吴晓波频道的社群运营 // 176

第十章 整合营销传播 ·················179

第一节 整合营销传播的基本概念 // 179

第二节 整合营销传播的操作要点 // 181

第三节 整合营销传播的案例剖析 // 181

第四编 方法篇

第十一章 新媒体营销传播的社会网络分析范式 ·················195

第一节 传播效果测量的三大实证研究方法面临的困境 // 195

第二节 社会语义网与社会网络分析 // 199

第三节 新媒体营销传播的社会网络分析范式 // 209

第十二章 新媒体营销传播的认知神经科学研究范式 ············ 212

  第一节 认知神经科学为新媒体营销传播提供了新的研究范式 // 214

  第二节 认知神经科学研究范式的工具 // 218

  第三节 新媒体营销传播的认知神经范式 // 237

第一编

背景篇

第一章

企业即媒体：社会化媒体与营销革新

第一节　新媒体营销传播硬件与软件：关系传播与情感传播

一、关系传播成为新媒体营销传播时代的硬件

任何人都生活在关系社会中，没有谁能脱离关系而存在，人本质上是一个"关系人"。农耕时代，由于血缘、地缘等因素而形成了社会关系网和群落化，人际传播和群体传播便成为这一时期的主要传播形态，社会归属感也最为强烈；进入工业文明时代后，社会个体所依附的原有社会关系网被破坏和取代，个体重新以"原子化"的方式而存在，社会关系链接的基础则主要依赖学缘和业缘，社会关系开始变得虚拟化，社会归属感也相应下降；随着网络社会的崛起，互联网媒体的勃兴使得人们重新部落化、族群化，人与人之间的社会关系也随着社会的进步越来越丰富，一种新型的社会关系——基于趣缘的社会虚拟关系诞生，而社交移动互联网的社会属性则不断消退，人们越来越把私人领域的想象叠加到社会关系上，并且越来越倚重这种虚拟的社会关系网，社会关系和社会结构发生了本质性变化，依附在虚拟社会关系网之上的传播关系也基于新型的社会关系移动互联网而发生改变和重塑，关系传播将逐步取代大众传播、组织化传播成为社会传播的主流传播形式。

随着社群的崛起，人们越来越依靠人际关系网来获取信息，"关系"本身成为一种媒介，据中国人民大学舆论研究所 2004 年和 2015 年对北京地区居民的信息源结构调查，新闻媒体在其中的占比已经由 2004 年的 76% 左右下降到 2015 年的 29.4% 左右，以微信群、朋友圈为代表的人际关系网成为民众获取信息的第一大渠道（42.8% 左右）[①]，这在一定程度上说明了传统的"一对多"的粗放型信息分发模式（大众传播）逐渐式微，以人际传播、群体传播为代表的社群传播崛起。"无社交，不营销"，成为营销传播行业的铁律。

二、情感传播成为新媒体营销传播时代的软件

著名市场营销学家菲利普·科特勒（Philip Kotler）曾将人的社会消费行为划分为三个不同的阶段，分别为量的营销—质的营销—情的营销。在情的营销阶段，商品的数量与质量已经不再成为人们消费时所追求的主要目标，人们追求的是购买与使用中，该商品的附加价值与自己的关系，以及多大程度上能够满足自己在情感上的需求。同样人们对新闻的消费也经历了以上三个阶段：第一个阶段是量的传播，在信息渠道相对匮乏的时期，无论生产出什么样的信息都会有人阅读和观看，这一时期是渠道为王的阶段，如 20 世纪 80 年代的读者可以将党报从报头读到报尾；第二个阶段是质的传播，在信息渠道日渐丰富的阶段，人们获取信息的成本在下降，会更多地选择内容质量高的信息来阅读，这一阶段是内容为王，如 20 世纪 90 年代的晚报和都市报的"一纸风行"；第三个阶段是感性或情感的传播，人们追求的不再是信息的渠道有多权威、内容质量有多优质，而是更关注是否与我有关、是否能满足我的情感需求，人们关注的不再是媒体设置的"宏大叙事"的议题，而是与自己日常生活密切相关的"小确幸"（微小而确实的幸福），尤其是 95 后

---

① 喻国明.当前新闻传播"需求侧"与"供给侧"的现状分析［J］.新闻与写作，2017（5）.

群体，追求的是感性的信息刺激而不愿意阅读那些深度理性的长信息。

在感性的满足阶段，新闻的界限越来越模糊，微信公众号的大量10万+的文章都不是按照新闻专业主义的客观中立规则生产出来的，很多文章杂以表情包、戏谑调侃和耸人听闻的标题，价值判断明确、社会情绪鲜明，和传统意义上媒体必须秉承客观公正之要求已经相去甚远，新生代网民不再关注这个信息是不是新闻、是否符合新闻专业主义，只要刺激好玩或者能打动他们并能满足他们对信息的需求就是好内容，新闻与非新闻的界限越来越模糊，新闻专业主义的操作手法越来越成为传统媒体孤芳自赏的"古董"。因此未来的传播要从"新闻产品"的窠臼中跳出来，上升到内容生产的角度，主动打破藩篱，从用户的情感需求结构和情绪依赖上入手，以满足用户的情感需求和价值共鸣为内容生产的标尺。

三、信息生产格局：用户原创内容（UGC）+专业生产内容（PGC）+职业生产内容（OGC）

随着移动互联时代的来临，移动产品APP越来越多，再加上社交功能属性的凸显，UGC模式基本上成为业界公认的金科玉律，成为APP产品的标配，一系列UGC模式的产品扎堆出现，如移动社交工具的公众平台、盖楼跟帖、段子APP等，还有无论是购物还是拍照的APP都必须加上UGC的功能模块，这些产品依靠大量用户贡献的内容而获得了更大的用户量，甚至因此获得资本市场的青睐。但UGC模式越来越凸显其自身所存在的问题，与其所依附的社交平台逐渐变成一种零和博弈的关系。

从本质上说，UGC模式就是为了吸引足够多的用户参与到社交平台的内容建设上来，用户贡献内容没有达到一定的量级，就难以形成平台效应，最多只是小打小闹，难以形成气候，而一旦到真正拥有大量用户，并且有足够多的内容支撑平台对更多用户输出价值的时候，平台的价值就可以凸显出来。而这种平台一旦形成，平台方就会开始制定各种规则让用户来遵守，有些规则会比较苛刻，如封号、恶意删除等都有可能打击平台上用户进行内容生产的积极性，这时 UGC 生产的积极性也会受到打击。人口红利既壮大了 UGC 平台，也造成了 UGC 平台发展的不确定性。在平台方看来，用户的质量并不是那么重要，只要保证拥有足够多的用户数量，就能保证贡献足够多的内容，而流失一些优质用户并不算什么，这就造成了平台面临着大量用户流失的挑战，而且平台间的可替代性非常高——只要有同属性的平台出现，用户是很容易流失到别的平台上的。

另外，UGC 产品的盈利模式至今尚不明晰，如百科、问答类等 UGC 产品很难有自己独特的盈利模式。平台方为了走出盈利的困境，在获取足够多的用户后，为了赚钱到处挂满广告，这就使得平台方和用户合作的基础发生了变化，随着平台的不断壮大，底层用户将越来越不受到平台方的重视。从目前的实际运作来看，UGC 模式似乎成为一个可望而不可即的梦，例如目前新浪微博盈利所面临的困境。

随着移动互联网的发展，信息内容的生产不断细分出多元模式：UGC、PGC 和 OGC，很多研究者总是希望讨论出到底"谁会替代谁""谁必将是主流模式"等问题的结果，作为一个去中心化的网络社会，信息生产模式无所谓好与坏、谁替代谁的问题。首先 PGC 和 UGC 经常存在交集，在某种意义上，PGC 属于 UGC 的一部分，专业内容生产者既可以是该平台的用户，也可以通过专业身份认证贡献具有一定水平和质量的内容，如微博的科普认证账号、政务微博账号，还有一些加 V 认证的网络意见领袖；其次 PGC 和 OGC 也存在着交集，在平台上，一少部分专业内容生产者既有一定的专业身份，又有一定的职业身份，如媒体记者、编辑，既有新闻的专业背景，也以写稿为职业领取报酬；最后 UGC 和 OGC 也存在一定的交集，一定的专业生产机构在平台上注册，传播自己的信息内容，既是平台的内容贡献者又带有本职业的生产特性，如微博上的媒体官方微博和微信上的公众号。

因此，UGC 不是万能的，未来单纯的 UGC 模式是不足以支撑起整个互联网发展的，必须是 UGC 和 PGC 相辅相成的内容运营思路主导，因为一个成熟的互联网内容产品，不论网站还是社区、视频平台、音频平台和社交平台，均是 UGC 负责内容广度，贡献流量和用户的参与度，PGC 负责维持内容深度，树立平台品牌和创造平台高附加价值，两者缺一不可。从这一意义上来说，未来的互联网信息生产格局应该是以 UGC+PGC 和 OGC 两个模式并行不悖地来主导。

第二节　新媒体时代的营销环境发生根本性变化

一、媒体形势和格局发生变化

传统媒体时代，信息的生产和传播渠道掌握在有限的媒体组织手中，掌握了媒体就掌握了渠道和内容，信息的生产主体和传播主体是一体的，全国的信息渠道是可以数出来的，这一时期处于"渠道霸权"时代。随着新媒体的发展，信息渠道越来越丰富，并呈现出渠道过剩的情况，如目前微信的注册用户达六亿多，从理论上讲能够拥有六亿多用户的自媒体账号，其信息渠道也较为多元。而随着整个社会舆论环境所发生的深刻变化，传统的以官方为主导的舆论格局也被多元化的舆论主体所取代。

二、新闻生产方式发生变化

新媒体技术的崛起使得新闻发布主体越来越多元化，每一个微博、微信的用户都可以成为新闻的发布者，新闻内容生产的主体也从组织化向社会化演变。新闻生产方式主要发生了以下三个变化：一是新闻线索的获取，通过刷微博、微信获取新闻线索已经取代了部分传统"跑新闻"的形式；二是采访方式，微博私信或微信直接联系新闻当事人或知情人进行采访，改变了传统面对面的新闻采访形式；三是新闻写作方式，随着微博、微信表达的碎片化，出于适应这种碎片化、快餐化的信息传播的需要，在新闻写作方式上也力求简洁短小，这些都使得新闻生产方式出现了全新的变化。

三、新闻生产主体发生变化

目前新闻媒体的主要从业者多是刚入行的90后大学毕业生，生产主体更加年轻化，简言之，90后群体已经成为新闻媒体的主要生产者。90后是互联网上最活跃的用户，与前辈新闻工作者不同，其对新闻职业操守、新闻运作的理解更加随意化，因此很难用跟他们前辈打交道的方式与他们进行交流，这些都使得在新闻发布与媒体关系管理方面产生更多不可控的因素。

四、新闻消费者发生变化

信息传播环境和格局的改变，也使得传统的新闻消费方式发生了变化，传统的信息消费是一种被动的信息消费，仅是满足公众最基本的"知情权"的需求，而如今信息消费的方式则从原来的"知情权"转变为"话语权"，同时新闻的"在场意识"也在不断强化。除"知道"之外，公众还要"说话"，还要质疑、跟进，"用户"与"用户体验"成为新闻消费当下最为流行的话题。

第三节　新媒体时代企业营销的思维革新

未来学家托夫勒曾预言："电脑网络的建立与普及将彻底地改变人类生存及生活的模式。谁掌握了信息，控制了移动互联网，谁就将拥有整个世界。"移动互联网技术的快速发展在庞大网民中引发了多米诺骨牌效应，包括用户行为、日常生活方式、情景计算与服务、物联网在内的多个领域都经历着被重塑的过程，并呈现出互联互通的全新态势。

一、社会化媒体带来的机遇

社会化媒体崛起对社会尤其是企业组织来说最大的机遇是：企业即媒体、产品即关系、服务即营销。

（一）企业即媒体

在过去，传播信息的媒介或渠道主要来源于媒体，企业传递信息一般都是通过广告代理公司购买外部渠道，如杂志广告，电视、收音机广告等来进行企业形象的宣传和维护，主要采用的是服务外包模式，很多企业都试图通过购买或间接控制媒体渠道来为自己宣传，如台湾地区的旺旺集团购买《中国时报》等。而现在，随着自媒体平台的普及，企业开始从幕后走向台前，成为最大的自媒体，并且拥有很多自有渠道来传播信息，如论坛、微博、QQ 空间、微信公众账号、百度直达号等。每一个自媒体都可以用自己的渠道来发表自己的意见，企业作为一个自媒体，不仅依靠自媒体进行信息宣传和品牌传播，甚至直接生产原创内容来植入更多的品牌理念，实现自我宣传和口碑化的营销。

内容生产不再是媒体的专门职能，也成为品牌企业必须从事的一项基础工作。"一切行业都是传播业，所有企业都是媒体。"

（二）产品即关系

在目前物资非常丰富的时候，产品本身已经不重要，打造产品已经变得越来越容易。而用户则变成了中心。每卖出一个产品，商家收获的不仅仅是钱，而是用户。只有用户在使用产品时体验较好，企业才能真正拥有这个客户。

如果用户体验不好，即使企业能暂时拿到钱也终将会失去这个客户。有些企业表示，我们很重视客户关系，我们有建立 CRM（客户关系管理系统），但更多企业的 CRM 系统仅仅是记录了客户的基本信息：姓名、电话、出生日期。实际上更重要的关系应该是建立人与人之间真正的关系——可跟踪可衡量的关系。因为有了移动端，客户的各种行为更容易被记录，有了更多的数据对这种关系进行科学的分析。因为销售产品，开始有了关系；因为经营关系，明白了客户到底想要什么，并使之后的决策和经营都有了依据。

（三）服务即营销

服务就是一种增加产品本身价值的体验，通过体验提升产品价值。服务行业比如餐饮，若订了一份菜，这份菜是产品，而怎么把这份菜呈现出来，则是服务的过程。可口可乐是产品，可口可乐昵称瓶、歌词瓶等创意，包装上面印的那些很好玩的词就是一种服务，给客户情感上的体验。这种服务的形成在移动互联网时代会变得更加多样化。移动终端让企业了解到客户不同的偏好，然后再去设计出更吸引客户的场景。即用户个体偏好＋移动中的场景＝满足用户需求的个性化服务。

随着大企业纷纷开始设立媒体部门发力内容制作，"企业即媒体"的趋势已经逐渐明朗，对现有的内容生产格局也带来了以下影响：一是在内容生态上，内容与广告的边界逐渐模糊，一切内容都将成为广泛意义上的价值信息。原生广告就是品牌化内容的表现形式之一。原生广告结合了内容与广告的双重特性，试图从受众心理出发，并提供既展示品牌又能与上下文相融合的广告，引发人们共鸣。与此同时，在内容分发上企业会掌握更大的主动权。广告主在瞄准消费者之后，可以自己为目标用户制作内容，并根据内容的形式和调性自主选择媒介投放渠道，实现精准投放，以增强内容与平台的匹配性，获得更好的传播效果。

二是媒体人才越来越受到媒体化转型企业的青睐。当企业吸纳越来越多的优秀人才进入它们的创作团队时，势必会进一步加剧传统媒体的人才流失危机。另外，广告创意公司等其他内容产业的上下游玩家也迫切地需要转型。近年来，广告公司的生存空间不断遭受挤压，强势广告时代一去不复返，4A广告公司的巨头们一直引以为傲的专业体制也越发力不从心。

这些变化对内容生产行业来说既是危机也是转机，广告人才与广告公司的业务必须与上下游的企业和媒体进行双向融合。一方面，广告公司为企业方提供战略咨询、经营规划和整合营销传播，成为企业的战略合作伙伴；另一方面，广告公司也可以与媒体合作，进行媒介代理、媒介购买、植入式广告以及为品牌量身定制节目等服务。

转眼间，曾经的广告主都开始生产内容了，企业借助社会化媒体渠道将会越来越多地独立承担起内容生产与传播的职能，为创意内容产业注入一股新鲜的动力。

二、企业即媒体——企业传播的颠覆性思维

以前从事公关传播相对比较简单，策划、写稿、召开发布会，新闻通稿发出去、媒体简报拿回来，就算完成了任务。现在这样做还有明显效果吗？都市报头版或门户首页上的新闻稿，就一定能产生重大影响吗？以前公关对销售的促进作用难以衡量，现在似乎有了更好的方式——微信公众号、服务号和电商打通后，用户的阅读、分享都有数据可循，许多传播行为的效果都可以数字化。如果线上电商渠道与自媒体打通，自媒体传播的影响也将变得可以测量。社交媒体、自媒体飞速发展，企业转变传播思路的时代到来了。

一是传播平台从"传统网络媒体"向"新新网络媒体"转移。内容源头可以是传统媒体，但平台重心应由纸媒向移动媒体、自媒体等"新新网络媒体"转移。

二是传播主渠道从公关公司及媒体转向企业自媒体。企业可以拥有自媒体，但仍然需要合作伙伴提供创意，并且可以使用多个账号、多种形态组成"自媒体矩阵"。对企业传播来说，这是一个关键的新抓手。

三是内容生产从外部依赖到内部创造转变。大型活动、复杂创意可借助第三方公司，但是紧急、即兴的创意和事件，不能让公关公司先提案、再比稿、再内部决策，否则话题的热度早过去了。

媒体有两个属性，作为"平台"的媒体，哪一类都可能有生命周期，但作为"内容"的媒体，只会越来越重要，尤其是在社会信息剧增、用户无所适从的时候。小米也好，京东也好，阿里也好，后来的汤臣倍健也好，每一家优秀的企业，未来都将首先是一个优秀的媒体。

三、企业即媒体需要树立四种思维

一是"连接"。腾讯当年提出"微信连接一切"，"连接"便成为年度热词。每个企业都需要思考，用什么方式才能跟利益相关方建立连接？自媒体只是其中之一，是否还有其他渠道？反之，产品与服务是否可以通过某种方式成为"连接"的载体？比如，每个产品上都增加二维码，连向企业官网、官博、微信公众号、电商平台，那它就成为连接企业与消费者的载体。

二是"社群"。B2C（商对客电子商务模式）也好，B2B（企业对企业）也好，每个企业总是在服务于拥有共同特性的一群人，如果能让他们彼此之间、他们跟企业之间组成社群，互动起来，将产生新的巨大价值，这是每个企业都需要思考的。

三是"跨界"。这个词红遍网络，但也让一些企业界大佬感到焦虑。"这个时代唯一不变的就是变化"，企业和产品的边界开始模糊，竞争对手变得不确定，比如，重挫移动短信业务的不是联通，而是微信。但是对于勇者来说，"跨界"既是挑战也是机遇。汤臣倍健发起成立的"蓝莓会"的企业PR、品牌营销与自媒体社群，将不同行业、企业的管理人员聚合在一起，跨界合作就是其中的重要议题。

四是"联盟"。如自媒体联盟 Wemedia，汇集了 300 家左右自媒体，覆盖科技、生活、时尚、汽车、财经、文学等领域超过 3000 万个的中高端人士。另外一个是蓝鲸，这个集群平台汇集了全国 6000 多个财经记者，将分散的力量整合了起来，产生了 "1+1>2" 的效用。未来，企业如果想把自己的声音更大范围、更准确地传递出去，想要更及时、更全面地收集到来自用户和社会的反馈，联盟是一条必须走的路。

第二章
移动互联时代的用户需求与行为

第一节 移动互联网用户主体

中国互联网络信息中心（CNNIC）发布的第46次《中国互联网络发展状况统计报告》显示，截至2020年6月，我国网民规模达9.40亿，互联网普及率为67.0%。

如果对所有网民进行加权计算，可以得出中国网民的平均年龄为30.5岁、平均月收入为3100.4元、平均学历为大专学历、以学生为主要人群。从以上数据可以看出，中国网民具有"三低"的特征，即低龄化、低收入和低学历，这些人群具有很明显的特征，即非理性（情绪宣泄多，理性思考少，常常充斥捕风捉影、道听途说、夸大其词、耸人听闻之辞，在表达方式上也呈现出偏激、粗俗的倾向，甚至不时出现谩骂、恶意攻击的言论）、从众性（"先入为主""先声夺人"，马太效应非常明显）、逆反性（挑战权威：反传统、反主流、反权威，宁信其错，不信其对，宁信其坏，不信其好；制造与主流意识相悖的话题，展现惊世骇俗的言行，以吸引公众的关注，追求特立独行的满足感）、虚拟性（网络人格与现实人格的某种程度的分裂，造成网络舆论与真实民意的反差）、娱乐性（戏谑娱乐心理，相较于重大问题更关注零碎的细节）。

移动互联网的核心和价值是什么？移动互联网使得社会形成了一种全新

的人与人之间的人群关系链，人群关系组织特征体现为社交、本地、移动、个性。互联网时代有三个特征"竞争、自由、个性化"，区别于此前的"控制、垄断和中心化"，"垄断和中心化"是60后、70后、80后拥有集体回忆，而90后没有集体回忆的原因。

第二节 移动互联网用户的上网习惯

一、全天上网习惯刻画

（一）日均手机上网时长为112分钟，已超电脑上网时长

2017年，移动互联网用户的人均周上网时长达29.2小时，其中，每人每天使用电脑或笔记本电脑上网的时间约为100分钟，使用手机上网（不含电话和短信）的时间约为138分钟，使用平板设备上网的时间约为51分钟。由于手机的便携性、移动互联网的发展以及人们碎片化时间的增多，使用手机上网的时间已经超过使用电脑上网的时间。手机已经成为移动互联网用户上网的主要工具。

（二）23点是移动互联网全天峰值

主流消费群体的网络接触时间分布如图2-1所示。从全天时间来看，晚间是移动互联网用户上网的高峰期，到23点达到最高峰。0点过后上网行为急剧减少，凌晨5点降到最低。早上8点左右是上网量急剧攀升的时段。总体来看，上午上网量少于下午，中午12点的午饭时段和18~19点的晚饭时段上网量也比较大。

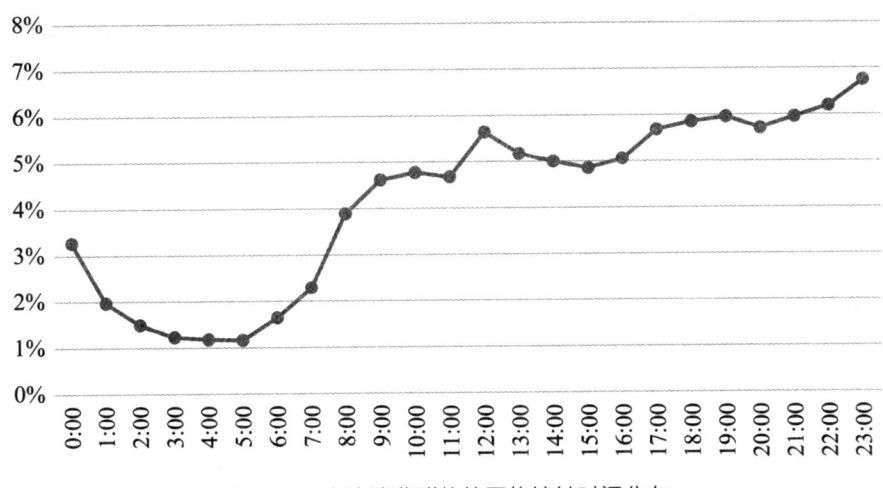

图 2-1 主流消费群体的网络接触时间分布

二、上网场景刻画[①]

(一)公共场所是上网的首选场景

总体来看,公共场所是移动互联网用户上网的第一大场所,86.3% 的移动互联网用户是在公共场所,这说明公共场所移动互联网已经越来越普及。而随着移动互联网的发展,这一比例可能会继续上升。家庭是移动互联网用户上网的第二大场所,56.6% 的网民都在使用家庭宽带上网。第三大场所是学校(39.7%),第四大场所是工作单位(35.3%)。

(二)北京青年更喜欢在公共场所上网,二线城市中大连青年上网最多

将移动上网地点与年龄进行交叉分析,可以看出,越年轻的用户越喜欢

---

① 本部分数据是由中国人民大学舆论研究所于 2017 年 1 月进行的"移动互联网用户行为与偏好"的网上调查数据所得,样本量为 1102 个移动互联网用户。

在公共场所上网，占到总体的（86.3%），其次学校也是年轻人移动上网的主要场所，主要是一些学生群体。

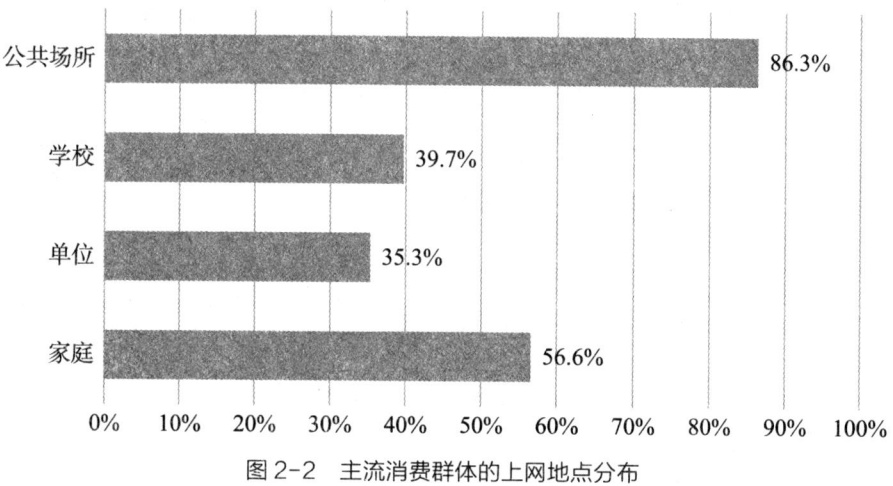

图 2-2　主流消费群体的上网地点分布

从移动上网的用户分布上看，比较靠前的 10 个省、市依次是北京、广东、江苏、山东、浙江、河南、安徽、上海、辽宁和河北。

从城市来看，排名最靠前的 10 个城市是北京、上海、大连、德阳、昆明、运城、荆州、扬州、郑州和合肥。公共场所移动上网用户主要集中在东部沿海地区，基本上和移动互联网的普及率相一致。

三、移动互联网用户社会需求

（一）物质需求

1. 性别差异：女性爱买衣服和化妆品，男性爱买 3C 产品

通过对用户使用移动端 QQ 浏览器搜索物品，以及对淘宝、京东等购物网站的浏览行为的数据分析，可以计算出民众的电子商务热销类目，移动互联网用户通过互联网满足的物质需求 TOP20 为女装、手机、数码配件、美容护肤、男装、箱包、女鞋、零食、电脑周边、笔记本电脑、汽车用品、玩具、内衣、床上用品、运动健身、流行男鞋、住宅家居、童装、户外用品、彩妆。

从中可以看出，移动互联网用户正通过移动互联网满足其从头到脚、从个人到家庭、衣食住行等全方位的物质需求。其中女装、美容护肤、女鞋等几类需求的高排位显示出女性群体是互联网物质消费的主力军。根据马斯洛的需求层次理论，网民对物质的需求已经超越了基本的生存需求，开始呈现出比较强的自我包装、提高生活质量的导向，在满足基本物质需求的基础上还追求中高层次的物质满足。

在不同网络群体的购物活跃度上，80后是绝对的主力军，80后的物品搜索和购物频率要高于90后和70后，因为80后基本上都步入了工作岗位，有了一定的收入，并且开始组建家庭，需要的物品数量和种类都比较多；而90后虽然在移动互联网络上行为活跃，但很多还在上学或者刚步入社会，经济水平有限；70后则相对生活稳定，社会物质需求不那么旺盛。

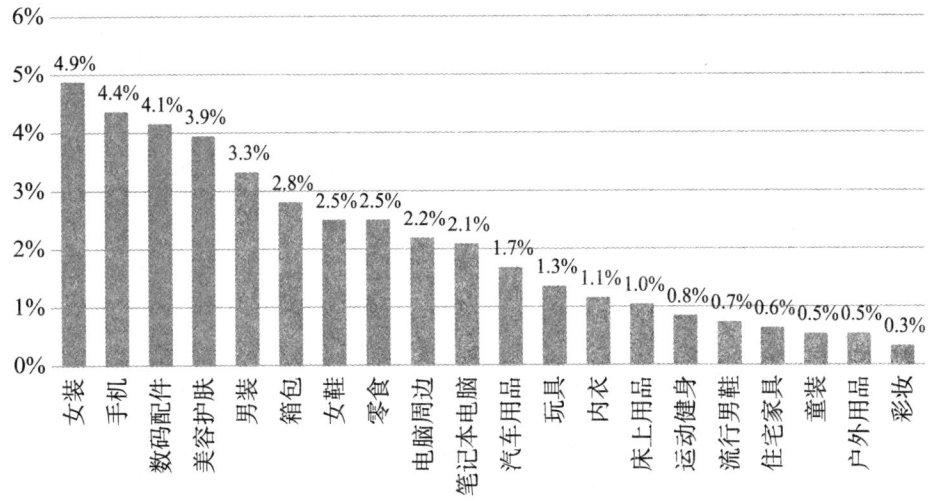

图2-3 主流消费群体的物质需求类别分布

2.省域分布：山东用户爱买女装，安徽用户爱买化妆品，北京用户侧重买手机和电脑

根据以上物品的类别，结合地域的搜索行为可以看出，女装搜索最集中的省区是山东、广东、北京和江苏等，化妆品和美容护肤物品搜索最集中的省份是安徽、江苏、山东和广东等，而电脑和手机等3C产品则主要集中在

北京、山东、广东和江苏较发达地区,这在一定程度上说明,搜索行为与所在地区的经济水平紧密相关。

表 2-1 女装、美容护肤和 3C 产品的需求省域分布表

序号	女装		美容护肤		3C 产品	
1	山东	11.6%	安徽	14.4%	北京	14.4%
2	广东	9.4%	江苏	12.2%	山东	12.7%
3	北京	8.4%	山东	10.8%	广东	9.3%
4	江苏	6.7%	广东	8.3%	江苏	9.2%
5	浙江	5.6%	福建	6.8%	浙江	5.5%
6	上海	5.1%	内蒙古	6.7%	福建	3.9%
7	安徽	3.4%	北京	6.6%	安徽	3.0%
8	湖北	3.1%	浙江	3.4%	江西	2.5%
9	辽宁	2.9%	辽宁	2.5%	上海	2.4%
10	河南	2.9%	上海	2.5%	河北	2.3%

(二)精神需求

1. 省域分布:安徽用户爱户外,广东用户爱零食,浙江用户爱居家

通过对用户在移动端 QQ 浏览器中的搜索请求进行归类,大致可以归为以下几种:数码、户外、零食、花卉、居家、运动、宠物、摄影、美容、爱好收藏、健美。这几类也是根据用户搜索从高到低进行排列的,可以看出,数码、户外、零食和花卉等是民众重要的需求类别。

结合省域的分布可以看出,对花卉搜索较多的省域是北京、山东和江苏等,对户外设备搜索较多的省域是安徽、北京和浙江等,对零食类搜索较多的省域是广东、浙江和北京等,对居家产品搜索较多的省域是浙江、山东和广东等,对宠物搜索较多的省域则是北京、广东和浙江等。

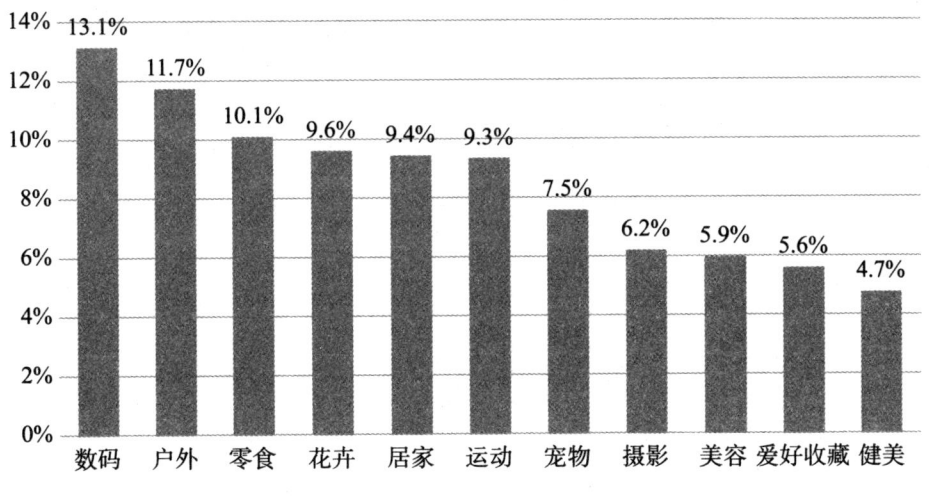

图 2-4　主流消费群体的精神需求类别分布

表 2-2　花卉、户外、零食和居家等精神需求省域分布表

	花卉	户外	零食	居家	宠物
1	北京	安徽	广东	浙江	北京
2	山东	北京	浙江	山东	广东
3	江苏	浙江	北京	广东	浙江
4	广东	广东	江苏	福建	江苏
5	河南	山东	上海	上海	山东
6	福建	上海	山东	北京	上海
7	浙江	江苏	福建	天津	河北
8	天津	辽宁	天津	陕西	陕西
9	河北	河南	河南	重庆	福建
10	上海	河北	湖南	湖北	天津

2. 城市分布：天津用户爱花卉，马鞍山用户爱户外，泉州用户爱居家

如果具体到城市，因为北京、上海、天津和重庆属于直辖市，再加上广州和深圳等一线大城市，人口众多，代表性不强，不计算在内的话，那么对花卉搜索较多的城市是南京、福州和石家庄，对户外设备搜索较多的城市则是马鞍山、苏州和济南，对零食搜索较多的城市则主要是杭州、苏州和郑州，

对居家产品搜索较多的城市则是泉州、杭州和湖州,对宠物搜索较多的城市主要是西安、成都和杭州。

表2-3 花卉、户外、零食和居家等精神需求城市分布表

	花卉	户外	零食	居家	宠物
1	北京	北京	北京	泉州	北京
2	天津	马鞍山	上海	上海	上海
3	上海	上海	广州	广州	天津
4	南京	苏州	天津	杭州	深圳
5	福州	深圳	杭州	天津	西安
6	深圳	济南	深圳	湖州	广州
7	石家庄	杭州	苏州	北京	成都
8	广州	吉林	郑州	重庆	杭州
9	西安	温州	台州	武汉	郑州
10	郑州	郑州	成都	西安	重庆

3. 移动互联网越来越多地承载着用户社会情感职能

在精神需求方面,用户表现最为强烈的是情感需求,占35.3%。情感需求虽然是人的自然本性,但是网民表现得如此强烈也有其社会性的原因。一方面中国社会结构正在发生变化,传统的乡土式、宗族式的结构正在消逝,家庭结构开始向小型化发展,城镇化进程的推进催生了大量背井离乡的人群,这些人在快节奏的都市生活中容易产生孤独感,在现实生活中情感需求得不到满足,只能向互联网这一虚拟空间寻求;另一方面社会交往本身正在向互联网转移,社交移动互联网在很大程度上占用了传统社交的时间、替代了传统社交的方式,通过传统社交得到满足的一部分情感需求自然也就转移到了互联网空间,甚至出现了所谓的"宅文化"和社交移动互联网依赖症,这类人群的情感需求几乎只能在互联网空间得到满足,然而,也有很多人发现社交移动互联网不但没能满足他们的情感需求,反而让人感到更加空虚,这就又出现了需求得不到满足从而表现出更强烈需求的情况。事实上,网民

的需求也影响了互联网的内容。移动互联网媒体传播的大量煽情新闻、社交移动互联网中的很多感性内容都是应网民的情感需求而产生的。从这个角度看，移动互联网的用户并不理性。

移动互联网用户的另一大需求是求知需求，占29.1%。一方面是由于在风险社会来临的大背景下，人们发现了社会中更多的不确定性，为了在风险社会中获得安全感，产生了强烈的求知需求；另一方面是由互联网的属性所决定的。互联网的"互联互通"基本属性决定了信息和知识的生产打破了原有的疆界，使其传播更快更广，尤其是在中国传统媒体的传播相对受限的情况下，互联网成了获取信息的一个重要替代渠道。然而，互联网上的海量信息和知识如何实现去粗取精、去伪存真仍是当前网民面临的一大困扰。网民常常发现自己越是"求知"越不知道什么是"真知"。在信息和知识需求得不到满足的情况下，网民的求知需求自然也就表现得更为强烈。

审美需求（13.3%）、道德需求（10.7%）、自我价值实现需求（11.7%）是移动互联网用户的另外几大精神需求。其中，审美需求与当下的视觉文化密切相关，道德需求的一大表现就是移动互联网用户在话语表达中往往要抢占道德制高点，而网民在各种社交移动互联网中展示自我、经营自我形象的行为事实上就是一种自我价值的实现。

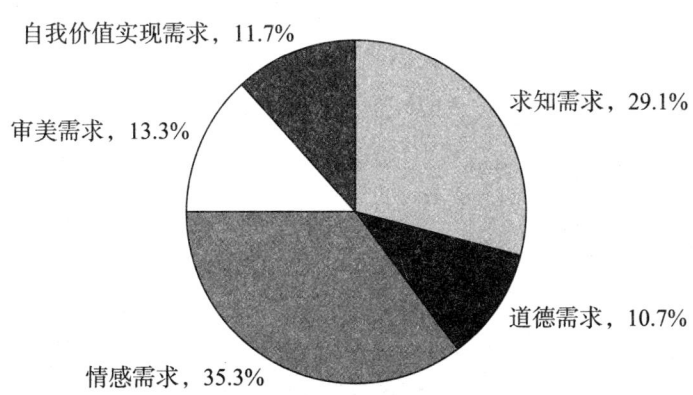

图2-5 主流消费群体精神需求类别分布

（三）信息需求

1. 休闲心情、新闻和时尚娱乐三类信息最受关注

移动互联网用户需求量最高的信息类别是休闲心情（42.9%）、新闻（22.0%）和时尚娱乐（13.5%）。其中，休闲心情的需求量明显高于其他类别信息，所占比例几乎是排名第二位的新闻的两倍，这与之前分析中提到的移动互联网用户的情感需求不无关系。一方面社会转型期给大众带来了比较大的压力，网民需要娱乐心情类的信息进行纾解；另一方面娱乐心情类信息的分享过程也可以看作一种社交过程，与社交行为向移动互联网空间转移的趋势相符，这说明互联网更多的是一种情感媒体，不是简单信息传递者的角色。

较大的新闻需求量也是一个值得注意的现象。这证明移动互联网确实已经成为人们获取信息的一个重要渠道。移动互联网与传统媒体相比更加开放、快速，在新闻生产和传播上都具备一定的优势，因此越来越多的人开始把移动互联网作为获取新闻的第一渠道。

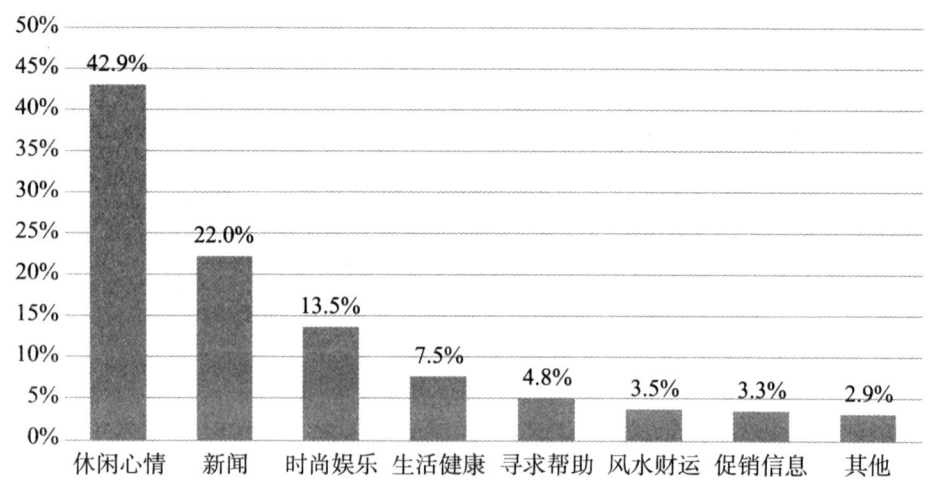

图 2-6　主流消费群体信息需求类别分布

时尚娱乐信息需求占移动互联网用户信息需求的 13.5%，远高于生活健康、寻求帮助等信息，这说明移动互联网用户的娱乐化倾向比较明显。不仅如此,移动互联网用户的表达也同样有娱乐化、戏谑化的倾向,移动互联网空间往往呈现出全民狂欢的景象。

除以上三类信息外,移动互联网用户对生活健康(7.5%)、寻求帮助(4.8%)、风水财运(3.5%)和促销信息(3.3%)也有一定的需求。

2. 浙江用户爱休闲和娱乐信息,北京用户爱新闻信息,上海用户爱生活健康信息

将移动互联网用户搜索的信息与地域相结合进行分析,可以看出,对休闲信息搜索较多的省域是浙江、广东、北京等,对新闻信息关注比较多的省域是北京、浙江和江苏,对娱乐信息比较关注的省域是浙江、广东和江苏,对生活健康信息比较关注的省域是上海、北京和广东。

表2-4 休闲、新闻、娱乐和健康等信息需求的省域分布表

	休闲	新闻	娱乐	健康
1	浙江	北京	浙江	上海
2	广东	浙江	广东	北京
3	北京	江苏	江苏	广东
4	上海	广东	北京	浙江
5	江苏	河南	上海	江苏
6	福建	山东	山东	山东
7	重庆	上海	河南	湖北
8	山东	河北	河北	福建
9	湖南	天津	湖北	河南
10	河南	四川	福建	四川

3. 温州用户爱休闲信息,郑州用户爱新闻信息,杭州用户爱健康信息

从具体城市来分析,去除北上广深等一线大城市,以及天津和重庆等直辖市,可以看出,比较关注休闲类信息的城市是温州、苏州和合肥,比较关注新闻信息的城市则是郑州、苏州和成都,比较关注娱乐信息的城市则是郑州、苏州和温州,关注健康信息较多的城市则是杭州、武汉和济南。

表 2-5　休闲、新闻、娱乐和健康等信息需求的城市分布表

	休闲	新闻	娱乐	健康
1	北京	北京	北京	上海
2	上海	上海	上海	北京
3	广州	天津	广州	广州
4	温州	郑州	深圳	深圳
5	重庆	广州	重庆	杭州
6	苏州	苏州	郑州	重庆
7	合肥	深圳	天津	武汉
8	武汉	重庆	苏州	济南
9	株洲	成都	温州	南京
10	福州	杭州	杭州	成都

第三节　移动互联网用户的移动互联网行为模式

一、社交已经上升为第一位的移动互联网行为选择

社交＋内容（含娱乐）＋商务是互联网的三大核心，移动互联网用户的移动互联网行为也不外乎围绕这三大核心展开。一是展开社交活动，随着互联网技术的发展和 Web 2.0 时代的到来，网民展开社交活动的方式也更加多样化，既可以通过邮件和即时聊天工具开展一对一的直接交流，也可以通过社交移动互联网和圈子开展一对多、多对多的社交活动；二是消费内容，既满足网民的信息需求也满足网民的娱乐需求；三是进行商务活动，满足网民的物质需求。

移动互联网行为的这三大核心并非彼此孤立，而是越来越多地相互交融。网民开展的社交活动往往依托于内容的消费和分享，而商务信息又嫁接在内容中，通过社交性的分享实现比传统广告更为高效、精准的传播。网民在生产内容的同时消费内容，在内容消费的刺激下进行物质消费，又通过内

容和物质的双重消费来完成社交。因此,移动互联网用户的移动互联网行为是围绕内容、社交、商务这三大核心交融的。这种相互交融带来的结果是移动互联网用户的上网时间越来越长,上网地点和场景越来越多样,上网满足的需求也越来越丰富,移动互联网用户的日常生活在向移动互联网空间整体搬移。

值得指出的是,移动互联网用户的上网载体也是多屏交融的。日常生活向移动互联网空间的整体搬移要求网民随时随地上网,这时台式电脑、笔记本电脑、平板电脑和智能手机,便会在不同的时间、地点和场景相互转换使用,以满足不同的需求。在娱乐、获取信息、交流沟通和开展商务交易这几类移动互联网行为中,移动互联网用户主要使用电脑来完成信息获取和商务交易,而在娱乐和交流沟通方面,用户主要使用智能手机完成,这是由于智能手机本身具有通信等功能,并随着移动互联网技术的发展,这一功能越来越强化,可以填补用户大量的碎片时间,而这些碎片时间用户主要用来娱乐和社交。使用智能手机完成商务交易也开始普遍,这与企业开展移动营销、利用社交移动互联网进行口碑营销等趋势密不可分,尤其是2013年年底微信红包的普及。平板电脑的使用量还是无法与普通电脑和智能手机相比,它主要被用于娱乐和信息获取,这也是由平板电脑的使用体验所决定的。

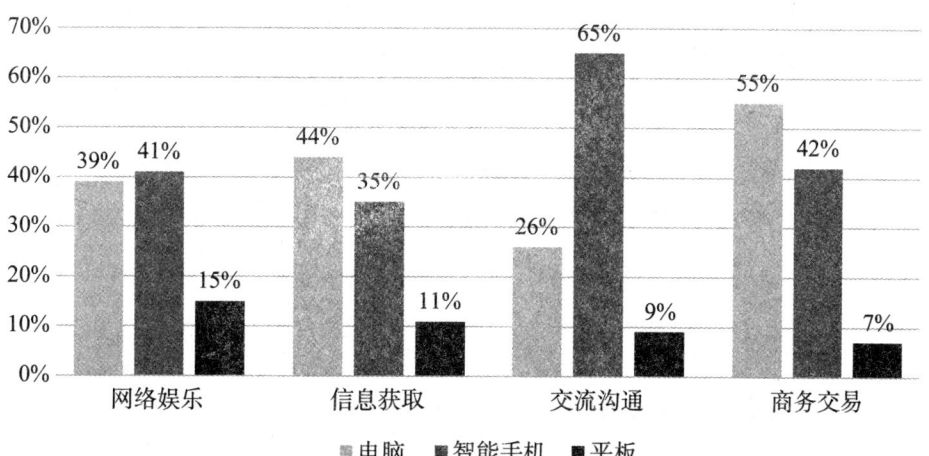

图 2-7　主流消费群体使用网络的载体偏好分布

二、省域行为模式

将这些行为模式与不同省域的用户进行交叉分析，可以看出，社交行为比较活跃的省域是广东、江苏和安徽，进行娱乐等内容消费的主要省域是山东、北京和广东，而经常进行电子商务行为的省域则主要是江苏、浙江和广东。

表 2-6 社交、内容与商务等行为模式的省域分布表

序次	社交		内容（含娱乐）		商务	
1	广东	11.10%	山东	11.43%	江苏	13.47%
2	江苏	8.65%	北京	8.66%	浙江	9.77%
3	安徽	6.59%	广东	7.54%	广东	8.40%
4	北京	6.53%	江苏	4.81%	北京	6.51%
5	山东	6.41%	浙江	4.03%	福建	6.48%
6	浙江	5.66%	安徽	4.01%	山东	4.80%
7	福建	4.30%	上海	2.98%	上海	3.22%
8	上海	2.77%	福建	2.31%	安徽	2.97%
9	河南	2.04%	河南	2.19%	河南	2.41%
10	辽宁	2.02%	辽宁	2.18%	河北	2.05%

三、移动互联网用户行为趋势

互联网时代用户思维、用户心理与行为认知都发生着深刻的变化。尤其是智能手机的发展，带来了以 APP 为代表的隐形应用的崛起，以微信为代表的用户社群的兴盛，以今日头条为代表的个性化推荐的流行，颠覆了以大众需求为出发点的媒体聚合式传播，迎来了真正以人为本、用户至上的时代。

（一）需求变化：大众口味 VS 用户个性需求

这里的用户与传播学中常提及的"大众"不同。用户，指的是每一

位互联网的使用者,尽管企业面对的是庞大的网民群体,但是其中每个人所感受和体验到的却是个性化推荐的独家体验,和"千人千面"的视觉效果。

1. 大众视域下的用户口味

大众媒介是指公开的并且在较短时间内就可以将信息传达到远距离众多接受者手中的有组织的传播。库尔特·卢因提出的"把关人理论",认为新闻是传播信息中公共性和公益性最强的一种信息,将群体规范作为标准信息,就是这一观念的体现。当今社会,大众传媒在受众数量、权威的可信度,以及政府资金、政策支持上都占有优势地位。同时,在某种程度上,互联网上社交媒体的信息传播也可以视为人们对文化认同的体现。换句话说,互联网时代并不是没有大众传媒的时代,而是与大众传播、移动互联网传播相互渗透的时代。

2. 分众视域下的用户偏好

与大众社会理论不同,分众理论将用户按照不同的属性、态度和行为,分为不同的社会群体。分众理论下的直接产物便是电视专业频道的产生。在互联网领域,美国波士顿大学从对人们使用Facebook(脸书)原因的调查中发现,用户使用社交移动互联网是因为它能给人们带来归属感。用户通过社交媒体,找到兴趣偏好相投的一类人,比如,读书、看电影、旅行等,然后进行相互交流,微信的朋友圈、豆瓣网就是实践中的体现。

3. 精众视域下的用户个性

进入互联网时代,中国的大众消费时代已经结束,社会群体出现重新分散和聚合。而新聚合带来的是小众化、个性化消费的"精众"消费时代。也就是说,"千人一面"的趋同性和一致性的大众消费时代逐渐式微,高度细分的族群化、小众化和个性化消费的"精众时代"正在来临。精众时代,用户需求呈现"千人千面"的特性。互联网公司通过大数据分析精准进行个性化推荐,其操作原理是:依据用户的搜索、浏览、消费等行为为用户打上"云端标签",然后基于用户标签向其推荐精准的内容。

（二）社会人际关系连接重塑

未来，随着智能穿戴设备的层出不穷，移动互联网将更加便捷和移动化，智能穿戴设备已不仅仅是一个工具，而更像是一个人体 ID，把用户的生活轨迹嵌入互联网。通过可穿戴设备收集的数据，对用户现在生活进行勾连，对未来的健康状况进行分析和预测。进一步而言，通过分析可以进行精准广告投放，从而实现商业模式的变现能力。因为设备本身可以收集用户的生活作息、消费习惯等信息，也可以帮助餐饮行业、零售业等行业推出更有市场潜力的产品及服务，这无疑成为最具有前景的商业咨询顾问及智库。未来，可分析人类情绪以及所处环境的设备还能把广告投放在用户最轻松、悠闲，最有可能观看广告的时段中。同时，这些数据还可为特定领域的科研机构提供数据支持，从而产生商业价值和社会价值。病人使用健康监测设备所产生的数据，可为疑难杂症的研究提供病例——医院及科研所会对这样的数据充满兴趣与购买欲望。

（三）垂直 APP 的"小而美"受到追捧

APP 正在从"大而全"的多功能应用向"小而美"的单功能应用转变。

1. 多功能移动应用的"大而全"

在移动互联网的大趋势下，用户获取 APP 的成本越来越低，并且 APP 的功能越来越丰富。为了抢占移动互联网的入口，各大公司纷纷推出移动端的浏览器，成为一个应用的分发入口和渠道。很多传统互联网软件（应用）的习惯延续到了移动互联网上，导致移动 APP 集成太多服务，变得臃肿不堪。

2. 单功能移动应用的"小而美"

如今，在移动互联网时代，独立的 APP 成为新的触点。与桌面浏览器"大而全"的功能不同，移动 APP 越来越追求"小而美"的效果。如 Snapchat、Instgarm、Secret 就真正贯彻了"小而美"的理念。Google 则把文档和表格应用从 Google Drive 里移出，成为两个独立应用。在国内，脸萌在 90 后中的迅速走红便是一个成功的案例。而且这些细分功能的APP又能精准地把握用户行为，得到某一领域忠实度高的用户群。关注新闻的用户会主动下载新闻客户端APP，浏览新闻、资讯、电子书、杂志等；喜欢音乐的用户会主动下载音乐APP，在线听音乐；关注视频的用户会主动下载视频类APP，实时观看热播影视剧；等等。

（四）用户需求进一步精确化、图谱化：情景计算的"数据图谱"

情境计算源于普适计算（ubiquitous computing）的研究，最早由Schilit于1994年提出，也叫作情景感知。它是指通过传感器及其相关的技术使计算机设备"感知"到当前的情境，是数字化和人体相结合的产物。

原理上，情境感知计算的应用可以通过传感器获得关于用户所处环境的相关信息，从而进一步了解用户的行为动机等，特别是对于移动互联网产品而言，手机的传感器技术对其用户研究具有重大意义。同时，情境感知技术对于用户体验设计更是重要的方向，所谓的"主动服务设计"，即计算机（特别是可移动计算机）可以通过情境感知，自适应地改变，特别是在用户界面的改变，为用户提供推送式服务。比如，手机铃声根据自适应变更为会议还是户外等。

（五）生活服务进一步"去工具化"

尽管移动应用的首要地位被游戏占据，但是生活服务类别的应用，却出现了新的发展契机。在全球有超过20万的应用都是通过Flurry的平台来追踪用户行为的，Flurry根据用户留存率和使用频率把各类应用分布在四个象限内，以此来进行应用与用户行为的匹配，从而为商业开发提供建议。根据Flurry给出的图表，我们可以看到它将X轴设置为"90天的用户留存率"，Y轴设置为"每周使用频率"，然后整个图表被分为四个象限。通信与游戏在用户留存率和使用频率最高的第一象限；流媒体音乐服务、社交游戏虽然有着很高的使用频率，但却缺乏忠诚度，所以在第二象限；第三象限内的应用使用频率和留存率都比较有限，如手机个性化修饰；第四象限内的应用使用频率一般，但却有着较高的留存率，如导航、天气等生活服务软件，因为这主要是由于它们在某些特殊时刻能为用户解决实实在在的问题。从开发商经济收益的角度来看，也具有很大的开发价值。

目前，APP的快速增长期已过，服务创新带动竞争升级是新的发展路径，体现了从工具APP到提供多元化生活服务的转型。用户对安装APP的新鲜感已经不再，除了社交、搜索、地图、电商、金融、阅读、音乐、游戏等几类APP外，安装其他的APP成为一种负担，于是，只有打造真正有价值的服务，才是唤醒用户的秘诀。比如，小区助手手机客户端是以社区居民为核心服务对象，辐射社区周边的生活服务机构，旨在缓解居民日常生活中的琐事、烦恼和顾虑，提高社区内居民、家庭之间的熟悉度与信任度，提升社区的整体生活品质，打造健康、和谐的社区生态圈。再如，地铁通是一款关于城市地铁情况及提供周边服务的应用，用户主要用它来查询地铁路线，"地铁生活"作为地铁通功能的延伸，背后的逻辑其实是想提高用户的使用频率和时长。其中包括餐厅和酒店团购、城市周边游以及出境游产品，另外还有地铁延误赔付保险"迟到宝"，是一款地铁延误赔付保险。

第四节　不同移动互联网世代的网民群体比较

一、移动互联网世代与移动互联网行为

移动互联网世代是不同上网人群由于其自身的群体成长经历和时代特征，使其在移动互联网上的群体行为带有明显的世代特征，如70后、80后、90后等经历社会分层时处于不同的生活阶段，这导致70后、80后、90后在移动互联网空间上呈现出鲜明的群体特征和年代特征。

从社会心理的角度来讲，70后经历20世纪90年代的社会分层时处于心

理成熟阶段，在30岁到40岁时面对中国社会财富、阶层的快速分化，不会产生很大的心理影响，因此属于一个比较正统的群体，中规中矩。

80后是第一代独生子女，大学毕业或即将毕业时经历社会快速分层，这种分层对80后造成比较突出的影响，相较于其他移动互联网世代，他们更容易批判社会，同时比较早地进入怀旧的年纪，80后甚至25岁就开始怀旧，而怀旧在心理学上被认为是对现状略有不满的，或对过去略有怀念的，因为当80后处于中学时，同龄人之间的家庭背景差距较小，但是当他们进入大学或大学毕业后，周围的同龄人迅速分化。

90后在更小的阶段就已经开始面对同龄人不一样的现实，即由于同龄人所处的家庭的不同，面对的机遇也会不一样，因此90后很小就形成了社会群体不同的意识。对社会现实的过早接受导致90后压抑化的性格。二线城市90后主要特征是一部分90后变得容易接受现实。因为90后发现自己难以改变并且从小就接受了很多心理上很难接受的周围的不同和现实，因此90后中的一部分人安于生活现状，表现为更宅、表面上更消极、更容易接受现实，而另外一部分90后则比较极端化，非常理想化，想要改变现实，因此，90后中出现了两种截然不同的世代特征。

图2-8是用户使用双浏览器等搜索功能，搜索的较高关键词，这些关键词体现了不同移动互联网世代之间的关注焦点。

从图2-8可以看出，90后主要关注的是各种视频直播网站（NBA、直播吧）、各种游戏（nga、dota）以及微信等社交平台，同时由于这个世代群体又面临着就业问题，因此还关注中华英才网、智联等招聘网站。80后则已为人父母，生活已经稳定，更加关注的是育儿、买房和汽车三件人生大事。00后主要关注的则是各种QQ插件和标榜个性化的东西，由于很多是青少年在校生，还关注一些家庭教师等教育学习方面的东西。70后属于家庭相对稳定、孩子已经长大的群体，他们关注的相对现实些，主要是就业、户籍、收入和旅游，考虑的是更高品位的生活，另外对时政新闻的关注远远高于其他世代，如习近平、官术等，更加现实和切合实际。

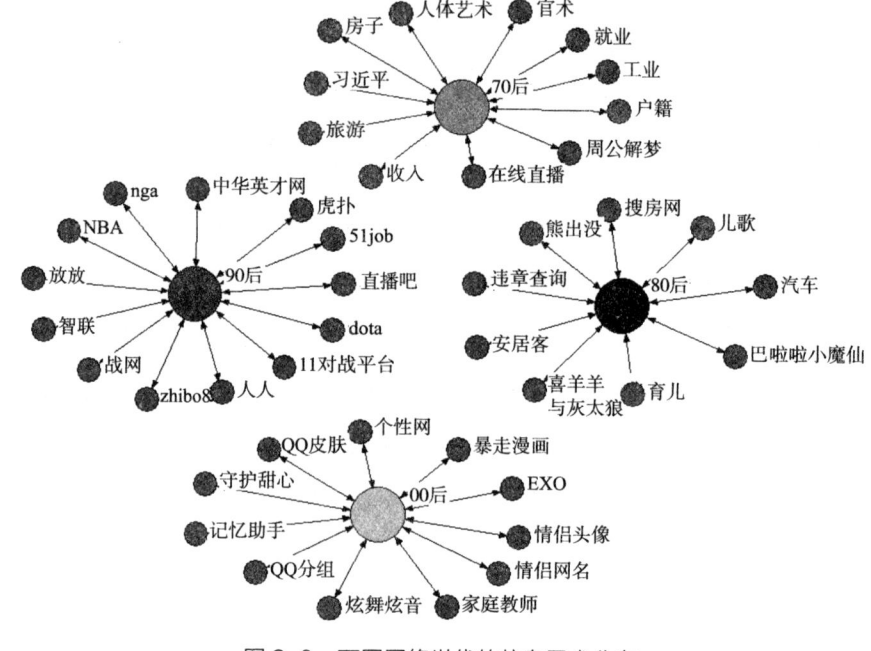

图 2-8 不同网络世代的信息需求分布

二、不同网络世代的移动互联网行为

(一)90 后日均使用移动互联网 4.3 小时,80 后为 3.2 小时,70 后则为 2.7 小时

作为不同的移动互联网世代,在移动互联网行为上的重要特征表现在上网时长方面。通过对 QQ 浏览器的数据挖掘得出相关结果,如图 2-9 所示。

从图 2-9 可以看出,在四个移动互联网世代中,代际之间在上网的总时长上存在明显的差异:00 后每天的平均上网时长为 1.9 小时,90 后为 4.3 小时,80 后为 3.2 小时,70 后为 2.7 小时,可以看出 90 后和 80 后是目前移动互联网的重要使用者,尤其是 90 后,每天有 1/6 以上的时间在接触互联网,而 00 后由于相对年龄较小,以课堂学习为主,比例相对较低,70 后属于典型的电子移民,对移动互联网的使用并不如 90 后和 80 后那么依赖。

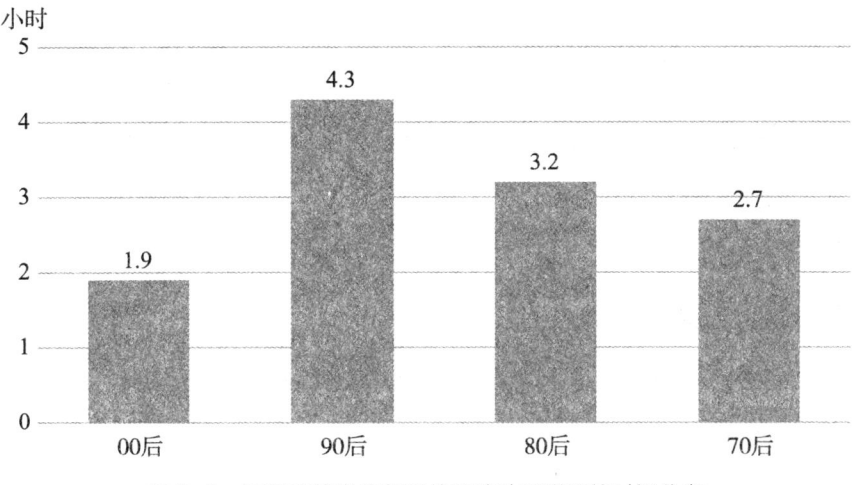

图 2-9　不同网络世代每天使用移动互联网的时间分布

（二）70 后和 00 后多集中在 3 小时以内，80 后和 90 后则主要集中在 3~8 小时

不同的移动互联网世代在上网的日均时间段上也存在显著的差异。在 3 小时以内时段的，主要是 00 后和 70 后两个世代；在 3~8 小时这个时间段内的，主要是 70 后和 80 后；在 8~12 小时时间段内的，主要是 90 后和 80 后，尤其是以 90 后为主，占到了总体的 1/3；12 小时以上时间段的，则主要是 90 后这个世代。上网时长在 8 小时以上的 90 后约占总体的 40%，属于严重的互联网依赖症人群。

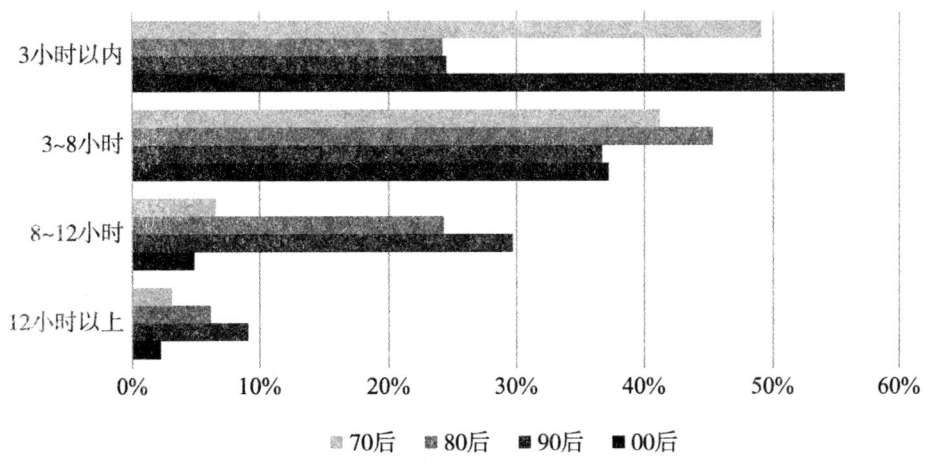

图 2-10　不同网络世代每天使用移动互联网时段分布

（三）90后多是"夜猫子"，北京的90后最能熬夜

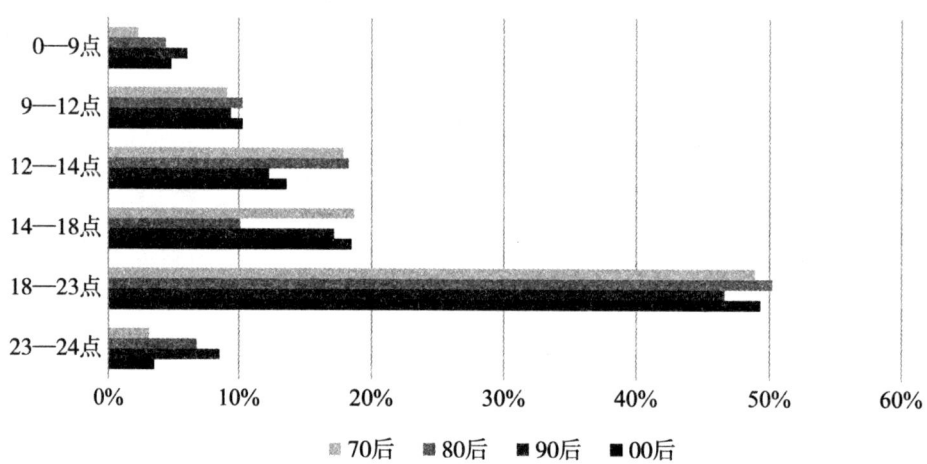

图 2-11　不同网络世代每天使用移动互联网的 24 小时分布

图 2-11 是不同移动互联网世代的每天上网时段，可以看出，基本上每个世代上网的集中时段在 18—23 点之间，这个时段上网最不活跃的人群是 90 后，最为活跃的是 80 后，为 50.2%；在 9 点之前的时段主要是 90 后和 00 后相对活跃，尤其是 90 后；在 9—12 点这个时段主要是 00 后和 80 后；在 12—14 点这个时段主要是 70 后和 80 后；在 14—18 点的时段主要是 70 后和 00 后；23 点以后的人群主要是 90 后。

可以看出 90 后的主要上网时段集中在中午（12—14 点）、晚上（18—23 点）和凌晨；80 后则是集中在晚上（18—23 点）和中午（12—14 点）；70 后的上网时段主要集中在白天，晚上的上网比例相对较少，主要是因为这类群体正处在中年期，对移动互联网的依赖程度不高。结合地域特征分析的话，由于北京 90 后移动互联网用户较为集中和活跃，再加上以学生为主，因此北京的 90 后群体最能熬夜。

（四）90后爱美容和健美，80后爱居家和摄影，70后爱数码、运动和收藏

通过网络信息搜索和行为，可以看出不同的网络世代在移动互联网时代的行为特征差异很大。在美容类别，三个世代基本上相差不大，90后更加注重一些；在数码方面，70后对数码产品特别感兴趣，这与自身经济条件有一定关系；在居家方面，80后绝对是居家型，更加侧重于家庭生活，摄影方面也是以80后为主。

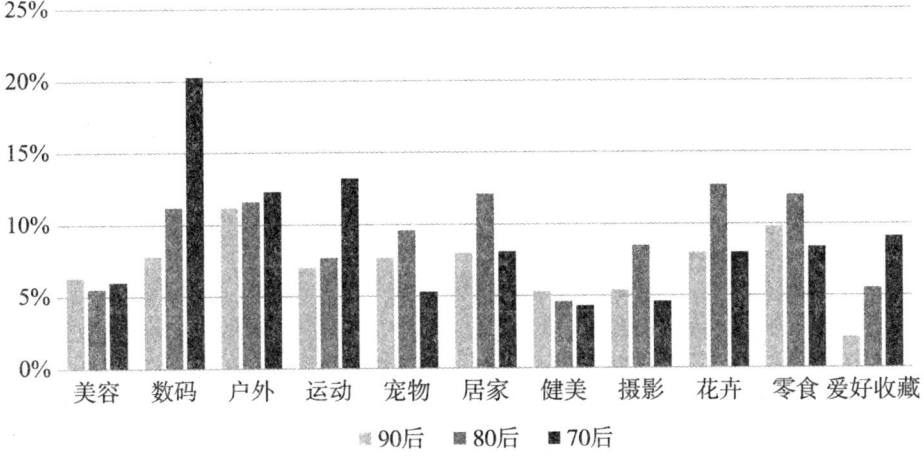

图2-12　不同网络世代使用互联网的信息需求分布

（五）00后爱用手机玩游戏，90后爱聊天，70后爱看新闻

00后主要利用手机玩游戏、看视频和聊天，90后主要利用手机聊天、下载音乐和玩游戏，80后则主要是聊天、下载音乐、看新闻，70后则是聊天、看新闻、查找资料等，可以看出移动互联网世代代际的差异。从功能上说，聊天均是各个世代重要的移动互联网行为，手机作为一种社交工具的属性越来越明确，其次是看视频也占据重要的地位，说明手机作为一种娱乐工具越来越大于其作为一种通信工具的本质属性。

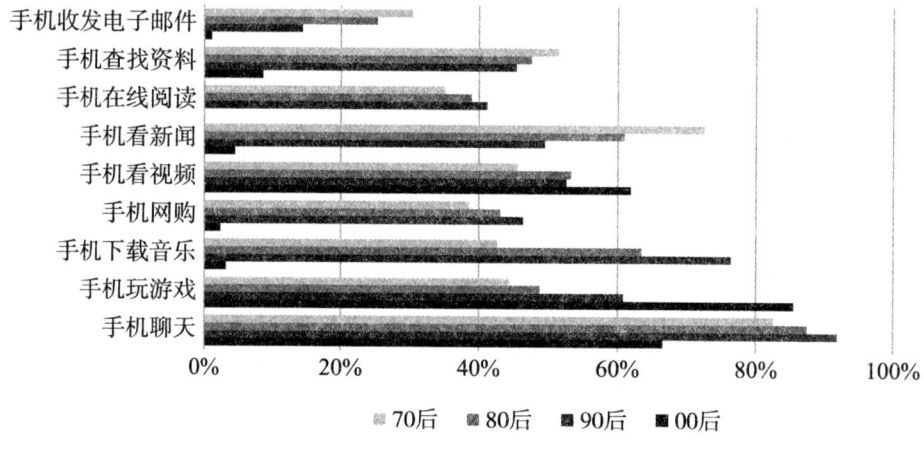

图 2-13　不同网络世代使用互联网行为类别分布

（六）90 后爱玩 QQ，80 后爱玩微信，70 后对新浪微博仍有依赖

由于 00 后手机普及率不高，因此在分析时没有考虑 00 后这个群体，以上数据主要是根据网民在浏览器的浏览搜索时对不同社交产品的搜索量的高低排序。首先 90 后首选的社交媒体是 QQ，其次才是微信，主要是由于这一群体是伴随着 QQ 的诞生而接触互联网的，对 QQ 有很深的移动互联网集体记忆和黏性，另外 QQ 空间也是 90 后热衷使用的社交工具；80 后和 70 后则将微信作为第一社交媒体，由于其熟人移动互联网的特点，更加适合相对保守的 80 后和 70 后的社会心理，另外则是新浪微博，新浪微博主要是一些新闻事件，更能引起 70 后和 80 后群体的关注。

表 2-7　90 后、80 后与 70 后的社交媒体使用情况表

序号	90 后	80 后	70 后
1	QQ	微信	微信
2	微信	QQ	QQ
3	QQ 空间	淘宝	新浪微博
4	淘宝网	新浪微博	淘宝
5	新浪微博	QQ 浏览器	360 手机卫士

续表

序号	90后	80后	70后
6	腾讯手机管家	腾讯手机管家	QQ浏览器
7	QQ浏览器	360手机卫士	腾讯手机管家
8	优酷视频	QQ空间	腾讯新闻
9	UC浏览器	搜狗手机输入法	搜狗手机输入法
10	搜狗手机输入法	腾讯新闻	QQ空间

（七）90后热衷淘宝，70后偏向京东

由于00后还没有步入社会，没有资金自主权，因此在此不做考虑。从图2-14可以看出，淘宝是各个世代比较热衷访问的购物网站，但也存在区别。90后更热衷于在淘宝购物，70后相较于其他世代则更热衷于在京东购物，因为京东虽然价格贵，但能保证是正品，可以减少大量的搜索成本。而90后相对资金有限，更多的在于体会搜索购物带来的快感，因此淘宝是他们的最爱。另外70后的购物渠道相对比较多元化，线上和线下一起购物的模式更普遍，而80后在线下购物最少，更热衷于线上购物，是移动互联网购物的主要依赖群体。

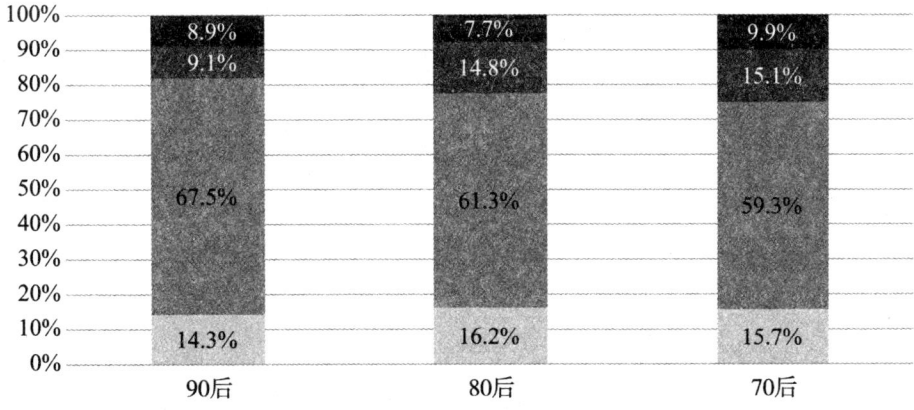

图2-14 不同网络世代购物渠道偏好分布

(八)90后的女性更爱购物,70后的男性更爱购物

70后、80后和90后在搜索相关物品时也呈现出了不同的特点。如90后的女性是这个群体中的购物主力,而在80后和70后这两个世代中存在截然相反的结果,尤其是70后搜索物品的主要群体却是男性。

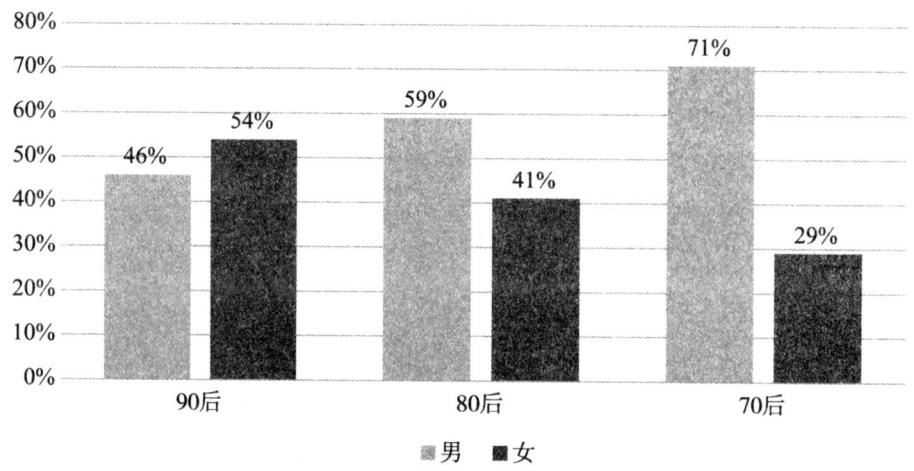

图2-15　不同网络世代购物的男女差异分布

从搜索的省域上显示,各地呈现出不同的特点,90后购物比较多的是北京、吉林、辽宁,80后则集中在北京、天津和辽宁,70后则主要集中在黑龙江、天津和河北。

表2-8　90后、80后与70后购物的省域分布情况表

序次	90后	80后	70后
1	北京	北京	黑龙江
2	吉林	天津	天津
3	辽宁	辽宁	河北
4	海南	黑龙江	北京
5	浙江	上海	吉林
6	上海	山东	江苏
7	河南	新疆	上海

续表

序次	90后	80后	70后
8	山西	江苏	山东
9	天津	河北	河南
10	广东	河南	江西

从搜索的城市中可以看出，北京、上海和重庆等地的90后更加喜欢移动互联网购物，北京、天津和上海的80后更加喜欢移动互联网购物，大庆、天津和北京的70后更加喜欢移动互联网购物。

表2-9　90后、80后与70后购物的城市分布情况表

序次	90后	80后	70后
1	北京	北京	大庆
2	上海	天津	天津
3	重庆	上海	北京
4	天津	重庆	重庆
5	本溪	哈尔滨	上海
6	长春	沈阳	承德
7	鞍山	宿迁	黔东南苗族侗族自治州
8	银川	吉林	保定
9	大庆	长春	德州
10	汕头	大连	茂名

三、不同世代移动互联网行为模式比较

根据QQ浏览器的用户的出生年份，将年龄在35~44岁之间的人群界定为70后，25~34岁之间的人群界定为80后，15~24岁之间的人群界定为90后，根据这些群体在移动互联网上的行为（搜索行为、社交行为等）可以大致梳理和总结出不同网络世代的移动互联网行为模式。

（一）70后：行动派、保守、实用、悲观、电子游民

在移动互联网的行为模式上，70后展示出了不同于其他任何一个世代的强烈的行为模式和特征。

1. 70后人物画像

首先利用词云绘制技术对70后在新浪微博上比较紧密的关联词进行分析，结果如图2-16所示，图中选取马云作为分析背景。

图2-16　70后群体的社会认知词云分布

从图中可以看出，70后在新浪微博中比较相关的关联实词很复杂，这一世代的核心词分别为谣言、微信、时代、安全、死亡、创业、青春、老等，这些词也反映了70后的一些宿命议题：二次创业，怀念青春又不断老去甚至死亡等，还有一些如大叔、中年等社会标签。

2. 上网时间低于80后、90后：电子游民

70后很多是在25岁左右才开始接触互联网的，因此，对互联网的依赖度并不高，属于电子游民，游走于传统媒体和互联网媒体之间，游走于电子媒介和纸质媒介之间，在网上所花费的时间也相对较少，从之前的分析中也可以看出，每天上网时间2个小时左右，远低于80后、90后。

3. 将互联网视为一种实用工具，追求物质效用

对于互联网的使用，70后更多的是将之作为一种实用工具，在上面的数据中也可以看到，主要是将之作为一种新闻阅读工具和社交联络工具，追

求的是互联网的使用效能和物质效用,以实现自我提升,这也符合电子游民的特点,缺乏介质的归属感,游走于不同媒介之间,无所谓偏好媒介。另外,70后出生在计划生育之前,物质相对缺乏,兄弟姐妹关系相对稳固,成长环境同质化高,造就了70后对物质效用和理性的追求。

4. 更加关注社会公共话题和社会发展焦点问题:国事家事天下事事事关心

70后多已为人父母,生活压力相对较大,因此没有80后和90后的洒脱和乐观,具有一定的社会负面情绪,由于成长环境和生存需要,70后对社会公共议题和焦点问题关注度较高,这点从70后对时政类新闻的关注远远高于其他几个世代就可以看出,对房价、就业、户籍、收入、教育等实际生存条件关注度尤为高,体现了这一代群体的重要特征:国事家事天下事事事关心。

(二)80后:Social、分享、营销、形式表达、社会落差大

1. 80后人物画像

80后的相关词云结果如图2-17所示,80后尤其是85后的偶像是周杰伦,因此词云选取周杰伦作为背景墙。

图2-17　80后群体的社会认知词云分布

从图2-17可以看出,新浪微博中与80后经常关联在一起的词主要有:北京、我们、自己、周杰伦、匆匆、生活、文化、诚信、大学、飞行、摄影等。从以上几个关键词中可以体现出80后的一些共有特征:大学生的比例逐渐上升,开始步入真正的社会生活,喜欢追星,喜欢自由,崇尚飞行,喜欢自拍又有点自我。

2. 上网时间高于70后少于90后：电子移民

80后群体中最早接触互联网的大多在10岁左右，互联网对这个群体来说是新事物，更是伴随性生长媒介，但80后并不能算严格的网络原住民，尚属于电子移民，平均每天上网时长为6.2小时，低于90后但远远高于70后，对互联网的使用属于中度依赖群体。

3. 渴望交流、无厘头表达的移动互联网行为模式

80后是第一代独生子女，但由于改革开放以后每个家庭社会经济条件的发展水平不同，80后各自成长的环境存在显著性差异，独生子女的孤独感和环境条件的落差，造成了80后比70后更加多元化、乐于分享和无厘头，更加渴望社会交流和形成志同道合的社群，因此80后主要的移动互联网行为是聊天和社交，尤其是建立虚拟的社群关系，在虚拟的空间中互相吐槽和调侃，形成了所谓的含蓄性格和非主流的亚文化圈。他们在这个圈子和文化熏陶下怡然自得，仍然寻找着虚妄的安全感，弥补自己在现实生活中的心理落差。

80后是伴随着读图时代成长起来的，更加注重形式主义和形式表达，因此"视觉系"移动互联网行为是80后的另一个重要的移动互联网行为，注重照片美化和视觉社交，形成了"有图有真相、无图无真相"的表达文化，因此在移动互联网行为上表现为高于70后的观看视频和玩游戏时长，追求感官刺激和视角消费。

（三）90后：娱乐、弹幕、二次元、火星文、吐槽

1. 90后人物画像

90后人物画像背景选取90后代表人物鹿晗，人物画像结果如图2-18所示。

图2-18是新浪微博中与90后关联度较大的词所构成的词云图，比较显著的几个词：观念、买房、年轻人、生活、时装、钱、苹果、美、崭露头角、

创业、帅、萌、艺人和走红等,可以看出来该世代人群的主要特征:观念上超前,年轻人更加注重生活的品质——买房、使用苹果手机和追求时装,爱美,追求帅的事物和艺人,卖萌,怀揣着一夜走红的梦想。

图 2-18　90 后群体的社会认知词云分布

2. 上网时间最高的电子原住民

90 后与互联网几乎是同龄,因此属于互联网原住居民,比 80 后和 70 后更加资深,在所有世代中属于互联网的重度依赖人群,日均每天在网时长高达 6.5 小时,其所有的社会行为都是在移动互联网中完成的,思维方式也受到互联网的影响,如移动互联网的超文本所体现的非线性特征,改变了 70 后和 80 后所接触到的传统书面文字围绕某一主题、依循一定的路径不断延续的线性特征,互联网的超文本特征从本质上否定了终极解释的存在,所有不同的解释都有其存在的空间和价值,各种解释之间不再像书面文字时代存在压制与服从的关系,话语霸权在互联网时代是没有任何市场的。在此基础上,超文本非线性空间加上人们在移动互联网空间的身份流动,使得移动互联网空间在本质上不存在话语权力,即其本质上是反阶层的,所以 90 后的主要社会特征表现为否定一切、反对权威和去中心化。

3. 娱乐、吐槽和无节操的社会表达是主要移动互联网行为模式

90 后出生于 20 世纪 90 年代,复杂多元的社会成长环境更使他们过早地表现出成熟和功利的特征,已经形成了区别于传统的新三观:相较于群体力量,他们更相信个人努力,并希望保持独立性;虽然保留年轻人充满梦想的特质，但已经进入了功利、务实的生活状态；一直生活在家庭保护中的他们习惯了被关注，也更加需要被关注、被认可，他们习惯成为众人关注的焦点，自我意识较强。

在这种群体意识的主导下，90后展现出了不同于80后和70后的代际特征：更加洒脱，亚文化非常丰富，二次元文化兴起，二次元文化的特点便是"萌化"与"娘化"，任何事物均可拟人化及女性化，并因此全面拉低互联网笑点与萌点，让人们脑洞大开。

更加注重自我和个性化表达，弹幕网站、脸萌、节操精选、吐槽文化……在互联网上随处可见，90后不关注时政新闻，只关注娱乐八卦；不关注宏大叙事，只关注自己的生活与周遭；不关注线下行为与活动，只热衷于虚拟空间的吐槽和脑洞大开的恶搞、调侃。

（四）00后：简单、早恋、轻联网、无禁忌

1. 00后人物画像

00后选取TFBOYS的队长王俊凯，虽然出生于1999年，但已经成为00后所熟知的偶像，故选取王俊凯作为00后人物画像的背景墙。

图2-19　00后群体的社会认知词云分布

图2-19是新浪微博中与00后关联度比较大的关键词组成的词云图，从该图可以看出比较明显的标签词有少年、正太、小鲜肉、组合、出道、卖萌、狂、神曲、模仿、告白、女友、对象等，体现了00后这一世代独有的鲜明

特征：小鲜肉、追星、过早想着出名、爱卖萌、早恋、模仿成人，又有点狂和自我感。

2. 尚在成长中的电子原住民

00后的主体大多是15岁以下的少年群体，这类群体多数还在校园中，日均上网时长只有3.6小时，因此上网时长并不如90后，但随着该世代的不断成长和移动互联网的发展，这一群体的上网时长大有超过90后的趋势。

3. 反沉淀的社会关系网和追求自我的移动互联网行为模式

00后物质生活相较于90后更加丰富，但由于属于二代独生子女，时代孤独感更加强烈，因此，他们追求可以触摸到的真实生活并保持真实自我，大多数是玩着摩尔庄园长大并拥有高等级百度贴吧账号；他们思想更加早熟，希望尝试一切，因此00后早恋现象特别明显；社会表达更加无禁忌，吐槽更直接、更无底线和节操；对微信、QQ等固定社会关系链不屑，更喜欢"阅后即焚"类型的社会关系链，当社交成本降到一定程度时，便可能造成负担，比如，微信通讯录就是一个膨胀中的关系链，这不符合社交的自然模式，90后更崇尚简单和刺激，更希望与萍水相逢、陌路而遇的人分道扬镳之后再没有瓜葛。

四、不同移动互联网世代存在刻板印象和不通约性的现象

70后、80后、90后甚至也有00后的加入，在虚拟的移动互联网社会空间中已经被割裂成了时代生人的代名词，更成为移动互联网世代按照年龄划分的"小众"势力范围。他们之间以自己的时代为中心画圆，相互戒备甚至有时相互敌视。带来一个个断裂的社会族群，由于这些断裂的社会族群之间存在不通约性，大都是"你唱你的，我说我的"，彼此没有共同的话语体系，不是互相倾诉和对话，而是戴着面具、先设性的刻板印象隔空喊话、互相质疑乃至相互埋怨，进一步增加了移动互联网社会的断裂和众声喧哗。

第五节　移动互联网用户主体——90 后的行为特征

人口统计表明，中国的 90 后约有 1.4 亿，占全国总人口的 11.7% 左右，已经成为社会各年龄世代的重要群体；在网民群体中，90 后占到了全体网民的 51.3%，占移动互联网总体的 67.4%，已经成为移动互联网的主体人群。并且互联网伴随其成长的每个阶段，90 后是"移动互联网土著"一代，移动互联网已然成为 90 后群体最常接触和最信任的媒体。

一、移动互联网的重度依赖群体

（一）90 后属于移动互联网土著人群，日均使用时长 4.3 小时

移动端 QQ 浏览器数据显示，2014 年 90 后人均日上网时长高达 4.3 小时，周上网时间 30.1 小时。作为"移动互联网土著"的 90 后，每日在虚拟空间耗费的时长高于其他网民。对于移动互联网的过分依赖导致 90 后的"群体性孤独"随处存在：信息技术在给人们带来沟通便利的同时，也使人与人之间的关系弱化，有些 90 后甚至因此而丧失了面对面交流的能力——与家人在一起，不是交心，而是各自看电脑和手机；与朋友聚会，不是叙旧，而是拼命刷新微博、微信；上课时，老师在讲，学生在网上聊天吐槽……所有这些现象都可以归结为"群体性孤独"，从形式上看人们之间的联系似乎更轻松、更密切，但实际上却更焦虑、更孤单。人们在物理空间上看似在一起，但实际上都活在各自的"气泡"中，这一切反而使得 90 后陷入了更深的社会孤独。

与其他世代不同，90 后是互联网从 PC 端向移动互联网转型的亲历者，受移动互联网和智能手机的影响远远高于其他世代，在对 QQ 浏览器数据挖掘中发现，90.4% 的 90 后使用手机上网，正如传播学大师麦克卢汉所说的"媒介即信息"，这句论断是对传播媒介在人类社会发展中的地位和作用的一种高度概括，媒介本身才是真正有意义的信息，即人类只有在拥有了某种媒介之后才有可能从事与之相适应的传播和其他社会活动,媒介最重要的作用不是传递信息而是"影响我们理解和思考的习惯",90后使用手机上网的媒介接触习惯必然会打上手机的烙印,使得这个群体展现出不同于任何其他世代的鲜明代际特征。

(二)北京、广东和江苏的90后移动互联网用户最多,北京90后上网日均时长最长,为5.7小时

对不同地域的90后用户进行分析,可以看出90后移动互联网用户最多的省域地区有北京、广东、江苏、山东、浙江等,这主要与当地经济发展水平密切相关,这些地区的90后大多属于外来务工人员。在具体使用移动互联网时长上,北京90后用户上网时长最长,日均使用移动互联网的时间为5.7小时。

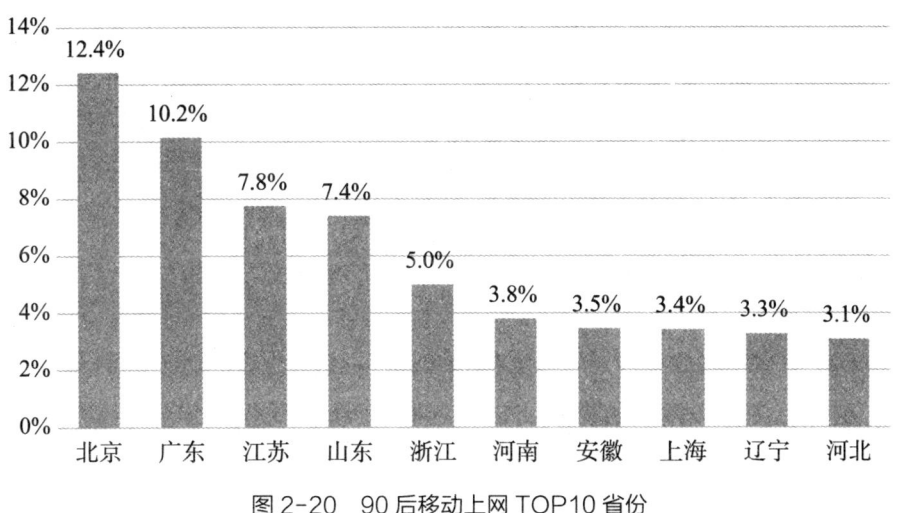

图2-20 90后移动上网TOP10省份

二、90后移动互联网使用更加碎片化

(一)21时是90后移动上网的峰值

从上网的高峰时段看,90后上网最高峰为21:00,网民总体的最高峰

为23：00，90后比网民总体高峰提前了2个小时。90后人群全天上网时段有3个峰值：分别是11：00的午间时段，15：00的下午时段，21：00的晚间时段。上网高峰时段的提前可能是由于90后以学生群体为主，与其作息时间有关。同时90后上网高峰更分散，一定程度上能说明90后更善于利用碎片化时间上网。

（二）90后三个上网碎片化时段：9—12时、14—16时、19时前后

与上面的描述相一致，90后早晨（7：00）、白天时段（9：00—17：00）、晚间（21：00—22：00）的互联网使用人数高于网民总体；凌晨（1：00—6：00）、傍晚（18：00—20：00）上网人数低于网民总体水平，主要是90后目前依然以大学生和初入社会的新入职人员为主，晚上时间多以线下的社会交往为主。通过图中分析可以看出，90后上网的碎片化时段分为9—12时和14—16时，主要是上班或上学时间，可以碎片化上网，因此超过了其他群体；而19时前后虽然低于一般用户，处于活跃的线下活动期，但其主体利用这段时间依然见缝插针地上网。

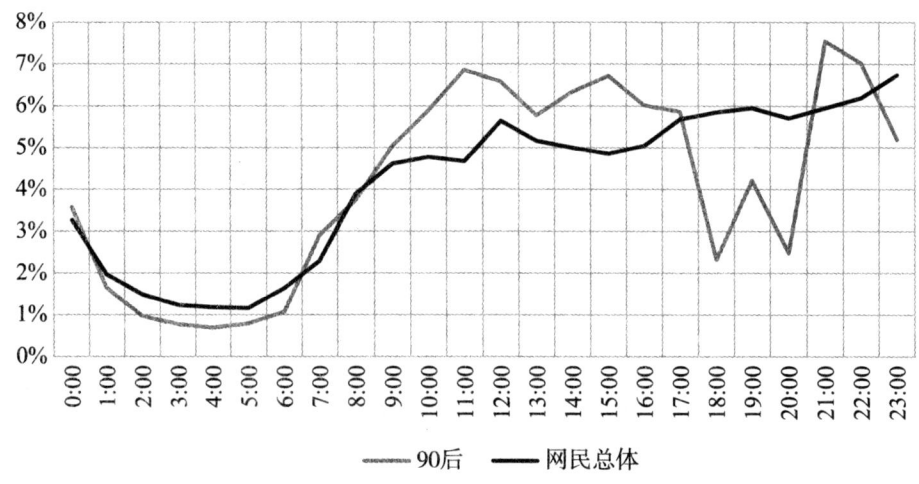

图2-21　90后与网民总体使用移动互联网的24小时比较

三、90后在公共场所上网较多：移动性和伴随性[①]

（一）90后是公共场所移动上网的主力军，手机成为其伴随性工具

90后非家庭地点上网所占比例大大高于网民总体情况，尤其是在公共场所和学校，分别比网民总体高出69.3%和44.9%，在公共场所上网是绝大多数（95.8%）90后的选择，超过一半（58.7%）的90后在学校上网。而90后在家（35.6%）和工作单位（7.3%）上网情况较少，说明移动互联网的移动性和伴随性在90后群体的使用习惯上得到了凸显。

另外，90后与网民总体相比，上网地点存在差异，这可能与90后主要为学生群体有关，由于大部分90后尚未参加工作，因此在工作单位上网比例相对较少。同时，因为学生群体较多，因此在学校、公共场所上网多于在家上网。

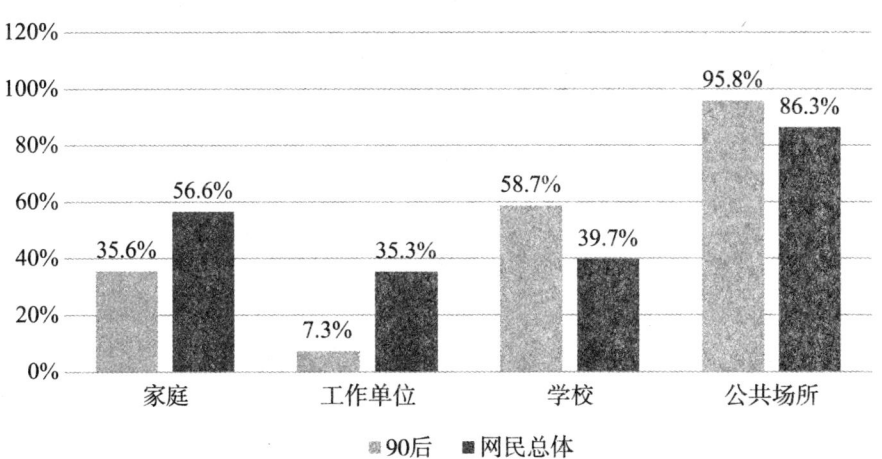

图2-22 90后与网民总体使用移动互联网地点

---

① 本部分数据是由中国人民大学舆论研究所于2017年1月进行的"移动互联网用户行为与偏好"的网上调查数据所得，样本量为1102个移动互联网用户。

结合以前中国人民大学舆论研究所做的相关90后调查数据,在具体使用场景中"等交通工具时上网"所占比例较高,在(上班、上学)路途中利用碎片化时间上网是公共场所上网占比较高的重要原因,另外,在任何场合下都存在使用手机上网的情况,无论是上厕所,还是等吃饭、等上课,手机已然成为90后最主要的伴随性媒介,手机依赖症远远超过其他群体。

(二)山东90后公共场合上网比例最高,广东90后家庭上网比例最高,江苏90后学校上网比例最高

结合地域特征分析,90后在公共场合上网比例最高的省域是山东、北京和江苏,在家庭场合上网比例最高的省域是广东、北京和山东,在学校上网比较高的省域是江苏、北京和广东。

表2-10 90后上网场景的省域分布

序次	公共场合		家庭		学校	
1	山东	7.66%	广东	10.13%	江苏	11.92%
2	北京	7.60%	北京	8.78%	北京	11.69%
3	江苏	5.66%	山东	7.51%	广东	8.24%
4	广东	5.64%	江苏	6.97%	浙江	7.32%
5	河南	5.25%	安徽	4.71%	上海	5.03%
6	浙江	4.19%	浙江	4.51%	山东	4.01%
7	安徽	3.22%	上海	3.49%	福建	3.58%
8	重庆	2.70%	河南	3.05%	河南	2.86%
9	湖南	2.49%	福建	2.81%	湖南	2.45%
10	湖北	2.46%	河北	2.66%	安徽	2.36%

四、Internet= 厕所读物 + 睡前故事 +N，用移动互联网填补碎片时间[①]

（一）厕所和睡前是 90 后移动上网的主要场景

据中国人民大学舆论研究所进行的相关 90 后大学生移动互联网的调查数据，90 后的上网场景可以概括为对碎片化时间的充分利用，无论等地铁、等公交，还是等上课、等睡觉，甚至上厕所都是 90 后的主要上网场景。在碎片化时间的使用方面，上厕所时上网的情况占比最大，66.8% 的 90 后都有此经历，移动互联网已经成为 90 后最主要的厕所读物。近一半（46.7%）的 90 后在睡觉前会上网，抱着手机（或其他移动终端）睡觉已经成为 90 后的习惯，"移动互联网土著"对互联网的依赖可见一斑。37.9% 的 90 后用上网打发等交通的时间，17.6% 的 90 后在课间十分钟也不忘拿出手机刷刷微博、看看朋友圈。

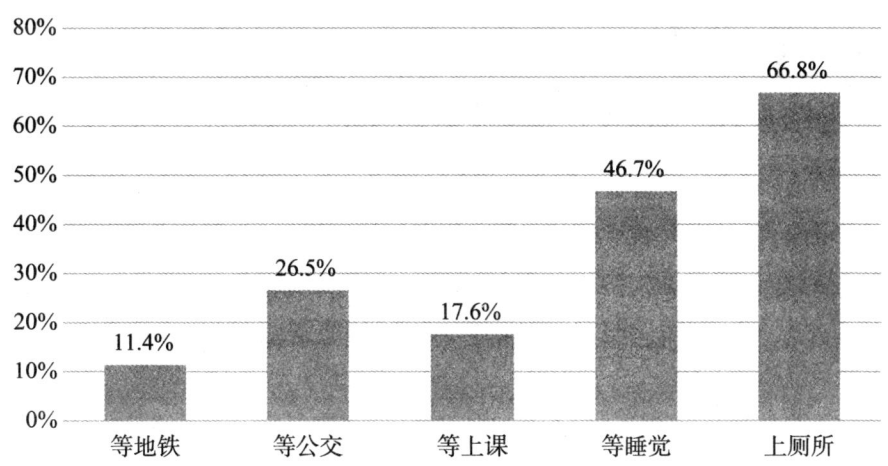

图 2-23　90 后的上网场景与地点分布

---

① 本部分数据是由中国人民大学舆论研究所于 2017 年 1 月进行的"移动互联网用户行为与偏好"的网上调查数据所得，样本量为 1102 个移动互联网用户。

（二）浙江90后爱上厕所时上网，广东90后爱睡觉前上网，北京90后爱吃饭和等公交时上网

结合地域特征分析可以看出，90后在上厕所时移动上网最多的是浙江、广东和山东，睡觉前喜欢移动上网的则是广东、北京和浙江，吃饭时移动上网最多的是北京、广东和浙江，等公交时喜欢移动上网的则是北京、广东和浙江。

表2-11　90后上网地点的省域分布

序次	上厕所	睡觉前	吃饭	等公交
1	浙江	广东	北京	北京
2	广东	北京	广东	广东
3	山东	浙江	浙江	浙江
4	北京	上海	山东	湖北
5	河南	江苏	上海	福建
6	河北	山东	江苏	山东
7	江苏	河南	河南	上海
8	上海	陕西	河北	四川
9	天津	河北	湖北	江苏
10	陕西	湖北	黑龙江	天津

（三）武汉90后喜欢上厕所时上网，杭州90后睡前和吃饭时喜欢上网

结合所在城市分析，去除北上广深等一线大城市以及天津、重庆等直辖市，可以看出，90后上厕所时喜欢移动上网的城市主要有武汉、杭州和郑州，睡觉前喜欢移动上网的则是杭州、西安和武汉，吃饭时喜欢移动上网的则是杭州、郑州和武汉，等公交时喜欢移动上网的则主要集中在杭州、武汉和成都。

表 2-12 90 后上网地点的城市分布

序次	上厕所	睡觉前	吃饭	等公交
1	北京	北京	北京	北京
2	上海	上海	上海	深圳
3	天津	广州	广州	上海
4	武汉	杭州	杭州	杭州
5	杭州	西安	郑州	天津
6	郑州	深圳	重庆	武汉
7	成都	武汉	武汉	广州
8	合肥	青岛	深圳	成都
9	安康	重庆	佛山	西安
10	台州	郑州	潍坊	郑州

五、90 后多屏行为普遍

（一）多屏行为在 90 后群体中最为普遍

90 后使用多种终端设备上网的情况非常普遍，90.5% 的 90 后网民使用智能手机上网，50.3% 使用笔记本上网，39.6% 使用台式电脑，29.3% 使用平板电脑。这说明 90 后基本上生活在多屏世界中。

如果按移动端和 PC 端分类统计可以发现，90 后使用移动终端多于 PC 端，移动设备的使用高于网民总体情况。大多数 90 后认为，即使身边有电脑，仍然会使用手机等移动设备上网，经常会出现开着电脑刷着手机的伴随性交互阅读的行为。在移动终端中，使用最广泛的是智能手机。智能手机在 90 后群体中普及最广，是最年轻化的上网终端。台式电脑是 90 后使用最少的上网终端，是最年长化的设备。

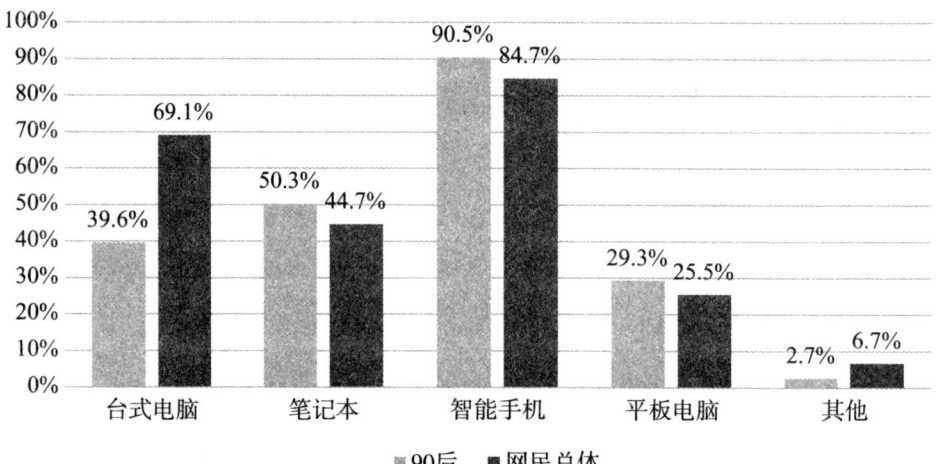

图 2-24 90 后与网民总体的上网载体

（二）三星、苹果和小米是 90 后使用最多的手机品牌

细化到智能手机机型，三星（23.4%）、苹果（11.4%）、小米（13.1%）是 90 后使用最多的三个手机品牌，占据了近一半（47.9%）的市场。在操作系统方面以安卓系统为主。

六、90 后多是技术控 + 流量控

（一）90 后平均每月的手机流量为 302.9M

在移动互联网传输速度方面，90 后更喜欢采用新技术，追求高速度，超过一半（58.1%）的 90 后用户使用 3G 移动互联网，7.8% 使用 4G 移动互联网，仅有 34.1% 使用 2G 移动互联网。

根据数据测算，可以得出 90 后大致每月的手机流量为 302.9M，每月使用流量方面，大多数 90 后月流量超过 100M，其中 21.2% 每月使用流量 500M 以上，这也符合 90 后是移动互联网的重度依赖者和伴随性上网的总体行为特征。

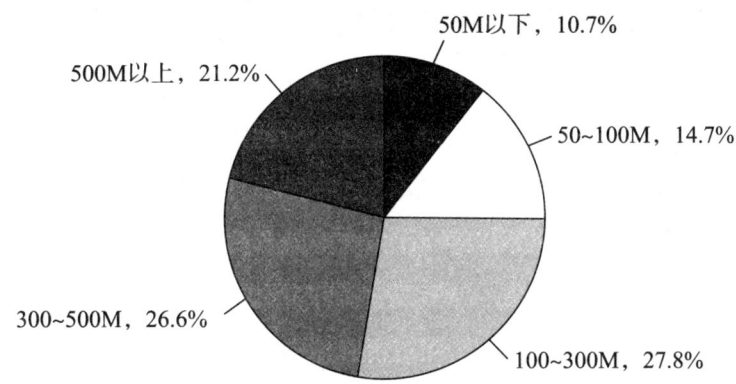

图 2-25　90 后每月使用手机流量分布

（二）广东的 90 后使用的手机网络流量最高

根据不同地区的 90 后的使用手机网络流量来看，广东的 90 后用户每月使用手机上网耗费的流量在 300M 以上的人数比例最多，其次是江苏、北京、山东，如果按照城市来区分的话，则 TOP10 的城市依次是北京、上海、武汉、深圳、广州、苏州、石家庄、哈尔滨、郑州、东莞。

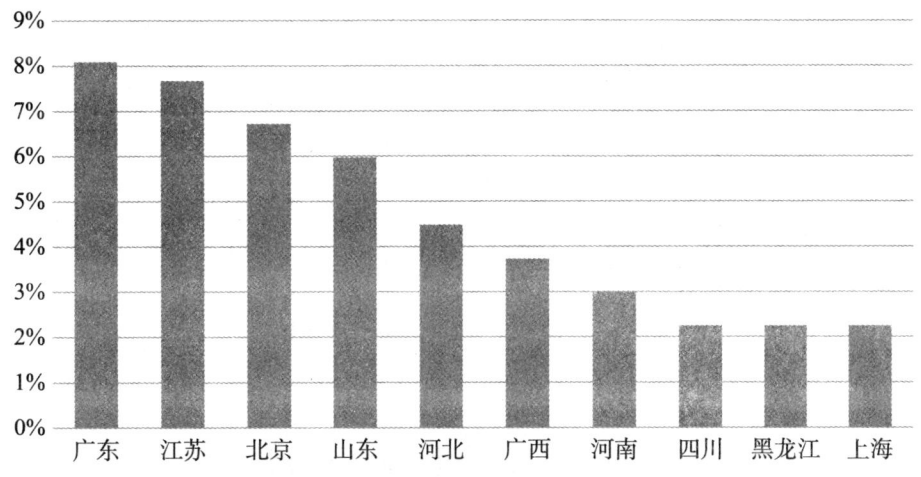

图 2-26　90 后使用流量最多的 TOP10 省（市、区）

七、90后重视强关系轻视弱关系

通过QQ浏览器用户行为数据分析，90后使用最多的社交平台TOP6依次为QQ、QQ空间、微信、陌陌、贴吧和微博，其中排前三名的QQ、QQ空间、微信使用比例远高于其他社交性媒体平台。相比于陌陌、贴吧和微博，QQ、QQ空间、微信更多是基于强关系而产生的联结关系，这些平台上的好友多为现实社交空间向移动互联网空间的延伸，甚至更加倾向于在线上寻找归属感——朋友之间即使每天见上几面，也要网上聊天。而陌陌、贴吧和微博则是主要基于弱关系而产生的社会联结关系，充满了巨大的社会信任成本。腾讯企鹅智酷在前期发布的一些质化研究报告结果也表明在QQ和微信加的好友相比于陌陌和微博更亲密。

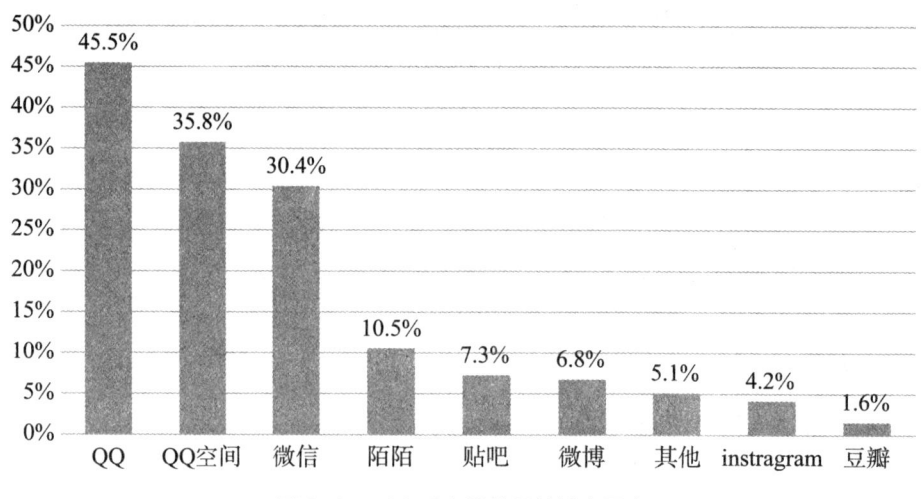

图2-27　90后主要使用的社交平台

八、90后群体性孤独（Together Alone）到处存在

与其他移动互联网世代相比，90后对虚拟社交圈的依赖最重，也越来越

习惯"一起独处"(Together Alone)的相处方式。90后对社交平台的接受度较高,移动互联网社交是其日常必需品,即使是每天见面,也需要网上聊天。90后成长在衣食无忧、物质丰富的年代,但在严格的计划生育政策下,他们的同龄人更少,亦无兄弟姐妹陪伴,成长过程导致他们更加寂寞和自我,因此,90后对虚拟社交的需求强于之前的任何世代,根据浏览器相关数据分析,90后在社交移动互联网发言、留言回复的活跃度也大大高于其他移动互联网世代,这种社交行为使得90后的孤独感加剧,90后往往都戴着面具交往,谁也不肯主动迈出真诚相交的第一步,这更加剧了孤独感。

在整体社交平台使用的频率上,北京、浙江和广东的使用频率最高,一定程度上可以凸显这些省份的90后的群体性孤独和虚拟现实感最强烈。下面是社交平台使用频率的TOP10省份。

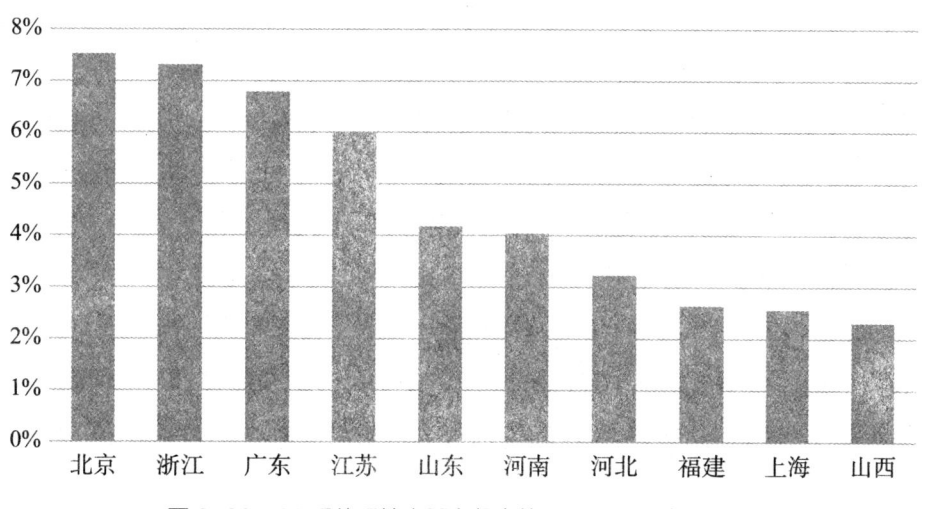

图2-28 90后使用社交平台频率的TOP10省(区、市)

90后在不同社交平台上的使用频率表明他们在社交需求上力图寻求一种若即若离的关系,既可以让他们处于某种人际关系之中,又可以自我保护。麻省理工学院社会学教授雪莉·特克尔将这种现象称为"Goldilocks适宜效应":"移动互联网土著"一代希望保持一种若即若离的关系。太近的关系表现为面对面交流,由于面对面交流是实时的,因此大多数90后会感觉对社交行为难以控制，而在虚拟社交平台，他们却能够控制交流的呈现方式，能够编辑、修改和删除面容、语言、声音，让交流达到刚刚好的程度。社交移动互联网能够让 90 后体验到被关心和陪伴的幻觉，同时又能控制这种幻觉，它给 90 后带来了三个幻觉：一是可以把精力分配到任何他们想关注的地方；二是总会有人倾听他们；三是他们永远都不用独自一人。但是雪莉·特克尔同时指出，虚拟社交让用户在不同的社交平台不断切换，联系越来越多，但对孤独的焦虑却没有因此减少。反而使 90 后开始丧失独处的能力，一旦出现独处的情况时，他们就会变得更加焦虑、恐慌，然后拿出手机，打开社交媒体，尝试用联系他人的方式消除这种孤独带来的恐慌。雪莉·特克尔将这种情况称为"群体性孤独"。

九、表达欲望：AB 站的吐槽文化 + 晒客

90 后与其他移动互联网世代相比，有更强的表达欲望。强烈的表达欲一方面与其"移动互联网土著"属性相关，成长在移动互联网社会的 90 后对互联网更熟悉，顾虑更少，更了解互联网的语境和表达方式；另一方面与 90 后强烈的个性化表达欲有关，由于他们比较自我，因此无论是在社交媒体聊天还是在电子商城购物，都希望自己的言行举止传递出有别于他人的个性化特征；此外，强烈的表达欲还与 90 后的群体性孤独有关，在控制和支配自己注意力的时候，他们也希望通过吸引别人的注意力缓解孤独的焦虑感。

90 后的移动互联网表达形式多样，一方面他们在社交移动互联网通过视频、照片、文字等多种方式展现表现欲，另一方面他们在贴吧、AB 站通过弹幕、照片恶搞、移动互联网流行语等解构与重构的方式反抗主流文化，建构彰显世代个性的亚文化，以此发出自己的声音。弹幕视频网站是这些表达方式中的一种。所谓弹幕，即像炮弹一样的评论（吐槽）充斥屏幕。弹幕视频网站起源于日本的 NICONICO，后来国内出现了第一个模仿者 AcFun（A

站）以及 A 站的改良者 bilibili（B 站）。弹幕满足了 90 后的表达需求，发弹幕的人达到了表达的目的，观看弹幕的用户也分享了吐槽的乐趣。不接受弹幕的人认为满屏的吐槽影响了观影体验，但弹幕的爱好者却认为上 AB 站看的不是电影，评论才是主体。"视频画面是阵地，视频内容是敌人，所有参与评论的用户是战士，用户评论吐槽炮轰视频内容。炮弹轰炸过程比阵地本身更值得欣赏。"

从表达倾向上看，90 后的表达方式更加极端化。这里的极端化指用能达到刺激或兴奋点的说话方式表达观点，由于 90 后从小就生长在移动互联网环境中，而互联网的表达相对于现实舆论场更情绪化、更极端化，因此 90 后对语言的刺激被过早的互联网信息的介入提高。其结果不仅表现在接受的容忍度提高，对其他移动互联网世代来说很极端的表达方式，在 90 后看来只是在正常说话，同时还表现在表达时更追求极端化，善用移动互联网流行语。

第六节 移动互联网用户主体——90 后的观念素描

一、90 后强调个性、追求差异化

90 后追求个性化、差异化，由于成长在物质丰富的年代，其需求层次超越了温饱和生存，更追求能表达其意见和情感的事物。同时，作为"移动互联网原住民"的 90 后，生长在信息爆炸的时代，注意力成为稀缺资源，不仅渴望控制自己的注意力分配，更懂得如何通过差异化吸引关注和彰显个性。

相较于其他移动互联网世代，90 后在关注的内容偏好分布上更加分散，不如 70 后和 80 后时刻关注着时政类新闻。首先，90 后追求个性化表现在消费需求的结构上，他们偏爱文化消费，强调商品的符号意义。其次，90 后的

需求更加分众化，许多利基市场因此被开发出来，表现在消费渠道的选择上就是爱淘宝不爱天猫。再次，在表达方式上更加极端化，在社交网站上解构主流文化，同时不断创造移动互联网流行语等新文化现象。最后，90后的个性化还表现在对信息不再是被动接受，而更希望主动参与，为产品打上个人化的烙印。以娱乐信息需求为例，70后、80后的追星发生在大众传媒时代，众多粉丝追捧媒体制造出来的明星，受众和媒介的关系是媒介主导；而90后的追星更注重分众化和参与性，无论是选秀明星，还是移动互联网红人，粉丝不仅参与到了明星的诞生过程中，反过来明星还成为粉丝参与式文化生产的加工对象（如恶搞视频、同人文学），粉丝和媒介的关系是互动的，通过参与使得粉丝所热爱的信息产品融入了个性。

二、90后拥抱新鲜事物、关注新鲜事物类网站和话题

90后对新鲜事物充满热情，接受度更高。以80后和90后的信息需求为例，90后对IT科技产品的关注度远远高于80后。再如，消费需求方面，在热销品类TOP 6中，虚拟物品消费为90后群体特有的类目。

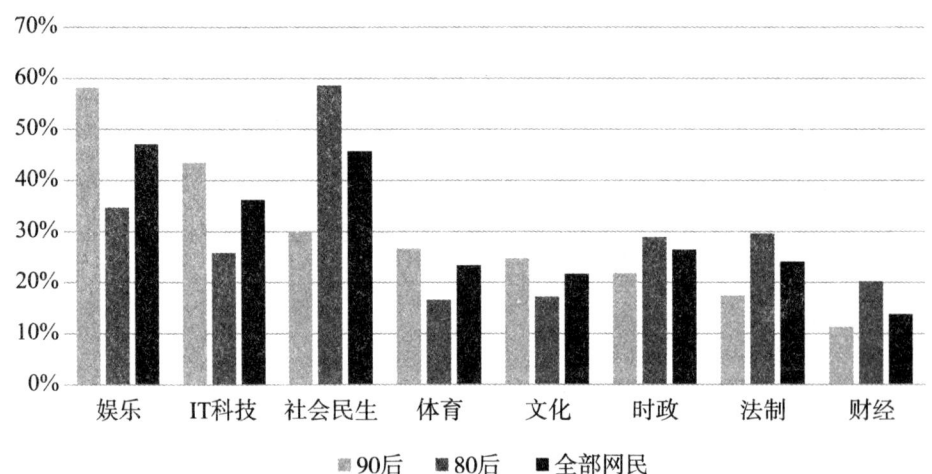

图2-29　90后与80后及全部网民的信息需求比较

90后对创新的追求与其追求个性化、差异化有关,同时也与其成长环境的日趋包容密不可分。在现实世界中,90后成长的社会文化相比其他世代群体所经历的阶段更加包容、多元;在虚拟空间里,作为"移动互联网原住民",从小受到更加开放、平等的移动互联网文化熏染,提高了其对异质文化和新鲜事物的接受度。

三、90后喜欢追求感官刺激、偏好情感性消费

根据QQ浏览器移动用户的90后群体的网络搜索行为,将其搜索的关键词分为物质和情感两大类别,在情感类别中又分为感性和相对理性,通过人工编码和机器学习,得出90后更愿意消费带有情感属性的东西,更加感性和理想化。成长在经济快速发展的年代,90后对物质类产品的需求已不再如其他世代那样强烈,他们更偏好精神性、情感性消费。

90后偏好带有情感属性的事物可从以下几个方面得出结论:第一,90后重视商品的象征意义,文化消费活跃。他们是电影、动漫等文化产品的主要消费群体。许多90后尽管平日穿着朴素,却愿意花费几百甚至上千元收藏一个动漫手办或购买一套Cosplay服饰。第二,在信息需求方面,80后关心时政和社会,更偏理性思维,而90后却对政治漠不关心,更关注娱乐、文体信息,向往美好、理想化的世界,偏重感性思维。第三,社交需求上,群体性孤独加重了90后对虚拟社交的渴求,他们依托共同兴趣建立移动互联网社群,通过高密度地相互联系缓解焦虑。90后对社交媒体的依赖还影响到消费领域,传统广告对90后已经失效,他们在购买决策中更依赖移动互联网口碑,对于他们来说,与其信广告不如信朋友。第四,90后的表达方式更加情绪化。

四、90后崇尚平等独立、渴望自由

90后作为第二代独生子女,从骨子里带有以自我为中心的特征,这是这

个群体不可回避的二代效应，再加上这个年龄段——20岁出头的"初生牛犊不怕虎"的心理特征，更加渴望独立和平等，反对那些所谓的权威和教条主义的东西，否定终极解释和中心主义主导，更加崇尚自由和独立，在移动互联网上表现为否定一切、怀疑一切、调侃一切甚至是漠视一切。

第二编 理论篇

第三章
广告营销思想的演进与创新

从整个广告营销思想的演进历程来看，按照市场主体的演变大致经历了三个阶段：卖方市场营销思想产生时期（早期传统营销理论/20世纪50年代中期以前）、中间市场营销思想产生时期（现代经典营销理论/20世纪50年代中期至80年代中期）、买方市场营销思想产生时期（当代创新营销理论/20世纪80年代中期至今）。

另外还有一些专家将广告营销思想分为两个阶段七个时代。两个阶段划分为20世纪初至70年代的推销主义广告阶段和70年代至今的营销传播主义广告阶段；七个时代可以细分为20世纪20—30年代的理性与感性诉求时代、40—50年代的USP时代、50—60年代的创意革命时代、60年代的品牌印象时代、70年代的定位时代、80年代的形象识别CIS时代、90年代的整合营销传播IMC时代。

第一节 AIDA 理念

1898年美国学者E.S.路易斯提出了著名的AIDA理念。广告要想取得良好的宣传、促销效果，就必须引起公众给予注意（Attention）、引导公众产生兴趣（Interest）、激发公众产生消费欲望（Desire）、促成公众产生相应的消费行为（Action）。后来又有人对此进行补充，增加了增强记忆

（Memory）、产生信任（Conviction）、感到满意（Satisfaction）等内容，成为 AIDMA、AIDAC 和 AIDAS 理念。因此，19 世纪末，广告已成为一门独立学科。

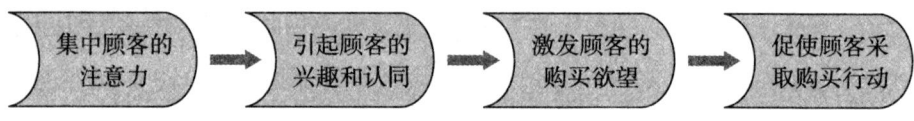

图 3-1　AIDA 模型图

随着互联网搜索技术及分享技术的不断革新，日本电通公司对 AIDA 模型进一步优化与完善，提出了全新的 AISAS 模型，如图 3-2 所示。

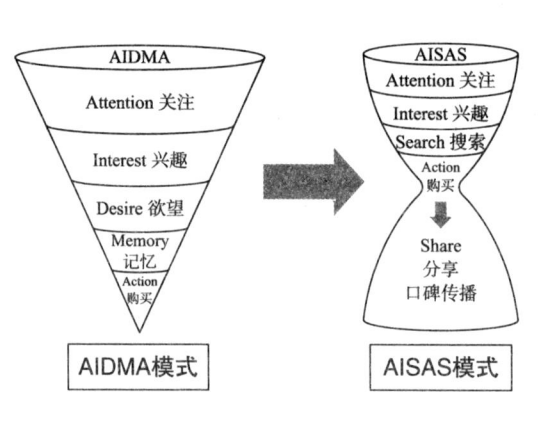

图 3-2　从 AIDMA 模式到 AISAS 模式的演进图

其中 Search & Share 提出了一种全新的消费者行为分析方法。它不再像传统的 AIDMA 模式那样一味向用户进行单向的理念灌输，而是充分体现互联网对人们消费行为的影响与改变。

第二节 USP 理念

USP 即 Unique Selling Proposition，译为"独特的销售主题"，该理念主要包含以下三项基本内容：一是每则广告必须给顾客提供一个主题，向消费者"说一个主张"，这个"主张"必须让消费者明白购买广告中的产品能获得什么样的具体利益；二是广告提出的主题必须独具一格，必须是竞争对手做不到或无法提出的，在品牌和诉求方面都是独一无二的；三是所强调的主张必须是聚集在一个点上，集中强力打动、感动和吸引消费者来购买相应的产品。

一、瑞夫斯与 USP

该理念是 20 世纪 50 年代左右由美国的罗瑟·瑞夫斯提出的，他主张广告要把注意力集中于商品的特点及消费者利益之上，强调在广告中要注意商品之间的差异，并选择好消费者最容易接受的特点作为广告主题。罗瑟·瑞夫斯（Rosser Reeves，1910—1984）生于美国弗吉尼亚州的安维尔镇（Anville），自幼聪慧伶俐，10 岁就开始写小说和诗歌，并发表在当地的报纸上。1940 年，他在达彼思公司（Ted Bates & Company）找到一份工作，6 年后当上该公司的副总裁和文案总管，1955 年成为该公司董事会主席。瑞夫斯创立的 USP 理论，使达彼思广告公司成为世界上最大的广告公司之一。1952 年，瑞夫斯帮助艾森豪威尔竞选总统的电视广告宣传计划被采纳，从而改变了美国政治广告的宣传模式。这一宣传模式一直沿用至今。瑞夫斯的广告学名著《实效的广告》（*Reality in Advertising*）于 1960 年写出，最初作为公司的训练教材，1961 年才正式出版发行，立即成为畅销书，风靡全球。

瑞夫斯强调每个广告都要告诉你的消费者"买下这个产品，你会因为它的独特用途而受益"。瑞夫斯喜欢在广告中运用科学证据，为了证实药品的疗效，瑞夫斯甚至不惜让演员穿上实验室的服装来扮演医生。

美国著名的生活用品公司高露洁找到瑞夫斯，请他为棕榄牌香皂做广告。为了找出独特的销售主题，瑞夫斯所在的广告公司与高露洁公司共同投资，对这种品牌的香皂进行了各种各样的测试。为了这一测试，双方投入的资金高达30万美元。最后终于证明，如果每天坚持用这种香皂洗脸一分钟，就能改善皮肤的外观。于是，瑞夫斯把这一实验结果作为商品的独特销售主题，写成了一个广告语——"棕榄牌香皂使皮肤更为娇嫩"，并附上了详细的测试数据。为了寻找一句难得的独特销售主题，对方付出了高达30万美元的代价，但是，一旦确定了独特的销售主题，商品的销路便顿时打开，所带来的利润则是30万美元的几十倍，甚至几百倍。

瑞夫斯认为，这个故事印证了一个千锤百炼的原则：消费者从一个广告里只记得一件事——一项强烈的诉求或者一个强烈的概念。广告应该反复强调一个主题——"买下这个产品，你会因为它的独特用途而受益"。他认为，USP理论就是基于对产品的独特性的真实思考，在广告中，把这种独一无二的特质变成一句有力的说辞。1954年，美国玛氏公司苦于新开发的巧克力豆不能打开销路，而找到瑞夫斯。玛氏公司在美国是有些名气的私人企业，尤其在巧克力的生产上具有相当大的优势。此次，公司新开发的巧克力豆，由于广告做得不成功，在销售上没有取得太大效果。公司希望瑞夫斯能构想出一个使M&M巧克力豆与众不同的广告，从而打开销路。瑞夫斯认为，一个商品成功的因素就蕴藏在商品本身之中，而M&M巧克力豆是当时美国唯一用糖衣包裹的巧克力。有了这个与众不同的特点，又何愁写不出打动消费者的广告呢。瑞夫斯仅仅花了10分钟，便形成了广告的构想——M&M's melt in your mouth, not in your hands。广告语言简意赅，朗朗上口，特点鲜明。随后，瑞夫斯为M&M巧克力豆策划了电视广告片：

画面：一只脏手，一只干净的手。

画外音：哪只手里有M&M巧克力豆？不是这只脏手，而是这只手。

因为M&M巧克力豆，只溶在口，不溶在手。

简单而清晰的广告语，只用了8个字，就使得M&M巧克力豆不粘手的特点深入人心，它从此名声大振，家喻户晓，成为人们争相购买的糖果。瑞夫斯一直认为，广告的成功与否取决于商品是否过硬，是否有自己的特点。

二、获取USP的步骤与路径

USP理论重于对产品的聚焦。要么是在产品身上找差异，要么调整制造产品差异；实在找不到差异，就凸显产品的某一个方面。USP理论中的基本思想则被随后的各种广告思潮所汲取。因而，直至今日许多广告人还为USP赋予诸多的现代意义，为当代广告活动所采用。

而USP的获取大致可以归纳出以下几个基本步骤。相关步骤如图3-3所示。

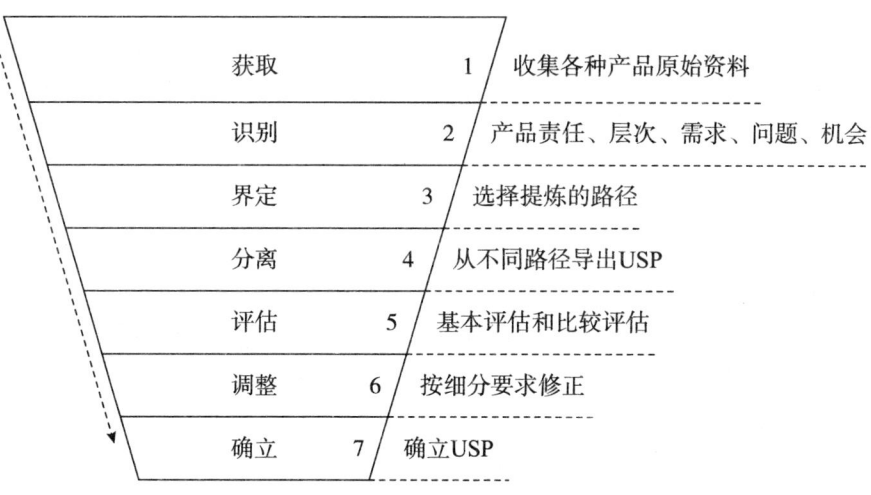

图3-3 获取USP的步骤

从图3-3可以看出，获取USP的过程是一个逐步聚焦的过程，是典型的沙漏结构，即第一步收集各种产品的原始资料，进行全方面的信息掌握，这是个"面"的过程；第二步是进行识别，即将产品责任、层次、需求、问题与机会进行识别和排列组合，进而产生一个匹配的过程，好比田忌赛马一样；第三步则是界定过程，选择可以提炼的路径，而这个路径的获取大致有图3-4所示的6个路径：一是从具体产品特色的角度出发（如农夫山泉最早宣称自己的水源地是千岛湖），二是从利益、解决问题或需求的角度出发（如汰渍洗衣液宣传自己只卖2.99元），三是从特定适用场合的角度出发（如"三防"手机的设计），四是从使用者类型的角度出发（如老年手机等提法），五是从对抗另一产品的角度出发（如三星针对苹果手机缺陷的广告设计），六是从产品类别的游离角度出发（如七喜饮料出现时打出的"非可乐"、娃哈哈推出的"啤儿茶爽"最早宣传的既不是饮料也不是啤酒等）。

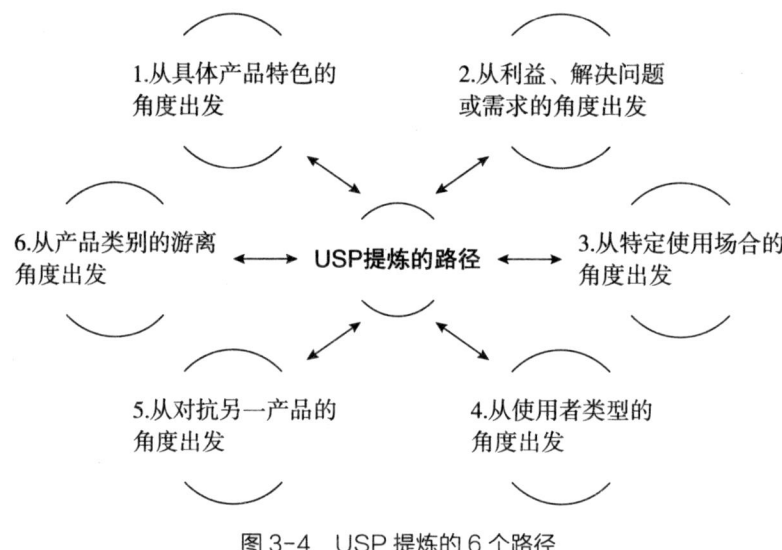

图3-4 USP提炼的6个路径

第四步是"分离"，即从不同路径导出USP，相当于从"面"中进行了分离和归类；第五步是评估，对已经分离出来的USP进行基本评估和比较评估，分出优先级和次选级；第六步是调整与优化的过程，根据细分要求进行修正、完善与提升；第七步是确立，通过优化拔高，最终确立自己的USP。

三、USP 是不朽的广告智慧

USP 一直被称为广告学中的至理名言,如美国 P&G 公司坚信"没有打不响的品牌",如海飞丝的核心卖点是"去头屑";飘柔的卖点是"洗发、护发二合一,令头发飘逸柔顺";潘婷的卖点是"含维他命原 B5,并含护发素、令头发健康、加倍亮泽";舒肤佳的卖点是"洁肤而且杀菌,唯有舒肤佳取得中华医学会认可";碧浪的卖点是"对蛋白质污渍有特别强的去污力"。

再如 USP 也被洗洁精广告引为通用宝典,如田七洗洁精一直强调"草本除菌",充分发挥了 USP 的功能主义卖点;白猫洗洁精强调"一瓶标准装洗洁精,按照国家标准可以洗 312 个盘子,而白猫洗洁精却可以洗 525 个盘子",强调的是 USP 中的实用主义;立白洗洁精则主打"不伤手立白"的柔情主义;而雕牌洗洁精则用"干净的盘子会唱歌"作为广告语,借助盘子洗干净后的声音,主导的是快乐主义。

(一)五谷道场与"非油炸"

五谷道场方便面主打"非油炸,更健康"。方便面通常被公认为垃圾食品,而五谷道场独树一帜,以健康绿色为口号,以非油炸为卖点,宣传自己的同时,也把同行逼迫到了一个非常不利的方位,在当年刚出现时引起了不小的轰动。

(二)白加黑与"黑白分明"

同样白加黑提出了自己的 USP——"治疗感冒,黑白分明"。1995 年,"白加黑"上市仅 180 天销售额就突破 1.6 亿元,在拥挤的感冒药市场上分割了 15% 的份额,登上了行业第二品牌的地位,在中国大陆营销传播史上,堪称奇迹。这一现象被称为"白加黑"震撼,在营销界产生了强烈的冲击。一般而言,在同质化市场中,很难发掘出"独特的销售主张"(USP)。感冒药市场同类药品甚多,市场已呈高度同质化状态,而且无论中、西成药,都难以做出实质性的突破。康泰克、丽珠、三九等"大腕"凭借着强大的广告攻势,才各自占领一块地盘，而盖天力这家实力并不十分雄厚的药厂，竟在短短半年里就后来者居上，其关键在于崭新的产品概念。"白加黑"是个了不起的创意。它看似简单，只是把感冒药分成白片和黑片，并把感冒药中的镇静剂"扑尔敏"放在黑片中，其他什么也没做；实则不简单，它不仅在品牌的外观上与竞争品牌形成很大的差别，更重要的是它与消费者的生活形态相符合，达到了引发联想的强烈传播效果。在广告公司的协助下，"白加黑"确定了干脆简练的广告口号"治疗感冒，黑白分明"，所有的广告传播的核心信息是"白天服白片，不瞌睡；晚上服黑片，睡得香"。产品名称和广告信息都在清晰地传达产品概念。

（三）舒肤佳与"有效除菌"

舒肤佳成功进入中国市场也是秉承了找到USP的路径。1992年3月，舒肤佳进入中国市场，而早在1986年就进入中国市场的力士已经牢牢占据香皂市场。后来的舒肤佳却在短短几年时间里，硬生生地把力士从香皂霸主的宝座上拉了下来。根据2001年的数据，舒肤佳市场占有率达41.95%，比位居第二的力士高出14个百分点。舒肤佳的成功自然有很多因素，但关键的一点在于它找到了一个新颖而准确的"除菌"概念。在中国人刚开始用香皂洗手的时候，舒肤佳就开始了它长达十几年的"教育工作"，要中国人把手真正洗干净——看得见的污渍洗掉了，看不见的细菌你洗掉了吗？在舒肤佳的营销传播中，以"除菌"为轴心概念，诉求"有效除菌护全家"，并在广告中通过踢球、挤车、扛煤气罐等场景告诉大家，生活中会感染很多细菌，放大镜下的细菌"吓你一跳"。然后，舒肤佳再通过"内含抗菌成分'迪保肤'"之理性诉求和实验来证明舒肤佳可以帮你把手洗"干净"，另外，还通过"中华医学会验证"提高了品牌信任度。

（四）农夫山泉与"农夫山泉有点甜"

1998年，娃哈哈、乐百氏以及其他众多的饮用水品牌大战已是硝烟四起，而且在娃哈哈和乐百氏面前，刚刚问世的农夫山泉显得势单力薄，另外，农夫山泉只从千岛湖取水，运输成本高昂。农夫山泉在这个时候切入市场，并在短短几年内抵抗住了众多国内外品牌的冲击，稳居行业三甲，成功要素之一在于其差异化营销之策。而差异化的直接表现来自"有点甜"的概念创意——"农夫山泉有点甜"。"农夫山泉"真的有点甜吗？非也，营销传播概念而已。农夫山泉的水来自千岛湖，是从很多大山中汇总的泉水，经过千岛湖的自净、净化，完全可以说是甜美的泉水。但怎样才能让消费者直观形象地认识到农夫山泉的"出身"？怎样形成美好的"甘泉"印象？这就需要一个简单而形象的营销传播概念。

"农夫山泉有点甜"并不要求水一定得有点甜，甜水是好水的代名词，正如咖啡味道本来很苦，但雀巢咖啡却用"味道好极了"说明是好咖啡一样。中文有"甘泉"一词，解释就是甜美的水。"甜"不仅传递了良好的产品品质信息，还直接让人联想到了甘甜爽口的泉水，喝起来自然感觉"有点甜"。

（五）海尔"氧吧"空调与有氧运动有活力

提起空调行业，大家想到的往往是"价格战"，正当大家在猜测2003年谁将是第一个打响价格战枪声的企业，并比去年提前多长时间开枪的时候，市场上出现了一种令消费者的眼睛为之闪亮，并为之惊叹的产品——氧吧空调。在遭受"非典"、"凉夏"、原材料涨价等多重"压迫"的2003年，海尔空调仍有不俗表现，最主要的因素来自产品（概念）创新——氧吧空调。与其说是产品设计的成功，不如说是概念创新的成功，是对消费者生活密切关注而诞生的满足需求方式的成功。氧吧空调的创意很简单——根据室内因封闭而导致氧气不足（虽然这种相对的氧气不足对人体并没有多大影响），通过空调增加氧气含量；而原理也很简单——据设计这种空调的海尔空调专家介绍，只是在空调上加上一种特殊的富氧膜，使通过这层膜的氧气浓度提高到30%，然后用气泵将含有30%氧气的空气导入室内，从而保证室内空气氧气充足，既保证了人们的活力，又避免了空调病的发生。海尔氧吧空调，通过产品（概念）的差异化设计，实现了又一次超越。在其他各空调品牌高举价格屠刀腥风血雨地残杀时，海尔又一次通过一个简单而伟大的创新产品（概念）独享高利润。因此，USP 被称为不朽的广告智慧。

四、USP 的心理基础

USP 之所以成为经久不衰的广告智慧，从心理学的角度很容易得到解释，人们如果对一个事物记忆比较深刻，一般必须满足两个要点：一是与我相关；二是特征分明。人们的注意和兴趣往往集中在那些重要的、有价值的或与自己需要相关的事物和方面（利益承诺），与自己相关的事情人们总是最为关注；人们往往用事物某一独特的属性来标识、把握某一事物（独特的、唯一的），如经常给别人起绰号，绰号往往就是一个人最明显的特征。

第三节　品牌印象理念

20 世纪 50 年代，随着第二次世界大战的结束，西方发达国家的生产力得到迅速发展，各类新产品不断涌现，同类产品在市场上的竞争也越来越激烈。产品之间的细微差异（USP）越来越难寻找，许多广告人通过各种广告宣传和促销手段为企业提高声誉，开创著名品牌产品，使消费者根据企业的名声与印象来选择商品。因此，20 世纪 60 年代中期，大卫·奥格威（David Ogilvy）提出"每一个广告必须是对品牌形象的长期投资"，据此提出品牌识别（Brand Image）理念。他认为品牌形象不是产品固有的，而是消费者联系产品质量、价格、历史等发展而来的，此观念认为每一则广告都应是对构成整个品牌的长期投资。因此每一品牌、每一产品都应发展和投射一个形象。形象经由各种不同推广技术特别是广告传达给顾客及潜在顾客。

该理念的主要内容包括每一则广告都应当是创造品牌个性的长效投资；品牌间的共性越多，选择品牌的理智考虑就越少，因此需要广告创造品牌个性特色，以便让顾客获得清晰的认同和识别；品牌形象的形成是一种战略，具有长期性和全面性，需要持续的努力，是广告、公共关系、促销、定价等因素共同作用的结果；为维护一个良好的品牌形象，可以牺牲短期的经济利益，描绘品牌形象比强调产品的具体功能特征重要得多。总结来看就是最终决定市场地位的是品牌总体性格，而不是商品之间微小的差异。

在该理念的指导下，越来越多的企业选择用一个特定的形象来代表某个品牌，并通过这一特定的形象把某类人的气质、性格和个性象征于该品牌中，使消费者从品牌中找到自己，从而赢得消费者。常用的三种形象塑造方式：一是人物形象，快速树立形象，但风险大。如选择合适的模特或名人是企业塑造品牌形象经常使用的主要手段，但需要注意的是在选择名人时必须与产品的调性一致，如金嗓子喉宝找巴西球星罗纳尔多作为代言人，这就完全与产品的调性不一致，再如成龙代言了无数的产品，很难让受众在其内心建立品牌联想与勾连。二是动物形象，熟悉亲切，容易建立，但形象对应较难，如京东选择"狗"的形象。三是商标人物或卡通形象，创作的人或动物。形象稳定，但需要较长时间建立，如海尔选择海尔兄弟确立的形象。

品牌形象论（Brand Image）最重要的贡献在于发现了消费者购买的不只是产品，还有购买时承诺的物质和心理的利益。在广告中诉说的产品的有关事项，对购买时所起的决策作用经常比产品实际拥有的物质属性更为重要。成功的典型案例是大家熟知的万宝路（Marlboro）和可口可乐品牌形象。万宝路一度是带有明显女性诉求的过滤嘴香烟。自20世纪50年代中期开始，万宝路香烟广告开始和"牛仔""骏马""草原"的形象融合在一起，使得万宝路的销量在世界范围内逐步扩大，获得了前所未有的成功。万宝路粗犷豪迈的形象从此深入世人之心。美国的快餐品牌"麦当劳"和"肯德基"也分别以"麦当劳叔叔"和"肯德基上校"的形象来体现品牌特点，输入民族性格的符码。

品牌形象论的基本要点包括以下几点。一是塑造品牌服务是广告最主要的目标，广告就是要力图使品牌具有并且维持一个高知名度的品牌形象；二是任何一个广告都是对品牌的长期投资，广告应该尽力去维护好品牌形象，而不惜牺牲短期效益的诉求；三是随着同类产品的差异性减小，品牌之间的同质性增大，使得消费者选择品牌时所运用的理性减少，因此描绘品牌形象要比强调产品的具体功能特性重要得多；四是消费者购买时追求的是"实质利益+心理利益"，对某些消费群体来说，广告尤其应该重视运用形象来满足其心理的需求。

运用品牌形象的过程就是通过市场分析工具，在解析不同消费者的品牌印象的基础上，勾勒出某一品牌的特有气质，从而为品牌资产的管理者提供决策依据。品牌形象不是自发形成的，而是一个系统工程，涉及产品、营销、服务各方面的工作，品牌形象的塑造需要企业全体员工长期的坚持努力，创造一个吸引潜在顾客的品牌形象是企业制胜的关键。

第四节　广告创意时代

20世纪50年代，第二次世界大战结束后机器大生产造成了产品的同类化程度日趋严重，寻找产品的USP逐渐变得困难，"产品与生俱来的戏剧性"也渐渐被大量的模仿、复制所掩盖，伯恩巴克等广告大师努力把广告从原来的理性诉求引向情感诉求，把文案撰写与艺术设计融合起来，强调广告创意的艺术性，以情动人，掀起了麦迪逊大道新的创意风暴。

大卫·奥格威、威廉·伯恩巴克、李奥·贝纳等一大批广告大师活跃在广告创意的舞台上，他们以自己的杰出智慧和长期的广告策划创意经验把广告业由原来单纯的商品推销阶段推进到一个全面追求创意的阶段。

一、大卫·奥格威与科学派、创意派

（一）大卫·奥格威的生平

1911年6月23日，大卫·奥格威出生于伦敦西南30英里萨里郡（Surrey）的一个小村子。少年时代的奥格威颇不得志，"二战"以后从事广告业。这时的奥格威已经38岁了。1948年，奥格威成立了奥格威·美瑟广告公司，简称奥美，并最终成为一代广告宗师。1999年7月21日，大卫·奥格威去世。

（二）大卫·奥格威的广告作品

奥格威在海赛威（Hathaway）衬衫的广告中采用了"故事诉求"的原则，让这个"穿海赛威衬衫的男人（戴着一只黑色的眼罩）"指挥音乐会、开名牌汽车、参加贵族的社交活动、购买凡·高的名画等，通过穿海赛威衬衫的贵族，提升了自信，传达了海赛威衬衫作为贵族衬衫可以提升气质的理念，凸显了其有效的广告诉求与传播理念。

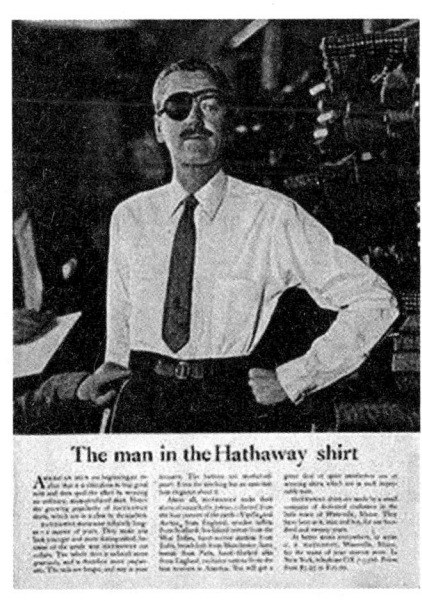

图 3-5　奥格威的海赛威衬衫报纸广告

奥格威的第二个代表性作品是劳斯莱斯轿车广告，这个广告的标题非常长，正标题是"在时速六十英里时，这辆新型劳斯莱斯车内最大的噪声，来自它的电子钟"，副标题"什么原因使得劳斯莱斯成为世界上最好的车子？"尽管这则广告的标题和正文都相当长，但是由于抓住了消费者的心理特征，人们读起来并不感到厌烦，反而被劳斯莱斯汽车无处不在的精细与超出寻常的品质所吸引。在奥格威看来，读标题的人是读正文的人的5倍。因此奥格威对广告标题极端重视，语不惊人死不休。

（三）科学创意学派的基本观点

首先，大卫·奥格威的整个创意哲学是建立在"广告是科学"这一学科定位的基础上。其次，关于广告的学科归属，奥格威的基本观点是把广告看成一门科学，因此广告创意必须遵循科学的各种规定。创意的基础和出发点必须是科学的调查研究，而不能是个人的主观设想。最后，奥格威认为"广告的内容比表现内容的方法重要"。也就是说，决定消费者是否购买商品的因素是广告的内容而不是广告的形式。在奥格威看来"说什么"比"怎么说"重要。

另外，奥格威还提出了"品牌形象"理论，这在以创意为主导的时代有着显著的超前性。因此在奥格威广告史上被誉为"广告教皇"，而其他广告人最多只能称为"广告大师"，因为奥格威已经超越了他所在的那个时代，结束了广告促销时代，开启了品牌形象时代。

二、威廉·伯恩巴克与艺术派创意理论

威廉·伯恩巴克对广告学科归属的认识与大卫·奥格威截然不同。威廉·伯恩巴克旗帜鲜明地指出：广告是一种艺术。他针对20世纪60年代美国广告界过于追求精确严格的科学调查而忽视艺术创新的情况，提出广告不应该过于痴迷技术崇拜而要追求广告的真正本质——艺术表现。

(一)威廉·伯恩巴克的生平

威廉·伯恩巴克出生于美国纽约,从小生长在这座世界闻名的大都市,接受了良好的文化熏陶。伯恩巴克毕业于纽约大学英国文学系,并在写作上开始显露才华,后来创立世界著名的 DDB 广告国际有限公司。可以看出,伯恩巴克与奥格威因为出身不同,在广告创意的认知上也完全不一样,伯恩巴克认为在广告中最重要的东西就是要有独创性和新奇性。因为世界上有形形色色的广告,而 85% 根本没有人注意,真正能够深入人心的只有 15%。正是根据这一无情的数字比例,伯恩巴克才坚持把独创性和新奇性作为广告业生存发展的首要条件。伯恩巴克甚至直接说"我警告你们,不要相信广告是科学",并且直言广告的秘诀不在于"说什么",而在于"如何说"。科学创意学派强调的"逻辑与过分的分析会使创意失去灵性和毫无作用"。

正是伯恩巴克对广告创意形式的强调,使得他至今依然是广告创意领域最具有影响的人物。在 20 世纪末的《广告时代》评选中,基于他在广告创意中的贡献而被推选为广告业最有影响力人物的第一位。

(二)威廉·伯恩巴克的代表作品

威廉·伯恩巴克的代表作品除了大众汽车甲壳虫的"think small"与"lemon"两个广告之外,还有艾维斯(AVIS)的租车广告。

艾维斯租车公司的"老二主义"广告,堪称广告定位的经典之作。艾维斯租车公司的"我们第二,但更努力"的广告是威廉·伯恩巴克创造的。该公司在 20 世纪 60 年代经营很不景气,之后公司推出了老二广告。甚至"广告教皇"大卫·奥格威也称这则广告是"广告史上最强劲的广告",这则广告的高明之处就在于它敢于公开承认艾维斯租车公司所处的地位,同时又申明了公司不忘顾客的厚爱,努力工作的积极态度。多年争当老大,亏损累累,如今甘成老二,财源茂盛。这就是杰出的广告创意所带来的巨大效益。当然,这个广告也被很多企业所学习,如前几年著名的暴风影音广告——

"我们是老二,仅次于优酷",并没有搞清楚真正的"老二广告"如何做,暴风影音不仅仅给自己做了广告,也给优酷做了广告,并且让大家知道当时网络视频行业原来老大是优酷,而至今为止没有人知道当时美国租车行业排名第一的租车公司是哪家,这种东施效颦的广告很容易为人作嫁衣。

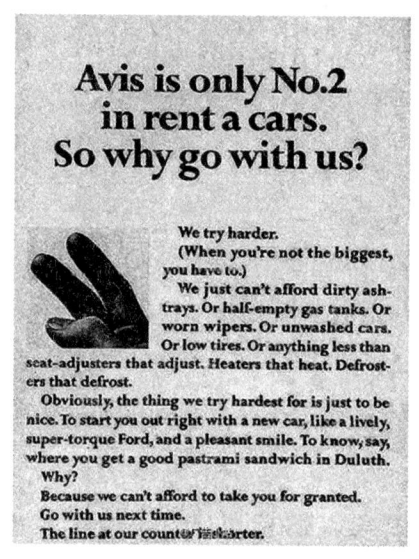

图 3-6 艾维斯"老二主义"租车公司广告

（三）艺术创意学派与 ROI 理论

伯恩巴克的广告创意理论集中表现为他的 ROI 理论。ROI 理论是一种实用的广告创意指南,该理论的制造者伯恩巴克是广告唯情派的旗手,是艺术派广告的大师,他认为广告是说服的艺术,广告"怎么说"比"说什么"更重要。该理论的基本主张是优秀的广告必须具备三个基本特征:相关性（Relevance）、原创力（Originality）和冲击力（Impack）。相关性强调的是广告、商品和消费者之间的相互关系;原创力就是要求突破庸常思维,与众不同;冲击力就是要让广告产生强大的渗透功能,使广告进入消费者心灵深处。

ROI 理论强调要尊重消费者,广告不能以居高临下的口吻与你的交流对象说话。广告手法必须明确、简洁,要把想要告诉消费者的内容浓缩成单一的目的、单一的主题,否则就不具有创新;广告还必须与众不同,有自己的个性和风格。广告最重要的东西是要有原创性和新奇性;ROI理论特别强调不要忽视幽默的力量。幽默可以有效地吸引人的注意力,使人得到一种收听、收看和阅读的补偿。广告与商品没有关联性,就失去了意义;广告本身没有原创性,就欠缺吸引力和生命力;广告没有震撼性,就不会给消费者留下深刻印象。

三、李奥·贝纳——芝加哥派创意理论

李奥·贝纳和他领导的李奥·贝纳广告公司在创意理论上自成一派,也就是他自称的"芝加哥学派"。李奥·贝纳广告公司一度是世界最大的广告公司,以及李奥·贝纳本人为万宝路所做的广告确实是一个重要广告创意理论流派。

(一)李奥·贝纳生平

1889年,李奥·贝纳出生于密歇根镇。中学毕业后,李奥·贝纳考入密歇根大学学习新闻学专业。大学期间,李奥·贝纳就曾兼职为一家百货公司写公告牌。在经历了几家不同的广告公司之后,1935年8月,李奥·贝纳成立了以自己姓名注册的广告公司。但是,直到李奥·贝纳60岁时,他的事业才真正迅猛地发展起来。当李奥·贝纳80岁去世的时候,李奥·贝纳广告公司已经成为世界上最大的广告公司了。

(二)李奥·贝纳与万宝路香烟变性

李奥·贝纳最出色的广告活动是对万宝路香烟的重新定位与品牌形象策划。在万宝路创业初期,其定位是女士烟,消费者绝大多数是女性。其广告口号是:像五月天气一样温和。可是,事与愿违,尽管当时美国吸烟人数年年都在增加,但万宝路香烟的销量却始终平平。女士们抱怨香烟的白色烟嘴

会染上她们鲜红的口红,很不雅观。于是,莫里斯公司把烟嘴换成红色,可是这没有挽回万宝路女士香烟的命运。莫里斯公司终于在40年代初停止生产万宝路香烟。"二战"后,美国吸烟人数继续增多,万宝路把最新问世的过滤嘴香烟重新搬回女士香烟市场并推出3个系列,但是万宝路的销量仍然不佳,吸烟者中很少有人抽万宝路,甚至知道这个牌子的人也极为有限。后来莫里斯公司找到了当时非常著名的营销策划人李奥·贝纳,在对香烟市场进行深入的分析和深思熟虑之后,李奥·贝纳对万宝路进行了全新的"变性手术",大胆向莫里斯公司提出:将万宝路香烟的定位转变为男性香烟,变淡烟为重口味香烟,并大胆改造万宝路形象。广告上的重大改变则是万宝路香烟广告不再以妇女为主要诉求对象,而是一再强调万宝路香烟的男性气概,以浑身散发粗犷、豪迈、英雄气概的美国西部牛仔为品牌形象,吸引所有喜爱、欣赏和追求这种气概的消费者。这是迄今为止最为成功的营销策划,彻底改变了莫里斯公司的命运。

(三)芝加哥派创意理论的基本主张

李奥·贝纳的创意理论与大卫·奥格威的科学派理论或伯恩巴克的艺术派理论都有不同,它既不是从理性的角度去说服消费者也不是从情感的角度去感染消费者,而是强调发掘产品本身所包含的创意信息——固有的戏剧性。李奥·贝纳认为广告的关键在于注意研究商品本身的独特性,采用适当的手段去表现,以引起人们的注意。"产品即英雄",每一样产品本身都具有它"与生俱来的戏剧性",因此,寻找、发掘产品"与生俱来的戏剧性"就成为"芝加哥学派"创意时所遵循的基本原则。

李奥·贝纳的创意哲学——寻找"挖掘与生俱来的戏剧性"。任何一个产品都有其与生俱来的戏剧性,这种戏剧性是产品十分重要的无形资产,也是构成品牌核心价值的基本要素,因此,我们要学会发现生活中的戏剧性,以此作为我们广告创造的重要来源。如李奥·贝纳为美国肉类研究所芝加哥总部所做的"肉"广告文案——"你能不能听到它们在锅里滋滋地响?"李奥·贝纳为绿巨人豌豆做的经典广告"无论日间或夜晚，绿巨人豌豆都在转瞬间选妥，风味绝佳——从产地到装罐不超过 3 个小时"。

（四）芝加哥派创意理论的经典案例——可口可乐社会化新媒体营销

李奥·贝纳公司为可口可乐公司进行了新媒体营销传播的系列策划，2013 年推出了快乐昵称瓶，2014 年推出歌词瓶，2015 年推出台词瓶。

1. 2013 年可口可乐推出昵称瓶

2012 年，可口可乐在澳洲推出了名为 Share A Coke 的宣传活动，印在可乐瓶、罐上的名字是澳洲最常见的 150 个名字。于是 2013 年夏季可口可乐在中国推出了昵称瓶活动，将众多网络昵称印在瓶身，以社交网络为主平台，开启个性化的昵称瓶定制，使得当季可口可乐独享装的销量较上年同期增长 20%，超出 10% 的预期销量增长目标，并在中国艾菲奖（EFFIE AWARDS 大中华区）颁奖中摘得全场大奖。

图 3-7 可口可乐昵称瓶广告

从昵称瓶的基本运作过程可以看出，其大致经历了三个不同阶段。第一个阶段是借助媒体明星、草根大号等关键意见领袖进行内容的传播。2013 年 5 月 28 日开启悬念预热营销，让合作的媒体、意见领袖、员工以及忠实粉丝放出一系列悬念图片，5 月 29 日进行全网揭秘。5 月 29 日之前，可口可乐陆续给一部分有影响力的明星、草根大号赠送了印有他们名字的昵称瓶，为达到惊喜的效果，没有事先通知。于是他们纷纷在微信、微博等社交网络上晒出自己独一无二的可口可乐定制昵称瓶，比如，林俊杰、黄晓明等都晒出了他们的大咖昵称瓶。

第二个阶段是活动上市，围绕代言人持续炒热话题。6月9日深圳五月天"爽动红PA"演唱会，正式公布快乐昵称瓶夏季活动全面展开。五月天"爽动红PA"演唱会现场，利用手机应用软件"啪啪"同步录音发布，并通过微博、微信预告线下活动行程。同时活动现场摆放定制昵称瓶的机器，现场打印昵称瓶标签，消费者可以印上自己的名字、昵称等，实现了线上线下的整合，从线上导流到线下，粉丝线下拿到瓶子后再到线上晒照片，实现O2O闭环传播。

第三个阶段是"异业结合+社会化电子商务"，从衣食住行等方面的跨界合作，带动在线音量，实现全包围。与新浪微钱包合作：在活动的7天内，每天接受一定数量的定制瓶，邮费20元。第一天放出300瓶，一个小时订光；第二天500瓶用了半个小时；第三天900瓶只用了5分钟；第四天300瓶可口可乐1分钟被抢光；后来的几天都是几秒钟就被抢光。并且与很多企业合作，如与快书包合作，24瓶凑齐一起卖，满足那些有收藏爱好的人；与小肥羊、棒约翰合作，给当日进餐过生日的消费者赠送定制瓶；与1号店合作，购买一定数量的可口可乐就可以在1号店免费定制属于自己或朋友的昵称瓶。

2. 2014年可口可乐推出歌词瓶

2013年昵称瓶获得口碑与销量的巨大成功后，2014年夏季可口可乐又推出歌词瓶，将流行歌曲歌词印在瓶身和易拉罐上。在歌词瓶的助推下，其中国业务增长达到了9%，并在2014年6月一个月内，歌词瓶即在去年同期双位数增长的基础上，实现了10%的增幅。

与昵称瓶营销方法类似。第一阶段针对意见领袖进行定制化产品投放，利用明星效应和关键意见领袖在社交网络的活跃度和影响力，制造信息高点，如潘石屹晒出送给任志强的定制版"由我们主宰"的可口可乐瓶。此外明星五月天、周杰伦、林俊杰等也为可口可乐歌词瓶发布专属微博。

图 3-8　可口可乐歌词瓶广告

第二个阶段通过社交媒体引发活跃粉丝的跟进，进而利用社交媒体的扩散作用影响到更多普通消费者。微博端，通过转发微博加上＃可口可乐歌词瓶＃标签并@一下小伙伴就有机会获得一个专属定制瓶。同时粉丝们也正围绕话题"最打动你的歌词"，自发地分享最喜爱歌星的歌词给自己带来的美好回忆。

微信端则通过扫描可口可乐瓶子上的专属二维码进入微信页面，在听歌的同时还能看到一段根据歌词创作的 Flash，短短数秒却充满新奇，激起消费者购买第二瓶一探究竟的欲望。

比起语义简单的昵称瓶，歌词瓶能够被赋予更为丰富的情感色彩和意义。可口可乐的歌词来源都是经过社交媒体的大数据分析、消费者聆听等多重筛选后确定的，从周杰伦到五月天，从世界杯到毕业季应景歌，从励志伤怀到爱情友情，考虑到了不同年龄、性别、性格的人群的喜好。添加二维码，赋予唱歌功能，更加生动有趣地表达不同的情感，让应用场景更加广泛，有利于社会化分享。可口可乐为歌词加上二维码，用户只需要扫描瓶身上的二维码就可以听到歌词所对应的歌曲，同时用户还可以点击进入可口可乐相应的活动页面，看到每首音乐的表情符号，更可通过一键分享，将歌曲分享到微信朋友圈中。这种设置二维码的做法为歌词瓶带来了更多的社交性，也让其在不知不觉中获得了微信用户的主动传播。

第三个阶段是重点玩转粉丝经济：歌手背后强大的粉丝力量。歌词瓶上的每一首歌曲几乎都是明星歌手的代表作，而可口可乐也借此开展有奖活动，比如，让粉丝说出自己最喜欢的歌手的一句歌词等，从而为最后的爆发预热。比如周杰伦歌迷网官方微博，就主动发布了相关内容，让买过周杰伦歌词瓶可乐的杰迷报到。诸如此类的自发性传播，让可口可乐在短短一周时间内，微博讨论量超过11万。

对时间节点的把握，传播节奏的有效控制。如高考期间，关于梦想的歌，"超越自己才是成功""最初的梦想绝对会到达"表达对考生最好的鼓励；毕业季期间《时间都去哪儿了》；世界杯期间,2014年巴西世界杯中文主题曲《由我们主宰》；7月初品牌代言人金秀贤出演的首支广告勇气篇发布，广告中出镜的印有"我们都需要勇气"的歌词瓶；教师节期间，可口可乐赶在开学的时段，在人人网发起"畅想开学季为成长感恩"给老师寄明信片的活动，同时官微上教师节系列内容也与人人网活动同步；9月15日，可口可乐官微发布"人生是一首歌"系列内容，再次回到以歌传情的初衷，宣告歌词瓶结束。

3. 2015年可口可乐推出台词瓶

继昵称瓶、歌词瓶之后，2015年可口可乐推出"台词瓶"，包括可口可乐及可口可乐零度两类产品各3种包装，共计10亿瓶，"下辈子还做兄弟""臣妾做不到啊"等耳熟能详的台词均出现在瓶身上，共计49款。同时还可以个性定制独一无二的专属台词瓶，在"我们结婚吧""如果爱，请深爱"等经典台词的前面加上恋人或朋友的名字。此举实现了将互动成果转化为商业价值，促成了销量的提升。

整个过程具备以下特点：一是运用社交媒体，多平台传播，打响台词瓶营销战役。5月27日当天推出一系列使用不同艺术表达形式重新演绎的影视剧经典海报，围绕同一主题——"让夏天更有戏"，开启本次台词瓶营销战役。当红自媒体集体发声，以不同形式宣布台词瓶，另外官方微博发起的#可口可乐台词瓶#话题攀升至当日最热话题第二名，引起网友关注，促使消费者的自发分享和传播。

二是创新传播形式：创意微动图™技术的应用。创意微动图™是动态摄影和静态图片的结合，将静止的图片和视频结合在一起，向受众展示了静止时空的魔法，体会"刹那芳华"的视觉效果。同时通过趣味互动以及有奖机制的设置，还引发了消费者自动大量转发评论以及回复。

图3-9　可口可乐的台词瓶广告

三是抓取热点事件速度延展，创意发挥，从情感入手，吸引粉丝自主讨论和传播。如范冰冰、李晨公开恋情，官方微博实时推出"我们"文案及其配图；黄晓明和杨颖领证官方微博第一时间借势而上引发好评；高考期间，官方微博推出图文消息并配以原创手绘图为高考考生加油助威；周杰伦升级当爸爸，官方微博及时推出文案以及配文图给予祝福；与上线电影《煎饼侠》《命中注定》《我是路人甲》结合，推出电影的台词瓶，借势营销。

四是节日期间推出HTML5，通过创意的互动和内容，有效地传播台词瓶。端午节，官方微信推出了"小可电影院"端午粽子大片H5互动游戏，选取了3部经典影片、电视剧，将里面的经典场景变换为与粽子相关的互动小游戏，例如将《疯狂原始人》改名为《疯狂水果粽》，只要动手指将太阳点到一定亮度即可通关，并同时出现《疯狂原始人》的经典台词：骑着太阳去明天，掀起互动狂潮。父亲节期间，则是推出挑战与爸爸亲密指数的小测试，共设置了 10 道有趣的题目，每道题目各有 3 个选项，做完所有题目后统计分数，不同的分数对应不同的亲密测试结果。通过这一系列的举动，成功地向消费者传达可口可乐台词瓶信息。

五是与主流网络视频平台优酷合作，打造跨界互动平台，从线下无缝连接线上。线上，优酷土豆通过强大的平台运营资源、UGC 资源、影视资源及自制剧资源等，打造"让分享更有戏"互动平台，可口可乐则借助第一大视频网络的传播力，进一步扩大影响。优酷搭建"让分享更有戏"专区，加强与观众互动。"明星大咖秀"邀请 Katie Cassidy、Brett Dalton、Chloe Bennet 等 8 位好莱坞明星，以可口可乐台词瓶为主题，制作了 8 部短片，用户可以投票选出自己喜爱的明星大咖秀台词瓶作品；"全民来入戏"板块，用户则可以通过下载"开拍"APP，上传包含"让分享更有戏"活动前缀的特效视频参与活动。作为中国最早的 UGC 平台，优酷土豆积累了一大批有着上传分享习惯的用户，在"让分享更有戏"中的"全民来入戏"环节，呼吁用户分享和台词瓶相关的有趣视频。截至 7 月 27 日总 PV 超过 2000 万，UV 超过 1300 万；数百万人通过网站专题直接参与投票及点赞，互动量已近 700 万；近 600 个开拍作品分享至优酷参与活动。

4. 昵称瓶—歌词瓶—台词瓶的营销启示

（1）一脉相承的营销理念和品牌定位

从昵称瓶到歌词瓶再到台词瓶，是可口可乐"流动性传播和策略性连接"营销理念的传承，把瓶身社交化做得越来越深入，并且始终秉持其"快乐和分享"的品牌定位，塑造了个性化的统一品牌形象。

（2）以 social@heart 为内核，让用户主动参与，实现从消费者印象（Impressions）到消费者表达（Expressions）

充分挖掘这个时代目标消费者的想法、感受，将品牌理念与之建立联结，制造了更多的空间给消费者讨论，并维持话题热度引导讨论，但不生硬地主导舆论，而是让用户创造内容（UGC），自主参与帮助品牌扩大影响力，加强深度关系。

（3）利用名人效应和粉丝效应，发动自媒体参与传播，充分发挥关键意见领袖的影响力，形成口碑传播

在社交媒体上每个人都是自媒体，那些大V（经过官方认证的微博主）本身具有很大的影响力。除了有影响力的网上意见领袖和明星外，可口可乐也非常重视平时与之互动良好的忠实粉丝。

（4）跨界合作，线上线下整合，形成O2O闭环

微博上定制一瓶属于自己的可口可乐，从"线上"微博定制瓶子到"线下"消费者收到瓶子，再通过"线下"消费者拍照分享又回到"线上"，O2O模式让社交推广活动形成一种长尾效应。

（5）遍地撒网，全媒体覆盖，结合热点有节奏地维持话题热度

通过全网全覆盖的方式，可口可乐循序渐进地推进各项活动，使各个层面的消费者都成为品牌传播的一分子。新媒体有话题破碎、易逝的特点，消费者不再是单纯的受众，而是已经完全参与到品牌的传播与塑造中，成为品牌的推广者。在话题热度往下降时，会持续推出新的活动方案，有节奏地维持话题热度。

（6）定制背后的逻辑是"与我相关"

昵称瓶可以定制自己的昵称，歌词瓶可以定制自己的歌词，台词瓶可以定制属于自己的台词。所有定制设计和疯抢背后的支撑都是"与我相关"，包装定制是定制化的开始。

四、创意传播时代的基本特点

奥格威与伯恩巴克和李奥·贝纳同属于20世纪60年代"广告创意"时代的人物，但是奥格威的广告思想却超越了他自己所属的那个年代。奥格威的创造力不是像伯恩巴克或李奥·贝纳那样主要集中在单个产品上的"广告创意"，其广告思维的超前性使他能够从传统广告"创意时代"阶段脱身，

进入现代广告阶段。成为传统广告创意时代的终结者同时又是现代广告时代的排头兵。大卫·奥格威认为广告必须从原来的对产品独特功能的诉求转移到对品牌形象的塑造上来。产品是相似的，创意可以模仿，但品牌却有着别人难以模仿的个性。

第五节　定位理念

20世纪60年代，随着生活水平的提高，公众在消费中日益追逐个性，讲究差异化消费，流行不再是大众化，而是趋向于群体化、小众化。针对这种消费现象，20世纪70年代左右，广告界提出定位（Positioning）理念。定位（Positioning）是由著名的美国营销专家艾尔·列斯（Al Ries）与杰克·特罗（Jack Trout）于20世纪70年代早期提出的，当时，他们在美国《广告时代》发表了名为《定位时代》系列文章，此后，他们又把这些观点和理论集中反映在他们的第一本著作《广告攻心战略》中，正如他们所言，这是一本关于传播沟通的教科书。1996年，杰克·特罗整理了25年来的工作经验，写出了《新定位》一书。按照艾尔·列斯与杰克·特罗的观点：定位，是从产品开始，可以是一件商品、一项服务、一家公司、一个机构，甚至是一个人，也可能是你自己。定位并不是让你对产品做什么事情，而是要让产品在未来的潜在顾客脑海里确定一个合理的位置，也就是把产品定位在你未来潜在顾客的心目中。定位可以看成是对现有产品的一种创造性试验。"改变的是名称、价格及包装，实际上对产品则完全没有改变，所有的改变，基本上是在修饰而已，其目的是在潜在顾客心中得到有利的地位。"

一、定位理论的基本要点

按照艾尔·列斯与杰克·特罗的理论，我们目前已成为一个传播过多的社会，而消费者接收的信息却是有限的，消费者抵御这种"信息爆炸"的最有力武器就是最小努力法则——痛恨复杂，喜欢简单。现有产品在顾客心目中都有一定的位置，例如，人们认为可口可乐是世界上最大饮料生产商，格兰仕是中国最大的微波炉生产商，北京同仁医院是中国最著名的眼科医院等，这些产品和服务的提供者在与消费者长期的交易中所拥有的地位，是其他人很难取代的。也就是说，消费者对品牌的印象不会轻易改变。定位的基本原则不是去创造某种新奇的或与众不同的东西，而是去操纵人们心中原本的想法，去打开联想之结，目的是要在顾客心目中占据有利的地位。唯其如此，方能在市场上赢得有利的竞争地位。

定位的真谛就是"攻心为上"，消费者的心灵才是营销的终级战场。从广告传播的角度来看定位，它不是要琢磨产品，因为产品已是生出来的孩子，已经定型，不大容易改变，而容易改变的是消费者的"心"。如80年代以来，IBM在IT业内被众多的专业级对手所肢解，硬件被康柏、戴尔、苹果打败，软件被微软、甲骨文打败，芯片被英特尔打败，工作站被太阳打败。1991年亏损28亿美元，1993年亏损81亿美元。IBM应向何处去？定位理论的提出者特劳特根据IBM电脑产品线长的特点，为IBM品牌重新定位为"集成电脑服务商"，这一战略使得IBM成功转型，走出困境，2001年的净利润高达77亿美元。

定位理论认为广告的目标是让某一品牌或形象在公众心中留下深刻的特殊印象，获得一个据点；广告宣传应集中于有效的媒体上；广告应该创造出商品应有的独特位置，特别是"第一说法、第一事件、第一位置"；"一个中心两个基本点"：以"打造品牌"为中心，以"竞争导向"和"消费者心智"为基本点。

广告应该表现出品牌之间类的区别，而并不是产品具体的、特殊的功能利益；当消费者的需求产生时，广告宣传便促使其自动和广告品牌发生联系，广告应该引导顾客的消费指向自己的品牌。定位理论经过长期发展已相当成熟，人们总结出产品定位的策略，其具体运用主要分为两大类，实体定位策略与观念定位策略。

二、消费者的五大思考模式

《新定位》一书列出了消费者的五大思考模式,以帮助企业占领消费者心目中的位置——消费者接收的信息有限,消费者喜欢简单、讨厌复杂,消费者缺乏安全感,消费者对品牌的印象不会轻易改变,消费者的想法容易失去焦点。掌握这些特点有利于帮助企业占领消费者心目中的位置。

(一)消费者接收的信息有限

在超载的信息中,消费者只会按照个人的经验、喜好、兴趣甚至情绪,选择接受哪些信息,记忆哪些信息。因此,能引起兴趣的产品种类和品牌,就较容易拥有打入消费者记忆的先天优势。例如,杭州娃哈哈集团,最初是以生产"娃哈哈"儿童营养液而一举成名的。它的成功就在于不仅产品定位准确,而且广告定位更是让人过目不忘,因为它源于一首人人熟知的儿歌,很容易引起儿童与家长的共鸣。

(二)消费者喜欢简单、讨厌复杂

在各种媒体广告的狂轰滥炸下,消费者最需要简单明了的信息。广告传播信息简化的诀窍,就是不要长篇大论,而是集中力量将一个重点清楚地打入消费者心中,突破人们痛恨复杂的心理屏障。在这一点上最令人称道的是我国的一种驱虫药广告,只需服两片,治蛲虫是两片,治钩虫也是两片。人们也许记不住复杂的药品名称,但只需说"两片",药店的售货员就知道你要买的是什么药。

(三)消费者缺乏安全感

由于缺乏安全感,消费者会买跟别人一样的东西,免除花冤枉钱或被朋友批评的危险。所以,人们在购买商品前(尤其是耐用消费品),都要经过缜密的商品调查。而广告定位就要传达给消费者既简单而又易引起兴趣的信息,使得自己的品牌易于在消费者中传播。如果一位消费者要买驱虫药，必然先向朋友打听，一说"两片"，既满足了消费者安全感的需要，也无须记一些专业名词。

（四）消费者对品牌的印象不会轻易改变

虽然一般认为新品牌有新鲜感，较能引人注目，但是消费者真能记到脑子里的信息，还是耳熟能详的东西。比如，对可口可乐公司的员工而言，它是总部设在亚特兰大市的一个"公司"；而在一般消费者心目中，可口可乐是一种甜美的、深色的、加了碳酸气的饮料，是一个著名的饮料品牌。如果，可口可乐公司哪天心血来潮，去生产热门的啤酒，也许正是可口可乐的可悲可叹之时。

（五）消费者的想法容易失去焦点

虽然盛行一时的多元化、扩张生产线增加了品牌多元性，但是使消费者模糊了原有的品牌印象。美国舒洁公司在纸业的定位就是一例。舒洁原本是以生产舒洁卫生纸起家的，后来，它把自己的品牌拓展到舒洁纸面巾、舒洁纸餐巾以及其他纸产品，以至于在数十亿美元的市场中，拥有了最高的市场占有率。然而，正是这些盲目延伸的品牌，使消费者失去了对其注意的焦点，最终让宝洁公司乘虚而入。难怪一位营销专家以美国人的幽默方式发问：舒洁餐巾纸、舒洁卫生纸，到底哪个牌子是为鼻子而设计的呢？

三、定位理论的心理学基础

研究潜在顾客心理是广告定位的出发点。定位理论的心理学基础大致有以下几点。

（一）人们只看他们所期望看到的事物

广告要创造消费者内心所期望的产品或服务，使消费者达到一种内在的满足。相反,如果广告创造了与人们期望不相符的东西,就会使其产生一种强烈的失落感,被推销的产品就会陷入困境。

例如烟草广告,通常都是投消费者所好,渲染香烟带来的精神享受。而烟草对健康的严重危害,则被极力淡化。如下图白沙烟的广告图片,并没有展示吸烟的画面(当然这是法律不允许的),通过这种心旷神怡的画面试图暗示抽烟后的心理感受。

图 3-10 白沙烟的擦边球烟草广告

同样茅台酒的广告词也很简单,通过宣传茅台的市场领导者地位,背景采用充满王者之气的故宫画面。该广告把茅台在酒界的地位准确地传达到了消费者心中。这样的定位是其他品牌白酒无法效仿的。

图 3-11 茅台酒主打"国酒茅台"的广告

（二）在人们的心理上不仅排斥与自己以前知识或经验不相符的信息，而且人们也没有很多的知识或经验来应用

艾·里斯等称"人类的心智是一个完全不够大的容器"[①]，就好比一个计算机，但是其内存很小，硬盘很大（短期记忆很少，长期记忆很大）。哈佛大学心理学家米勒博士（Dr. George Miller）则提出了 7±2 法则，他认为人类智力通常不能同时处理超过 7 件事情，一般在上下相差 2 之间浮动。因此，为了应对信息的爆炸性增长，让人们能够处理更多信息，首先就要对外部信息进行归类存储，然后再排列记忆。如大家经常提起的 7 大奇迹，白雪公主和 7 个小矮人，上帝创世记 7 天，一个礼拜 7 天，在此基础上，他提出了顾客心智中最多也只能为每个品类留下 7 个品牌空间，而随着竞争的加剧，最终连 7 个品牌也容纳不下，只能给 2 个品牌留下心智空间。在此法则的指导下，通用公司的韦尔奇在 1981 年上任以后，关掉了 GE 几乎所有不是排名前二的产品，此举造就了 GE 始终保持辉煌。正如大家经常用来调侃的段子"这年头，真邪门！各行业老大和老二 PK，受伤的并非对方，而是老三！比如，王老吉 PK 加多宝，和其正消失了；360PK 金山，卡巴斯基消失了；可口可乐 PK 百事可乐，非常可乐消失了；苹果 PK 三星，诺基亚消失了"。

（三）人们心理上存着等级和阶梯

心理学认为人们对任何一类事物都会进行排序和等级排列。因为定位理论其实是把产品在心智上划分等级。一个竞争者要想在市场上占有一席之地或提高市场占有份额，要么驱逐上方的品牌，要么把自己的品牌与其他企业的品牌位置发生关联。在开发或上市一种新产品时，如果告诉潜在顾客此产品"不是什么"，胜过告诉他"它是什么"。正如当第一辆汽车问世时，当时

[①] 孟秀燕. 论新媒体时代下企业营销方式的转变 [J]. 市场周刊（理论研究），2014（1）.

称为"不用马的马车"("Horseless" carriage），这一名称使社会公众把新观念的位置与当时存在的运输形式相联系。

因此，从根本上讲，定位并非改变产品本身，只是改变名称、价格及包装。所有的改变，基本上都是在起着修饰的作用，其目的是在潜在顾客心中得到有利的地位，因此有人对定位理论提出诟病，认为是一种心理操控术、忽悠之术。

四、定位理论需要注意的误区

（一）挑战一个在同类产品中雄踞"第一"的品牌意味着失败

某种产品已经在消费者心中盘踞着"第一"或"领导者"的地位，其他不同品牌的同类产品从正面进行广告定位与其竞争，无疑是以卵击石。

即使实力雄厚的企业开发新产品与当前市场占据"领导地位"的产品面对面地竞争，都是冒着极大的风险，可能导致重大损失，甚至其商品品质更好也很难动摇"领导者"的地位。

（二）高品质的并非一定能够击败对手

从一般常识来看，一个产品拥有比同类其他产品更高的品质就应该能够击败对手，但事实往往并非如此。如某暖水瓶生产厂家，面向非洲推出一种品质优良的暖水瓶，该瓶不仅长久保温，而且即使从三米高度跌落，也不会摔坏。广告中也宣传了这一特性。但是该暖水瓶在非洲并不畅销。经过市场调查，发现虽然品质优良，但是价格较高，超出了当地居民的消费能力，因而滞销。后来该厂家取消了不易摔碎的工艺，成本降低，价格下降一半，才受到普通消费者欢迎，并迅速占领非洲市场。

（三）品牌推广并非都能成功

当某一品牌在其同类产品领域获得成功之后，该品牌在随后向其他领域推广过程中并非都会成功。

（四）高科技并非会真正带来极大成功

艾·里斯等认为"如果在心智中没有空隙，那么即使在研究室中有伟大技术的成功，结果也要失败"。

（五）不适当的名称选择导致失败

"名称足以把品牌吊在潜在顾客心智中。在定位时代中，需要做的最重要的行销决策，便是为产品取个名称。"一般人看来，名称不过是一种代号、一种称谓，它与成功或失败没有多大关系。但是，越来越多的事实证明名称与成败有密切关系。如娃哈哈推出的啤儿茶爽这个名称，听起来很奇怪，有人曾经总结啤儿茶爽有四大失误：一是口感，大部分人觉得怪异，似啤酒非啤酒，似饮料非饮料；二是品种归类失败，像茶又像酒，最终导致什么都不像；三是广告策略失败，一句你 out 了，很难引起情感共鸣；四是没有耐心，一个品牌成功需要 5~10 年，而娃哈哈只给了它 3 年时间就销声匿迹了。

（六）不要努力向所有的人去诉求

在品牌很少和广告很少的时候，尝试向每个人去宣传自己的产品还讲得过去。但是要想在竞争激烈的今天求胜，就必须在市场中开拓明确的、最适合的位置，即使要放弃某些细分市场，也值得做下去。要指向某一类特别消费群体，而不是所有的消费者。在广告定位中要时刻牢记："用步枪瞄准最佳潜在顾客来射击的方法，远比用霰弹枪希望打几个全部市场的方法要好得多。计划者一定要知道谁是目标市场并直接和他们说话。"

五、定位理论的缺陷

定位理论认为品牌只能在相关联领域进行延伸，可是大量案例证明，一个成功的品牌有其独特的核心价值，只要这一核心价值能包容延伸产品，就可以大胆地进行品牌延伸。任何营销理论都有其诞生的背景和适用的环境，不可尽信，营销最大的魅力就是永远都是动态发展的，营销人必须学会与时俱进。

企业掌握话语主导权，而消费者是被动的、没有话语权且缺乏识别能力的，因此任由企业"洗脑"。互联网时代，品牌定位理论需要修正。品牌定位只能以事实为依据引导消费者的认知而不能随意定义，更不能"洗脑"。没有用户体验作为依据，夸张的品牌定位只会受到互联网特别是社交媒体的挑战。忽悠式的品牌定位注定会遭到消费者的抵制。

第六节　品牌性格理念

在20世纪80年代中后期广告界提出了品牌性格（brand character）理念。该理念的观点主要认为品牌性格由商品、定位和个性组成，其核心是品牌人格化；品牌个性是品牌形象的核心，是与顾客沟通的最高境界；品牌个性既是特殊的，又是永续的；顾客与品牌互动时，就如人际互动一样；品牌个性形成的主要驱动力是与商品相关的特征，包括行业特点、包装和商品属性。

品牌性格理念最大的落脚点就是品牌拟人化。因此近年来很多品牌的设计都改变以往抽象的工业设计，转为更加具体的品牌形象设计，如京东使用"狗"的形象、腾讯使用企鹅的形象、淘宝的天猫形象等。这些都容易吸引民众产生具象联想，迅速勾连其品牌性格。

品牌性格理念是20世纪80年代由美国的葛瑞（Grey）广告公司提出并推广使用的。其核心主张是品牌性格由产品、定位和个性组成，是以品牌定位为基础、把品牌人格化，即赋予品牌以生命，使之如活生生的"人"，是对70年代以来的定位观念风靡市场后的再思考。进入80年代，市场细分机会越来越少，同类产品的定位越来越相似。葛瑞通过对上百对品牌的精细分析，发现几乎在每一对同类品牌中，都有相同的定位，其中总是一个比较成功，另一个比较失败，而二者最大的差别就是，成功品牌广告描述的不仅仅是"产品是什么"，而是着重描述"产品是谁"，因此成功的广告是使产品有生命，好像认识的一个朋友一样，这样的产品才会有个性。

大卫·奥格威也曾经说："最终决定品牌市场地位的是品牌本身的性格，而不是产品间微不足道的差异。"[①] 消费者的购买行为是为了满足其潜意识的本能欲望，释放心理压力，获得心理补偿，其购买行为也是试图与自我概念保持一致。消费者购买的产品或服务反映了其形象，体现了其价值观、人生目标、生活方式、社会地位等。

---

① [美]大卫·奥格威.一个广告人的自白[M].林桦译.北京：中信出版社，2015.

第四章
作为营销的市场活动思想

第一节 4P 营销理论

一、4P 营销理论及其发展

4P 理论产生于 20 世纪 60 年代的美国,麦卡锡在《基础营销》中将营销组合概括为 4P。1967 年菲利普·科特勒确认以 4P 为核心的营销组合方法,从而奠定了管理营销的基础理论框架。

4P 理论包括了营销中的 4 个具体环节,第一个环节是产品策略(Product),包括产品组合、产品寿命周期、产品包装、品牌等内容;第二个环节是价格策略(Price),包括决定定价导向、做出调整价格的反应、设计价格的风险评价;第三个环节是分销渠道策略(Place),包括渠道模式和中间商的选择、调整协调管理,实体分配;第四个环节是促销策略(Promotion),包括人员推广、广告、公共关系、POS 等在内的多种促销活动的总括性术语。

4P 理论的优点主要包括以下几点:一是将原来看似乱作一团的营销活动进行了明确的分类,使营销理论有了体系感;二是使复杂的现象和理论简单化;三是为营销提供了易于操作的框架;四是理论上具有概括性,实务上具有可操作性。

4P 理论存在的不足或者局限主要有以下几点:一是该理论不足以涵盖所

有行业可控制的变量,如一些特殊行业该理论不具备解释性;二是该理论只适合制造业中消费品的营销活动和生产者主权的卖方市场。

二、海尔的 4P 营销策略

(一)产品

海尔集团根据市场细分的原则,在选定的目标市场内,确定消费者需求,有针对性地研制开发多品种、多规格的家电产品,以满足不同层次消费者需要。如海尔洗衣机是我国洗衣机行业跨度最大、规格最全、品种最多的产品。在洗衣机市场上,海尔集团根据不同地区的环境特点,考虑不同的消费需求,提供不同的产品。针对江南地区常出现梅雨天气,洗衣不容易干的情况,海尔集团及时开发了集洗涤、脱水、烘干于一体的海尔"玛格丽特"三合一全自动洗衣机,以其独特的烘干功能,迎合了饱受梅雨之苦的消费者。此产品在上海、宁波、成都等市场引起轰动。针对北方的水质较硬的情况,海尔集团开发了专利产品"爆炸"洗净的气泡式洗衣机,即利用气泡爆炸破碎软化作用,提高洗净度 20% 以上,受到消费者的欢迎。针对农村市场,研制开发了下列产品:一是"大地瓜"洗衣机,适应盛产红薯的西南地区农民图快捷省事,在洗衣机里洗红薯的需要;二是小康系列滚筒洗衣机,针对较富裕的农村地区;三是"小神螺"洗衣机,价格低、宽电压带、外观豪华,非常适合广大农村市场。

(二)价格

海尔产品定价的目的是树立和维护海尔的品牌和品质形象。具体的定价策略如下:(1)撇脂定价。即定价相对于大多数潜在顾客来讲比较高,以便从份额虽小但价格敏感度较低的消费者细分中获得利润。采用这种定价策略的前提是公司必须有些手段阻止低价竞争者的进攻,如专利或版权、名牌的声誉、稀缺资源的使用权、最佳分销渠道的优先权等。（2）海尔产品定价的原则：一是产品价格即消费者认可的产品价值；二是消费者关注产品价值比关注产品价格更多；三是真正的问题所在是价值，而不是价格。

海尔的价格策略从来都不是单纯地卖产品策略，而是依附于企业品牌形象和尽善尽美的服务之上的价格策略。这种价格策略赢得了消费者的心，也赢得了同行的尊重与敬佩，更赢得了市场。海尔的定价策略还依托于其强大的品牌影响力，这一点在大中城市尤为明显。海尔在每个城市的主要商场，都是选择最佳、最大的位置，将自己的展台形象布置成商场内最好的；在中央和地方媒体上常年坚持不断的广告宣传，其中几乎全是企业品牌形象宣传和产品介绍，对于价格则从没"重视"过。正因为如此，"海尔"两个字已经成为优质、放心、名牌的代言词。

（三）渠道

海尔的渠道组合策略如下：（1）采取直供分销制，自建营销网络。所谓直供分销制就是由厂商自主独立经营，不通过中间批发环节，直接对零售商供货。海尔直供分销制的具体做法是根据自身产品类别多、年销售量大、品牌知名度高等特点，进行通路整合，在全国每个一级城市（省会和中心城市）设有海尔工贸公司；在二级城市（地级市）设有海尔营销中心，负责当地所有海尔产品的销售工作；在三级市场（县）按"一县一点"设专卖店。海尔现在已建立了一个庞大、完善的营销网络，拥有服务网点11976个，销售网点53000个（海外38000个）。海尔在全国共设有48个工贸公司，实行逐级控制，终端的销售信息当天就可反馈到总部。（2）采取特许经营方式，建立品牌专卖店。海尔设立品牌专卖店的主要目的是通过全面展示产品，提升品牌形象，提高海尔品牌的知名度和信誉度，同时促进产品的销售。海尔设立专卖店有利于品牌的树立，专卖店以其统一的形象出现在消费者面前，有利于企业整体品牌的塑造。专卖店采用统一的标识、统一的布置、统一的服务标准，保证了产品的质量和服务的质量，防止了假冒伪劣产品，保证了产品的货真价实，避免了伪劣产品造成的冲击。专卖店由被选定的经销商自己投资改造，其中利用的实际上就是海尔的品牌价值。海尔试图以品牌优势达到经销商和自己的双赢：自己节省开支，而经销商借海尔提升形象。海尔的专卖店一般开在社区、郊区和居民小区等比较"边缘"的地带，避免了与海尔另一大营销体系——综合商场、大型百货"重复建设"，发生"商圈"冲突。由于海尔多元化家电的定位，在海尔专卖店里，可以有电视机、空调、洗衣机、微波炉和燃气灶等十几个种类的"海尔造"商品，避免了其他家电企业专卖店只卖一两种电器的情况，摆脱了"成本偏高效率偏低"的困境。

（四）促销

1. 海尔的品牌广告

广告是品牌传播的主要方式之一，它通过报纸、杂志、电视、户外展示和网络等大众传媒向消费者或受众传播品牌信息，诉说品牌情感，在建立品牌认知、培养品牌动机和转变品牌态度上发挥着重要作用。海尔品牌的广告语有：一是"海尔，中国造"这一广告语朴实真挚、掷地有声、铿锵有力，是海尔向世界的宣战，显示出海尔征服国际市场的决心和信心，是海尔向世界名牌挺进的关键一步。这句广告词从消费者记忆的角度来说，十分有利于记忆。广告语"海尔，中国造"这句话传递的信息就在于，海尔要让全世界的人都知道，中国的家电产品中有一个叫"海尔"的名牌，它会像"德国造""日本造"的产品一样，以质量、技术在国际市场上占有一席之地，并立足于世界，改变中国产品的低劣形象。二是"真诚到永远"，这句广告语是海尔优质服务的高度凝练，注重与消费者情感的交流，建立与消费者以心换心的关系，提高了消费者对海尔的信任度。

2. 海尔多年来的广告策略注重树立品牌形象

海尔制作完成了国内第一部212集大型系列儿童教育动画片《海尔兄弟》，通过动画片创造了一个与未来的家电购买者——少年儿童共通、互动、共鸣、共感的机会,并最终达成共识,进而在海尔未来最有潜力的目标社会群中塑造、传播和维护海尔的企业形象。

3. 注重广告细分

海尔结合市场细分,把广告细分为企业形象广告、品牌形象广告和产品性能广告等若干类别。在不同时期、不同市场、不同产品和不同消费者中进行不同形式的宣传。由于在每一个产品类别中都有众多产品,因此公司将每类产品归纳出一个形象用语,如海尔冰箱的"为您着想"、海尔空调的"永创新高"、海尔洗衣机的"专为您设计"、海尔电脑的"为您创造"等,使消费者对该类产品有一个总体认知。在此基础上,公司将主要产品型号根据其主要功能制作成产品"功能广告"片,对"共性"的认识进行了个性化的说明,供不同需求的消费者选择。通过上述的广告策略,成功塑造了海尔大型名牌家电企业集团的形象,提高了海尔品牌的知名度。

第二节 4C 营销理论

4C 理论是由美国营销专家劳特朋(R. F. Lauterborn)教授在 1990 年提出的,与传统营销的 4P 相对应。它以消费者需求为导向,重新设定了市场营销组合的 4 个基本要素:消费者(Customer)、成本(Cost)、便利(Convenience)和沟通(Communication)。它强调企业首先应该把追求顾客满意放在第一位,其次是努力降低顾客的购买成本,然后要充分注意到顾客购买过程中的便利性,而不是从企业的角度来决定销售渠道策略,最后还应以消费者为中心实施有效的营销沟通。

4C 理论包括以下 4 个策略:一是顾客策略(Customer),忘掉产品、记住顾客的需求和期望,以顾客为中心;二是成本策略(Cost),忘掉价格、记住成本与顾客的费用,让顾客在成本上相对满意;三是方便策略(Convenience),忘掉地点、记住方便顾客,为其提供方便的消费通道;四是沟通策略（Communication），忘掉促销、记住与顾客沟通，培养其忠诚度。

4C 理论其实是在 4P 理论基础上进行了主体视角的转换，从原来的企业主体向消费者主体转换，即从研发产品转向顾客需求、从定制价格转向顾客成本、从渠道的选择转向购买便利性、从促销和推广方式转向顾客沟通。

4C 理论的优点包括以下三点：一是以顾客为中心进行一对一传播；二是注重资源整合；三是以传播和双向沟通为基础。

4C 理论的局限性：一是与市场经济的固有竞争导向相矛盾；二是不能形成有效的营销个性优势；三是一味强调消费者的本位与立场，未遵循企业经营的双赢原则；四是未解决满足顾客的操作性问题，只是泛泛地从消费者视角谈论；五是被动适应顾客需求的色彩较浓，往往忽略了企业的利益与价值增值。

4C 营销理论比较典型的案例是宝洁以消费者愿意付出的成本为定价原则。宝洁最初是以高品质、高价位的品牌形象进入中国市场的，虽然当时中国消费者的收入并不高，但宝洁仍将自己的产品定在高价上，价格是国内品牌的 3~5 倍，但要比进口品牌便宜 1~2 元。而这正切中了我国消费者崇尚名牌的购买心理，消费者愿意以较高的价格购买其产品，这使宝洁拥有着强大的竞争力，得以在洗发水用品市场上的众多品牌中脱颖而出。

第三节　4R 营销理论

20 世纪 90 年代，美国整合营销鼻祖唐·舒尔茨（Don E. Schultz）根据关系营销思想（Relationship Marketing）提出了 4R 营销新理论，阐述了全新的营销 4 要素，即 4R 理论。

4R 理论包括了以下 4 个主要策略：一是关联策略（Relevance），即与顾客建立关联，提高其满意度和忠诚度，减少顾客流失；二是反应策略（Reaction），即提高市场反应速度，倾听和满足顾客的需求与渴望；三是关系策略（Relationship），即与顾客保持合作关系、建立长期而稳固的关系；四是回报策略（Reward），即注重利润回报与价值回报。

4R 理论的创新之处在于：一是以竞争为导向，概括了新框架；二是体现并落实了关系营销的思想；三是反应机制为互动与合作、建立关联提供了基础；四是回报兼容了成本和双赢的内容。但由于过度注重关系维护，实施 4R 营销策略时往往需要实力基础或某些特殊条件，比如，目前很多企业强调的客户关系管理（CRM）系统，建立起来动辄就是上千万元的资金投入，而且还不一定能取得立竿见影的效果。

4R 营销理论比较具有代表性的案例是 ZARA——一流的形象，二流的产品，三流的价格，是 ZARA 与顾客建立稳定需求关系的前提和基础；缩短前导时间是服装业的制胜法宝之一，ZARA 不只是卖服装，它卖给顾客的是对流行时尚的承诺，是对顾客追求时尚的责任承担，ZARA 依靠独特的"告诉、少量、多款"销售策略与顾客建立了稳定而良好的关系；ZARA 几乎不做广告宣传，它的广告成本仅占其销售额的 0~0.3%，而行业平均水平则是 3.5%，ZARA 公司 16.2% 的利润率远远高于美国第一大服装零售商 Gap 公司的 10.9%。

第四节 4S 营销理论

4S 中的 S 分别是指满意（Satisfaction）、服务（Service）、速度（Speed）、诚意（Sincerity）。该营销理论的优点是建立一种"消费者占有"的导向，要求企业针对消费者的满意程度对产品、服务、品牌不断进行改进，从而达到企业服务品质最优化，使消费者满意度最高，进而使消费者对企业产品产生忠诚度。但是对于一个企业来说要让消费者满意，并且树立起企业的独特品牌形象难度相当大。这不仅关系到企业的决策层、每一位员工的态度，还关系到一定的企业文化，只有达到对顾客的服务最好最精，才能使顾客满意，并认可企业的品牌。

4S 营销理论比较典型的案例是宝洁公司，宝洁做到了尽一切可能了解消费者需求，使顾客满意。该公司早在 1924 年就成立了消费者研究机构，成为在美国工业中率先运用科学分析方法了解消费者需求的公司之一。此外，为了了解企业与顾客的关联程度，宝洁公司每年运用多种市场调研工具和技术，如消费者座谈会、接收消费者信件、跟踪调查系统等与全球超过 700 万消费者进行交流，及时捕捉消费者的意见，同时发现并了解他们的需求。宝洁一直致力于为消费者提供方便，建立了包括公司网站与产品网站在内的完善的网站体系，将其作为信息发布、品牌推广、服务支持的平台，目前用户还可以通过网络实名快速到宝洁的产品网站了解所需要的信息。为达到给顾客提供最便利的服务的目标，宝洁还雇用了"现场调查员"，进行逐门逐户的访问，向消费者了解他们对宝洁产品的各种意见，并且这种方法一直沿用至今。另外，宝洁公司还是世界上最早采用免费电话与消费者沟通的公司之一，宝洁公司建立了庞大的数据库，把用户意见及时反馈给产品开发部，以求产品的改进。

第五节 营销观念的新发展

一、大市场营销观念

所谓大市场营销，就是指企业为了成功地进入特定市场，并在那里从事经营活动，需在策略上采用经济、心理、政治和公共关系等手段，以博得各方面合作的活动过程。大市场营销观念认为，企业在市场营销中，首先是运用政治权力（Political Power）和公共关系（Public Relationship），设法取得具有影响力的政府官员、立法部门、企业高层决策者等方面的合作与支持，启发和引导特定市场的需求，通过在该市场的消费者中树立良好的企业信誉和产品形象，以打开市场、进入市场。然后，运用传统的市场营销组合去满足该市场的需求，达到占领该目标市场的营销目的。

二、关系营销观念

关系营销观念是与交易营销观念相比较而言的。它认为顾客的满意度直接影响到重复购买率，关系到企业的长远利益。因此，从20世纪80年代起，美国理论界就开始重视关系营销。所谓关系营销观念是指为了建立、发展、保持长期的、成功的交易关系而进行的市场营销活动的一种营销观念。关系市场营销的核心是正确处理企业与消费者、竞争对手、供应商、分销商、政府机构和社会组织的关系，以追求各方面关系利益最大化。这种从追求每笔交易利润最大化转化为追求同各方面关系利益最大化是关系市场营销的特征，也是当今市场营销发展的新趋势。

三、绿色营销观念

绿色营销观念是在当今社会环境破坏、污染加剧、生态失衡、自然灾害威胁人类生存和发展的背景下提出来的新观念。20世纪80年代以来，伴随着各国消费者环保意识的日益增强，世界范围内掀起了一股绿色浪潮，在这股浪潮冲击下，绿色营销观念应运而生。所谓绿色营销观念，就是指企业必须把消费者需求与企业利益和环保利益三者有机结合起来，必须充分顾及资源利用与环境保护问题，从产品设计、生产、销售到使用整个营销过程都要考虑到资源的节约利用和环保利益，做到安全、卫生、无公害的一种营销观念。

四、文化营销观念

所谓文化营销观念，是指企业成员共同默认并在行动上付诸实施，从而使企业营销活动形成文化氛围的一种营销观念。文化营销观念认为，在企业的整个营销活动过程中，文化因素渗透始终。一是商品中蕴含着文化，商品不仅仅是有某种使用价值的物品。同时，它还凝聚着审美价值、知识价值、社会价值等文化价值的内容。二是经营中凝聚着文化。

第五章
新媒体营销传播的原则

很多人打出营销无对错、无门槛的大旗，似乎谁都能做市场营销经理。但实际上很多人只是在扮演着营销经理的角色，根本不知道市场营销是怎么做的。营销从本质上讲是一门学问，有很多专业的知识，如营销心理学中的"人皆恨失"的原理——人们在避免损失时是愿意冒险的，所以你不要告诉他买了你的东西会得到些什么，相反，需要告诉他不买你的东西会失去些什么。如果想要你的目标对象掏钱买你的东西，首先要分散他们的注意力，当用户对信息应接不暇的时候，就容易放弃理性，跟着感觉走，如果不能分散他的注意力，就让他感到悲伤，人在悲伤的时候容易被成交；其次注意性别搭配，甚至对性元素的使用，如派男销售去找女客户，派女销售去找男客户。先请客户帮个小忙，就容易成交大生意。因为他们帮小忙的时候已经投资了你们的关系。别忘了人皆恨失原理。

任何营销计划都要重点回答3个主要问题：我们的营销行动应该以谁为对象？我们应该向不同的营销对象传达哪些信息？我们应该用哪些方法传达这些信息？很多企业在一开始就没搞清楚对象是谁。比如，安全气囊刚发明的时候，一直在游说汽车厂商，但后来发现，保险公司才是他们真正应该去游说的对象。改变计费标准也许是定价的好策略。会员卡不一定都按照时间定价，也可以按照减轻的体重定价。经济低迷的时候，小公司不应该收缩营销力度，反而应该加大营销投入，获得更大的市场。营销还有大量新的科学手段正在诞生，需要我们不断学习和总结。

另外，近年来，一些产品、思想和行为成为爆款，这些产品之所以能够流行是传统营销理论无法解释的，如传统营销视角下认为渐进性改善、价格低廉和广告可以帮助产品，而思想和行为流行起来后才发现其并非对所有情况都是适用的，比如，有些名字就比其他名字更容易流行。其实更为深层的原因是社会影响，社会影响通过口头传播达到一传十、十传百的效果。研究结果显示，我们有 20%~50% 的购买决策主要是受到口头传播的影响。口头传播对比传统广告传播的优势：一是口头传播并非推销活动，没有强烈的劝说语气，而广告经常会像王婆卖瓜一样自卖自夸；二是口头传播更加有目的性；三是口头传播能够以受众为导向，直接针对受众的兴趣设计传播内容。沃顿商学院营销学伯杰（Jonah Berger）教授写过一本书《疯传：让你的产品、思想、行为像病毒一样入侵》(Contagious: Why Things Catch On)，在书中，他提出，一个事物能够具有感染力，并带来大量的传播，主要由6条原则决定，分别是 Social Currency，Triggers，Emotion，Public，Practical Value，Story（社交货币、情境制造、情感与情绪、公共性、实用价值、故事）。

第一节 社交货币的打造

一、社交货币与营销活动

社交货币（Social Currency）这个提法的确比较奇怪，大家都知道货币是基于交换而产生的一种新的社会关系，而社交货币源自社交媒体中经济学（Social Economy）的概念，它是用来衡量用户分享品牌相关内容的倾向性问题。社交货币的观点认为我们在微信和微博上所讨论的东西就代表并定义了我们自己，所以我们会比较倾向于分享那些可以使我们的形象看起来"高富帅"或"白富美"的内容，这就可以解释为什么我们在微信朋友圈那么热衷于各种"晒"，建构出完全不同于现实生活的自己，正如有人说，如果天天都生活在朋友圈里该有多好啊！

　　社交货币最早是由布尔迪厄（Pierre Bourdieu）在社会资本论（Social Capital Theory）中提出的①，布尔迪厄将其作为社会资本来理解，原版定义如下：社交货币是一个常见术语，可以理解为社交网络和社区中存在的实际和潜在资源的全部，可能是数字或离线的。也可以忽略上述定义，《疯传：让你的产品、思想、行为像病毒一样入侵》中对社交货币的描述更容易理解：就像人们使用货币能买到商品或服务一样，使用社交货币能够获得家人、朋友和同事的更多好评和更积极的印象。有朋友就问了，这不就是谈资、共同话题的意思吗？非要起一个社交货币如此学究的称呼让人不明觉厉？

　　直接点说，社交货币就是社会中两个或两个以上的多个个体，在获取认同感与联系感之前对于自身知识储备的消耗。②或者说是谈资，如英雄联盟LOL，就是一种谈资，同学、朋友之间通过英雄与游戏，所产生的"大家是兄弟，以后一起玩"的感觉，这就是对社交货币的消费。而社会归属感和与他人的联系感，就是社交货币所交换购买得到的精神上的产品。所有的社交活动，都能用来加强或减少你在某一维度的社交价值，即别人眼中的你，这和戈夫曼的"拟剧理论"异曲同工，人生如戏全靠演技，而社交货币就是衡量你是否演技在线的主要指标之一。如果每一次社交行为，都能兑换成等同的相应维度的社交货币值，你需要被看作是有趣的、有钱的、有品位的、独立的、坚强的等各种美好词语的代言人，你只需要不断地分享能够增强这些方面维度的信息，就可以不断积累你在此维度的社交货币。

　　社交货币更全面地概括了人际交互的特征，能帮助我们形象地理解社会网络之间的流通特性。凡是能买到别人的关注、评论、赞的事物都可以称为社交货币，就像人们使用货币能够购买商品和服务一样，使用社交货币能够

---

① ［法］皮埃尔·布尔迪厄. 自我分析纲要［M］. 北京：中国人民大学出版社，2012.
② ［美］乔纳·伯杰. 疯传：让你的产品、思想、行为像病毒一样入侵（全新修订版）［M］. 乔迪，王晋，译. 北京：电子工业出版社，2016.

获得家人、朋友和同事的更多好评和更积极的印象。研究表明，自由表达与披露信息对个人来说是一种内在奖励，共享的意愿也是社交媒体与社交网络能够流行的基础。

移动互联时代使分享无处不在，社交货币的获取变得异常简单和高频，而分享如果伴随着场景，那么场景必然也伴随着产品，这就为企业品牌和产品的推广带来不同于以往的机遇。简单来讲，用户分享就3个动因——物质优越感、精神优越感、道德优越感。物质优越感是"我有钱，我用的都是好东西"等；精神优越感是"我有知识、有能力、有教养"等；道德优越感是"我是一个有爱心的人，我是一个脱离了低级趣味的人"等。套用伯杰在书中的数据：有超过40%的人谈论的话题都体现着个人经验与私人关系。而近乎一半的传言都是以自我为中心发生的事情。哈佛大学的神经学家研究发现：共享个人观点时脑电波与获得财物和食物时的脑电波是一样的，口碑传播是为了保持人们对自己的良好印象。

因此，在移动互联时代，产品能否满足上面3个动机中的一个？如果不能，则需要通过公关或者相应的市场营销活动，来丰富和完善产品的外延。

二、社交货币的聚集效应

传统意义上的货币是使用者与市场的契约，社交货币也是一样，这种契约精神是社会的整体价值观和一时的潮流风向。企业在使用社交货币方法的时候，一定不要违逆当下整体的社会价值，同时，要勇于抓住当下大家通用的社交货币，也就是所谓的热点营销。同一事件中，社交货币也会不断转化维度，企业要了解舆论风向背后的动因。比如，在慈善捐助或者社会不公事件中，起初整个朋友圈流通的是"关爱、怜悯、正直、感性"的社交货币，后来流通的是"真知、理性"的社交货币，最后流通的是"调侃、平静"的社交货币。

当然，网络慈善事件并不是一个很好的热点事件，但企业在哪个阶段进入热点，分析事件背后流通的是什么类型的社交货币很重要。但不论热点如何变化,都要分析热点背后的社交货币是什么,从而决定品牌是否需要介入。

三、评估社交货币价值的6个维度

并非每一个热点都适合每个企业,这时需要考虑另一个层面。即品牌或者产品如何积累自己的社交货币,也在社交网络中不断地积累某些维度的社交货币。这个社交货币,其实对应着我们以前传统品牌中的品牌个性,万变不离其宗。

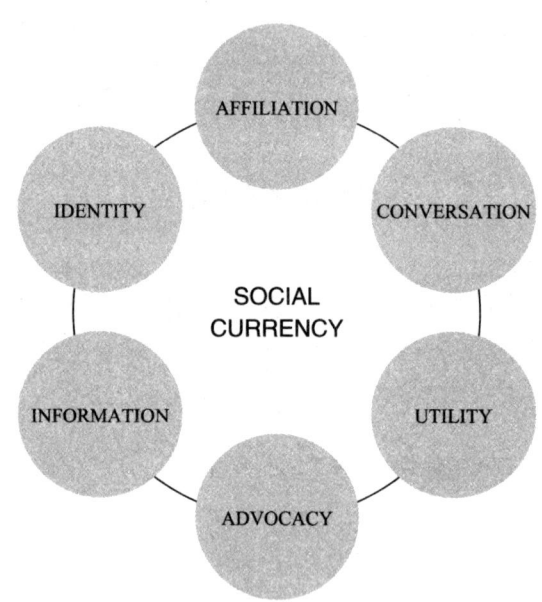

图 5-1　评估社交货币价值的6个维度

美国营销咨询公司维瓦尔迪(Vivaldi)将社交货币划分为以上6个维度,[①] 这样能方便地对一个品牌或品类的社交货币进行测量。另外,通过调研发现,社交货币维度对于特定行业品牌忠诚度的贡献是不同的。

---

① [美]乔纳·伯杰. 疯传:让你的产品、思想、行为像病毒一样入侵(全新修订版)[M]. 乔迪,王晋,译. 北京:电子工业出版社,2016.

第一个维度是归属感（Affiliation），即你有多少比例的用户有归属感？品牌需要主动地为用户创造交流互动的机会和场景，建立用户的归属感。

第二个维度是交流讨论（Conversation），即你的消费者中发起与品牌相关的讨论的人数占比是多少？该维度用以衡量该品牌出现在人际交流中，能否进一步推进双方的互动，为交流者提供额外的观点看法。例如两个创业者正在交流商业心得时，其中一个人突然提到了小米，于是两人就小米模式又展开了半个小时的讨论。

第三个维度是实用价值（Utility），即有多少人在和其他消费者的互动中获得了实用价值？产品的品牌是人们日常社交的必备要素吗？若具备这个特征，产品的品牌就能通过人们的社交互动创造实用价值。比如，啤酒就是很多人的社交必备产品，依靠啤酒，人与人之间的互动交流较平时更频繁深入，从而实现有价值的社交。为了提升这一点，啤酒品牌的广告都倾向于强调亲人朋友们畅饮时的聚会场景。

第四个维度是拥护性（Advocacy），即你有多少拥护品牌的铁杆用户？铁杆用户的典型特征是不遗余力地向他人推荐你的品牌。

第五个维度是信息知识（Information），即有多少人感觉他们能与其他消费者进行有效的交流？用户对于品牌或产品了解的信息越多，就越"Knowlegeable"。用户与他人分享自己的知识见解，就能买到对方的好印象。比如，餐馆上完菜后，服务员对每一道菜的食材、起源、演化、故事、烹饪方法都做一个深入专业的介绍，顾客就能获得信息知识型的社交货币，他们就可以用此去购买其他人的关注、评论和点赞。

第六个维度是身份识别（Identity），即你有多少用户能识别出其他用户？品牌不仅需要给用户一个身份象征，还需要从这个视角来思考：品牌的用户，能否在日常生活中识别出其他用户？如苹果手机的用户，在日常生活中就很容易识别出其他苹果手机的用户；穿 Uder Armour 紧身衣的用户，也很容易识别出穿同品牌衣服的其他用户。在为品牌打造"Identity"时，可以从以下3个要素来评估：展露频次、展露场景、展露识别度。

四、如何铸造社交货币

（一）善于增强品牌的内在吸引力

打破常规，提出有悖于人们思维定式的产品、思想和行为来增加事件的内在吸引力，制造神秘和争议也是产生非凡吸引力的两大要素。如果你告诉人们微笑时皱眉头能够消耗卡路里，人们就更愿意把这个消息传递下去，因为这是属于自己的社交货币。所以这就是互联网上会出现那么多奇迹、那么多原理、那么多干货分享的原因了，这都叫铸造社交货币。

（二）善于利用杠杆原理

美国航空业协会数据调查显示，每年有1.8亿旅客进行航空积分累积，但只有不到10%的人真的兑换里程。为什么很多人不兑换也要累积里程呢？因为这是一个游戏。参加这样的晋级游戏可以让灵长类动物找到社会中的优越感，这就是杠杆原理。[①] 杠杆原理要求我们通过游戏增强客户的感受，我们需要创造一种度量标志，让人们知道并记录自己所达到的成绩。杠杆原理也意味着需要帮助人们显示成就，以表明自己比别人做得更好，达到了更高的水平来增加自己的社交货币，比如，积分制度、各种不同的徽章、各种体现身份的卡等。

（三）使消费者感觉像自己人

2008年，一家叫噜啦啦的网站诞生，他们要求只有注册会员才能购物，成为会员后才能参加限时抢购。每次限时抢购的时间都很短，错过就会以双倍价格正常销售。2009年，他们的销售额达到3.5亿美元，这个游戏的核心

---

① ［美］乔纳·伯杰.疯传：让你的产品、思想、行为像病毒一样入侵（全新修订版）[M].乔迪，王晋，译.北京：电子工业出版社，2016.

是让客户觉得自己是"自己人",进入了一个小圈子。客户会更加乐意和别人分享自己的特权。稀缺性和专有性是这个策略的核心。这种权利可以让会员产生归属感。

(四)调动消费者的道德感和成就感

为什么有时候义工在工作时会比拿钱的员工更卖力?因为金钱会腐蚀个人的成就动机。这就是为什么网上有很多义务的版主和活动组织者。因为他们需要的是道德感或成就感,而不是金钱。

第二节 情境制造

根据美国营销公司维瓦尔迪近10年的研究,在没有任何金钱刺激的情况下,每个人每天大概会谈到60个品牌。如何用一些刺激瞬间激活人们的记忆,让他们想到与品牌相关的内容,这种刺激就是所谓的诱因。诱因刺激了口碑传播行为,并在一定的刺激过后引发后续行为。

为什么人们更加喜欢谈论某些特定的产品?因为这些产品使人们感到新奇有趣,所以广告商也经常会努力地设计出令人惊喜的广告来引起人们的讨论。但事实果真如此吗?

专家在进行了大量的实验研究之后得出了一个令人沮丧的结论:兴趣大小、新奇性、刺激水平与人们谈论产品的次数并没有直接关系。

一、口碑传播的类型

(一)临时口碑传播

该口碑传播发生在刚接触事物的时候,并且人们只会简单地宣传对此事物的细节体验，研究证明电影以及有趣新奇的产品只能引起临时口碑传播。

（二）持续性口碑传播

该口碑传播会持续很长一段时间，至少几周，有时要几个月甚至更长的时间，这种类型的口碑传播又是被什么所引起的？一是产品的使用频率，越是经常使用的产品越容易引起人们的讨论，所以要让产品和人们经常提及的事物发生联系；二是易于理解的思想和观点，研究发现，在超市里播放法国音乐时大部分的人都会去买法国红酒，而当把音乐换成德国音乐时，大部分人又会购买德国红酒；三是周围的环境刺激，把吃蔬菜的倡议印在餐盘上要比在食堂外打个横幅效果更好，因为在打饭的那一刻，这个诱因是最直接的。

场景营销的背后隐藏了某类特定人群对某种价值观的追求和向往。不同的场景不仅打造出了不同的社会角色，而且塑造了不同的品牌形象与感受。比如说，奢侈品 LV，如果出现在了地摊上，哪怕是真货，别人也都会认为是高仿山寨，如果出现在知名百货的柜台上，那么哪怕是山寨的，也会有很多人为其买单。

因此，场景营销，本质上是为了满足消费者自我需求的烟幕弹。所以往好了说是品牌表达有内涵，往坏了说还请消费者们擦亮眼睛。

二、口碑经纪公司的工作

口碑经纪公司善于制造场景营销，首先，他们会在其网络上寻找合适的代理人，并且邀请他们加入宣传。这些代理人会建立一个公共邮箱，接受相关的产品信息、试用品和优惠券。以电子牙刷为例，他们会收到一个免费的牙刷和 50 美元的折扣券。这些代理人跨度很大，任何年龄、收入和职业的人都可以胜任。几个月过后，口碑经纪公司会详细记录那些参与者宣传产品的对话细节。代理公司不需要支付给参与者任何费用。只要参与者得到提前使用新产品的权利，他们就不会推辞任何推销。但是，仍存在一个关键问题，那就是如何让人们从日常普通的对话中自发地提起新产品？

其实与人闲聊时，只要开启的话题易于理解，并且跟大家的日常生活贴近，大家就乐于谈论。更频繁地诱导产品能够增加至少15%的口碑传播行为。所以，与其寻找引人注目的话题，还不如考虑话题流传的情境。一个强大的诱因会比引人注目的标语更具有宣传效果。美国政府雇员保险公司的口号是"即使你是原始人，也可以购买政府雇员保险"。这句话很有气势，但没有任何诱因。所以很少被人谈到。相反，百威的"wassup"却风靡全球。因为年轻人见面喝酒就会说到这句话。可口可乐在瓶和罐子上印了很多时尚用语，也是为了达到这个目的。

有时候消极的评价或者恶劣的口碑同样可以增加产品的销量。黄西、吴莫愁、京东网和奶茶妹妹，都是这样的案例。有时候你很幸运，有一个天然诱因，如玛氏巧克力条因为与火星这个自然物同名，因此与火星也就产生了联系，只要人们想到或谈及美国宇航局的成功登陆计划，就会不自觉地想到玛氏巧克力条。卖空气净化器的人在北京就有天然诱因。但当你没有那么幸运时，就要学会制造人为诱因。奇巧巧克力经过调研发现人们吃巧克力的时候常常是在需要休息一下的时候，并且多半会伴随着一杯咖啡。于是，他们创造了系列广告"拿着奇巧巧克力找咖啡，或者拿着咖啡找奇巧"。通过广告，使得人们一想到咖啡这个经常出现的东西，就会想要来一块奇巧巧克力。这就是人为诱因。

当然，让竞争对手成为自己品牌的诱因也是一种高明的策略，这也被称为毒性寄生虫战略。

三、场景营销的有效诱因养成术

（一）最重要的是激活频率

即刺激物能较为频繁地出现在人们的日常生活中。奇巧和咖啡的联结；红牛和能量的联结；脉动和不在状态的联结；雪碧和辣的联结；加多宝和上火的联结；iPhone 和肾的联结；等等。如脑白金近 20 年来一直努力想将脑白金和中国人最常见的行为——送礼画上等号。

（二）刺激频繁性与刺激强度的配合度

如果把一个产品或一种思想与太多的事情相联结，就会导致人们记忆不清晰。红色代表了太多东西，所以现在不能再诱发任何东西。

（三）诱因发生地与顾客消费行为发生时的联系

广告里最好出现消费场景，否则大家会忘记。比如，刘德华演唱的歌曲很多，但播放量最大的肯定是《恭喜发财》，基本上每到春节，超市和商场都会播放这首歌曲。

第三节 情感唤起与情绪制造

情感营销是从消费者的情感需要出发，唤起和激起消费者的情感需求，诱导消费者产生心灵上的共鸣，寓情感于营销之中，以有情的营销赢得无情的竞争。在情感消费时代，消费者购买商品所看重的已不是商品质量的好坏以及价钱的高低，而是为了一种感情上的满足，一种心理上的认同。

研究证明，有感染力的内容经常能够激发人们的即时情绪，能触动情绪的事物更容易被大家谈论，所以我们需要通过一些情绪事件来激发人们分享的欲望。专家通过对网络最热门邮件链接的分析得出：有趣的文章会比无趣的文章多出 25% 的流行点，相对有用的文章比无用的文章会多出 30% 以上的流行点。但大量的科学类文章流行的原因并不在此行列。科学类文章的渐进性创新或不断的探索与发现能够激发读者的敬畏之情。而敬畏之情通过带给人们震撼和感动来激发共享行为，但并非所有的感情都能激发共享行为。我们有时转发的关于自然奇观的内容就是出于敬畏之情，对苏珊大妈的崇拜也是来自对人性的敬畏之情。

一、唤醒度与情感唤起

心理学家们将情绪维度进行了二维细分，除了原来的积极情绪和消极情绪之外，还加上了激励程度或者生理唤醒维度的划分。如表5-1所示。

表5-1 情感唤起的二维度分析表

	高唤醒	低唤醒
积极	敬畏、消遣、兴奋（幽默）	满足
消极	生气、担忧	悲伤

生理唤醒是指被激活并随时准备待命的状态。它可以帮助大脑激活人类的生理功能，调动自己的各个器官并在遇到危险时做出及时反应。人们跃跃欲试想要做些什么时的感受就叫作唤醒。但并非所有情绪都有唤醒效果，有些情绪甚至有抑制行为的反效果。比如，失去一个宠物后你会什么也不想做，这就是低唤醒。

有些积极的信息容易被人们转发，但有时消极的信息也会成为热点。比如，投诉一家大公司。仅仅依靠这个消息是否是积极的或消极的，并不能判断这个信息是否容易被传播。心理学家发现了唤醒度这样一个概念。从表5-1可以看出，满足的情绪并不能引起高唤醒，这就可以解释为什么有些正能量的信息并不能获得最大范围的转发。

二、有效地利用情绪激发人们的共享行为

（一）聚焦于情感

加拿大歌手戴夫乘坐美航时托运的3500美元的吉他被摔坏，在经历了索赔无望之后，他写了一首歌来表达愤怒的情绪，这首歌叫《美航毁了我的

吉他》，并拍成了MV。一天以内，点击量达到300万次，获得14000条评论。视频发布4天后，美航股价下跌10%，直接损失1.8亿美元。2009年，美国《时代周刊》把这首歌列为十大金曲，这就是情感的力量。①

（二）点燃高唤醒的情绪之火

宝马广告 The Hire 利用消极情绪成功点燃传播之火，在片中一反往日阳光明媚、康庄大道的感觉，而把宝马置身于枪战、绑架、政变、器官运输这些危险甚至黑色的环境中，引发了大量转发。利用情绪来激发共享行为时也要事先做好准备，当心不良情绪或口碑的恶性扩散。

（三）利用身体唤醒来引导情绪唤醒

沃顿商学院曾经做过一个实验：让一些学生在椅子上静坐一会儿，让另一些学生慢跑一分钟。然后给他们同样的信息，问他们是否愿意分享给朋友。结果，慢跑组75%的人愿意分享，比静坐组高出一倍！身体的唤醒也可以促进分享，因此，要想办法让你的顾客动起来。

第四节 公共性打造

乔布斯发现以前的苹果标志仅仅考虑了使用者的视觉感受，而当笔记本打开时坐在对面的人看到的苹果标志是反过来的。这是乔布斯不能忍受的。因为乔布斯最重视公共可视性，乔布斯知道，人们会随时随地观察他人的所作所为，并随之模仿。所以，让某些事物更具观察性，就可以让它们更好地被模仿。

---

① ［美］乔纳·伯杰.疯传：让你的产品、思想、行为像病毒一样入侵（全新修订版）[M].乔迪，王晋，译.北京：电子工业出版社，2016.

一、模仿产生的原因

（一）他人能为自己提供相应的参照信息

人们喜欢看邻桌点了什么菜，喜欢购买爆品，甚至连看电影都会因为旁边人笑而笑起来。

（二）具有社会证明的作用

我们经常对自己进行心理暗示：别人都这么做，我也就该这么做，以证明我不是社会中的异类，这就是排队越长的餐厅越多人去排队的原因，一些商家利用这点，甚至会出现雇人排队等做法。

二、公共性与可视性

是否具有可视性对产品和思想是否流行有着至关重要的作用。为什么大部分人都不喜欢喝酒，但却经常在饭局上喝酒？因为喝酒热闹这个行为是可视的，而反对喝酒这个思想是不可视的。你不知道邻居使用的是什么牌子的牙膏，却能清楚地看到他开的轿车的牌子，邻居的购车行为实际上也影响到了你的购买决策；乔纳·伯杰教授在调查了1500万辆轿车的销售记录后，给出这样的结论：近1/8的轿车销售会受到邻居的社会影响。

（一）使隐蔽的产品公开化

一群男性为了号召人们关注男性面部健康而相约蓄须，之后越来越多的人加入，从而使人们注意到了男性面部健康这个隐蔽的产品。粉红丝带，代表着对乳腺癌的关注。这都是隐蔽产品公开化的方法。同理，我们更喜欢讨论挂在墙上的名画，而非锁在保险柜里的东西。

（二）在产品中为自己做广告

当你用 iPhone 发了一条微信，后面会有发送自 iPhone 的文字，这就是他在给自己做广告。这一招非常有效，可以让产品可视化。例如有些超市甚至在鸡蛋上都可以印上广告语。

（三）创造行为剩余

人们在消费了产品之后还会做些什么，能否对周围的顾客产生进一步的影响，这就叫作行为剩余。耐克公司以阿姆斯特朗为核心主题发布了一款黄色腕带，而黄色是环法自行车赛的标志，特别醒目。因此，在 6 个月内，耐克就卖掉了 500 万条腕带，供不应求导致 eBay 上的价格被炒到 10 倍。最终耐克卖掉了 8500 万条腕带，腕带和举办一场比赛比起来最大的好处就是能创造更多的行为剩余。有时候一个漂亮的包装袋或者赠品就能够激发行为剩余。

当然，公共可视性也容易造成负面影响。如南希·里根拍摄的反毒品广告，通过大规模传播，想要达到让看到的人都不要去吸毒的目的，但研究结果显示这则广告反而吸引了更多的青少年吸毒。因为它让吸毒这种行为可视化了。因此假如你不希望看到更多错误行为的发生，就不要向人们强调这些错误行为。比如，没有买卖就没有伤害会导致更多人企图猎杀，这则广告只是为了募捐更方便。再如，经常报道女大学生失踪的案件，会导致更多女大学生失踪。这都是可视化的结果。

第五节　实用价值重塑

人与人之间本来就有互相帮助的倾向，过去是帮助邻居盖房子，现在不用了，所以要给朋友提供更多有用的信息。再如一个烤肉炉原价 350 美元,现在降到250美元。另一个商店里同样的烤肉炉原价255美元,现在降到240美元。你会买哪个?75%的人选择了第一个,这就是2002年诺贝尔经济学奖得主卡尼曼的有限理性原理。人们并非绝对按照经济原则去评价事物,而是根据比较原则来评价事物。老人们之所以看起来比我们吝啬,是因为他们的价格参照点还停留在30年前。电视购物常常说不用998,不用698,只要188……这就是不断使用价格参照点来影响你的技巧。

一、增加惊喜的价值会让人们更愿意谈论

一是尽量让消费者有种超出预期的惊喜,如促销者提供的信息在超过人们预期的时候才更有可能被人们共享;二是对可执行性做一些限制,如果增加了时限或者频繁性的限制,某些商品的销售会显得更有吸引力,如会员日、限时打折、限购一件等;三是善于使用"100规则",商品价格以100元为分界点,价格低于100元时采用"%"来显示价格优惠,高于100元时采用绝对的金额折扣来显示价格优惠。另外,促销商品的实用价值应该更加便捷地被消费者看到,比如,享受到的优惠金额是多少,节省了多少钱,增加了多少积分等。

二、金钱并不是衡量实用价值的唯一因素

除了分享打折优惠的信息之外,还可以让顾客分享各种实用信息。比如,关于隔离霜的使用知识,减肥的5种方法,过新年的10种方案。化妆品制造商为客户提供了一个有用的APP应用,不仅能够提供各地天气预报,而且能根据天气提供专业的护肤策略。

有时候偏门的消息也会实现病毒一样的传播速度。如疫苗会导致孤独症的帖子就使得儿童疫苗销售一落千丈,事后被证明这是一篇伪科学文章。要

找出商品的使用价值并非难事。是否能让人更健康？是否能帮助人们省钱？是否能带给人们更多快乐？是否能节省人们的时间？

我们需要将产品的有用性更加清晰地展现在顾客面前，使人们心甘情愿地传播这些内容。

第六节　讲一个好故事

一个出名的品牌背后必然有一个好的故事，因为人类血液里流传的就是故事。故事是一种最原始的娱乐形式，特洛伊木马比任何一个希腊历史研究的著作都出名，就是因为它是一个好故事。情节叙述从本质上讲比基本事实更加生动，包含着叙述者与倾听者的感情。

故事本身就是塑造社交货币的一种主要方式。实用价值都可能是故事讲述的理由，讲故事有时是出于社交需求，有时也是想要用故事传达有用的信息给听者。

目前大部分商业信息被嵌入故事当中，如植入式广告。故事能够传递思想、教训、寓言、信息或结论。如樊登读书会的联合发起人郭俊杰有一天在一家面馆吃面，面馆老板娘在管教孩子，很凶的怒骂和孩子的反抗令郭俊杰无法安心吃面，于是他拿出了 iPad，向老板娘展示了樊登老师讲的《你就是孩子最好的玩具》视频以及 PPT。老板娘看得入神，然后问他哪里可以买得到，郭俊杰说还不止这些呢，每年 50 本书的解读，还有微信课堂。……老板娘立刻掏出 300 块钱，成为樊登的会员。

一个好的品牌故事是帮助我们理解世界文化意识的重要资源，即了解一个群体或者一个社会的基本规范和准则。故事可以快速便捷地向人们提供大量的商家信息，也可以被看作与其他商品类比的证明，如决定购买之前会仔细考虑朋友及家人的推荐建议，相对于广告，人们很少排斥故事。故事趣味性更强，说服和宣传目的更不明显。

讲一个好故事的步骤如下：首先需要创建一个特洛伊木马，即创建一个让人们持续谈论的载体，进而使人们持续地谈论我们的产品、思想和行为，比如，经常讲到的事件营销；其次走出口碑传播执行的误区：商家往往只关注怎样才能引起人们谈论，而忽略了他们最想让人们谈论的内容；再次要善于将品牌或者产品利益与故事相整合，创建品牌故事，构建品牌价值；最后要把握关键的故事细节，并使其明确出来，详略得当。

第七节　小结：STEPPS 六原则

综合以上，可以得出目前新媒体营销传播具有以下基本原则，概括起来就是 STEPPS 六原则，如表 5-2 所示。

表 5-2　STEPPS 六原则及其要点

社交货币	一谈起产品、思想和行为就能让人们看起来更加优秀吗？能否找到一种内在吸引力？杠杆规则的机理是什么？怎样让人们感觉像是自己人？
情境制造	考虑一下情境，怎样的线索能让人们时常想起产品或思想？怎样做才能增加产品和思想的传递媒介并让人们经常想起？
情绪	更多地关注人们的感情，当人们提起产品、思想和行为时能唤起他们的情绪吗？怎样做才能点燃人们的情绪火焰？
公共性	产品、思想和行为本身有宣传效果吗？人们是否经常能看见别人使用产品的情景？假如不能，怎样做才能让私人的事情公开化？在人们使用完产品后还能留给人们剩余行为吗？
实用价值	谈论产品、思想和行为能够帮人帮己吗？怎样做才能凸显难以置信的实用价值？请将知识性和专业性融入大家觉得有用的信息中。
故事	特洛伊木马是什么？产品或思想能够潜入人们广泛谈论的故事之中吗？具有感染性的故事还能带来其他价值吗？

第三编

操作篇

第六章

事件营销

2013年3月4日,长春一辆私家车被盗,同时被盗的还有放在车后座上的一个出生仅2个月的男婴。车主报警之后,消息在微博上迅速流传开来,随后获悉失窃婴儿惨死荒郊,众多网友愤怒、悲伤、叹息。但6日晚,辽宁天合别克官方微博却发布了一条借此事件推广旗下车型具有良好防盗性能的微博,引来网民几乎一边倒的骂声,甚至有人呼吁网民转向线下报复行动。虽然该公司官方微博后来发表了道歉声明,但对此事件的负面影响已回天乏力。毫无疑问,此次这家公司利用社交媒体进行的热点事件营销是作茧自缚。汽车企业借助社会热点进行事件营销,夸大知名度本身并没有错,但此次这家公司借助"长春3·04杀婴事件"进行生硬的广告宣传,伤害的不仅仅是受害者家属的感情,更触及广大网友的脆弱神经,同时,也让其品牌美誉度和公众形象大打折扣。这个事件值得引起企业营销人员的思考——社会化媒体时代的事件营销如何做到恰如其分?

第一节 社会化媒体促使事件营销2.0时代的来临

社会化媒体时代,无论是作为传播渠道的媒体还是作为广告主的企业,都需要应对社交媒体带来的影响。媒体不具备社交化的属性,消费者的黏性就很难建立,所以无论是像新浪这样的门户网站,还是像淘宝这样的电子商务平台,都在加入社交化元素以提升用户价值。①而消费者的变化以及媒介行为的习惯变化,也在进一步改变企业原有的营销理念和模式,今天的企业已经无法通过单纯的广告传播控制品牌的声誉,在微博、论坛等社交媒体上,常可能因为一个小事件而引发品牌的大危机,如"长春3·04杀婴事件"。

一、观念改变:社会化媒体使得营销2.0时代来临

社会化媒体是关系媒体不是信息媒体,信息广而告之的时代结束了,社会化媒体时代需要品牌和消费者建立关系,形成良性互动。②社会化媒体时代,企业需要重新定义"品牌",需要跟消费者建立关系,传统媒体广告可以提高知名度,但是不一定能建立关系。在脸书(Facebook)上排前10名的品牌分别为可口可乐、星巴克等,这些品牌的粉丝动辄以千万计,如在脸书上,星巴克有2600万粉丝,每个月都能得到两千万次的"赞"。而反过来,在我国的社会化媒体上,很多品牌如果拥有几十万的粉丝就已经相当不错了,并且很多品牌的粉丝中还充满着各种僵尸粉和不活跃的消费者。大多数企业还习惯"吆喝"和"叫卖",不习惯与消费者进行更加深入的"沟通"和"建立关系",这种刻舟求剑的营销策略在社会化媒体时代显然已经过时了。

因此,未来企业的社会化媒体营销要重视打造跟消费者的关系,企业营销的对象和主体需要从单纯的"我"(企业)和"你"(消费者)转变成由价值联合创造的"我们"(企业和消费者),形成社会化媒体时代全新的消费者关系。

---

① 骆靖.网络环境下事件营销策略浅析[J].企业导报,2012(7).
② 陈凯,等.事件营销传播的影响因素分析——以龙润茶集团事件营销为例[J].云南财经大学学报(社会科学版),2012(3).

二、营销对象改变：社会化媒体催生了"社交化消费者"

社会化媒体时代，传统的消费者也发生了全新的变化，原来"原子化"的、零散的消费者个体成为一个个具有社会圈的社交化了的消费者群体：一是消费者获取信息的来源主要通过社会化媒体网站，美国皮尤中心调查显示，2012年通过读报纸来了解美国大选的读者只占20%（而在2000年这个数字是40%），网民通过社交媒体获取相关信息的比例为43%。二是越来越多的消费者是通过社会化媒体知悉自己喜欢的品牌所推出的新产品的。三是相较于以前企业与消费者"不对等"的个体交流，如今的消费者更渴望与品牌进行直接互动交流。四是相较于大众媒体软文横飞的情况，消费者更加相信社会化媒体上人们对于品牌的评价，过去消费者在网上寻找信息，更多依赖网站上提供的文本图像，但社会化媒体时代消费者更多依赖的是关系，网站不再是信息核心，而是由谁说的更重要。如果是关系圈中的人说的，或者是自己崇拜的人说的，对于消费者就是一言九鼎，消费者更关心自己所熟悉的人的消费体验和所发表的意见。五是消费者期待品牌保持活跃度，并希望品牌能倾听他们的需求，并快速做出正确反应。

三、营销工具的改变：为营销者带来了平台和工具上的狂欢

社会化媒体以真实的人际关系为基础，利用互联网的传播性，不断扩展个体的社交网络。社交网络中的真实性可以消除用户的不信任感，另外，个体迫于交往中的压力更容易表现出"从众心理"，即所谓的"沉默的螺旋"，相较于以往的营销工具，社会化媒体为企业进行网络营销创造了良好的环境，使得企业可以开展更有针对性，更受消费者信任、欢迎的营销活动。并且这种营销工具相较于以往，更为廉价，乃至零成本，另外随着这种营销平台的形成，各种新的营销工具和手段不断出现，如微博营销、口碑营销、视

频营销、百科营销等。①

四、营销环境改变：从"自说自话"到大众"麦克风"时代

传统营销环境是渠道作为一种重要稀缺资源存在的时代，即渠道霸权时代，营销公司借助与媒体之间达成的"资本合意"，借助传统媒体的渠道霸权，"自说自话"地进行营销，甚至是虚假营销，无论是事件营销还是借势营销，传统媒体的受众都扮演着"被动的消费者"的角色，这时的营销环境是相对宽松的。社会化媒体时代来临，进入了所谓的大众"麦克风"时代，任何营销公司的行为都是在社会大众的"凝视"乃至"挑刺"下进行的，企业的营销行为成为一种社会范围内的营销，因此任何违背社会良知和社会操守的行为都会被放到高高的道德十字架上进行打量，尤其是目前网络环境还不完善，网民容易将自己摆在"道德清洁者"的神圣位置，社会化媒体时代的营销环境可谓"如履薄冰"。

第二节 事件营销 2.0 时代的传播策略优化

一、社会化媒体事件营销诉求：倾注品牌个性和情感建立关系，获得情感共鸣

利用人的情感是传播的一个重要手段。社会化媒体时代进行事件营销时，任何话题的打造都要利用人的情感，进而获得与消费者群体之间的情感共鸣，建立良性的社会关系。另外，情感共鸣也会使消费者自发地加入传播的过程中，话题的传播性也就呈现出成倍增长，如新交规出台后，"荣威姐"

---

① 郑伶俐.网络事件营销的传播策略——从"凡客体"事件谈起［J］.新闻世界，2012（12）.

的视频迅速走红网络，面对黄灯，"荣威姐"搞笑悲催的经历让网民产生强烈的共鸣，之后这个视频被转发数百万次，其实这只是一则荣威汽车的网络广告；另外，现在80后已经逐渐成为社会的主力，他们成长在一个社会巨变的时代，加上青春即将逝去，"怀旧"很容易引起他们的情感共鸣，利用群体的这种普遍情感，"李雷和韩梅梅"莫名就火了……

二、社会化媒体事件营销立足点：消费者视角和公众情怀

社会化媒体时代的事件营销的立足点不是企业利益，而应该从公众立场思考问题，否则很容易使得事件营销成为一场企业自拉自唱、卡拉OK式的表演。如2012年5月12日，汶川地震4周年时，海尔公司的微博就借此纪念日推出"云祭奠"，只要下载"黑丝带"，设为手机、电脑、电视桌面，共同悼念灾难中逝去的人们，就有机会得到地震主题纪念邮票。这次借助热点事件的营销契合了网民的特定心理，引起了网民的极大兴趣，又将商业营销的痕迹减到最低。同样是一次微博事件营销，却做得恰到好处。从此案例可以看出，成功的事件营销案例需从受众的角度思考问题，维护受众的情感，切不可赤裸裸地追逐企业利益。

三、社会化媒体事件营销时机：选准"话题"和"新鲜事"，慎用"社会问题"和"恶搞"

"引爆"与"关系维护"是整合社会化媒体的两个角度，当需要引爆一个产品或者传播品牌概念时，可以利用社会化媒体信息扩散的属性，利用趣味化的营销，快速引爆品牌，但进行事件营销时一定要找准"话题"和"新鲜事"，在进行事件营销前，一定要对事件进行分析，考虑事件与品牌的契合度，一定要把握好营销的尺度和分寸。否则，一念之间，就可能变成危机公关问题，例如有的企业借用"李天一案"进行安全套营销，不但没有效果，

而且还给企业带来公关危机；又如"长春3·04杀婴事件"，在大家用各种方式来安慰生者痛斥凶手时，前述微博一出，强行植入，轻视生命，产品安全的形象不但没能深入人心，轻视生命的形象却牢牢树立。因此在社会化媒体时代，坏事传千里绝不费吹灰之力，一个品牌被一次错误的营销"秒杀"也不是危言耸听。因此，要慎用"社会问题"，如"贫富差距""食品安全""道德滑坡""涉外关系"等是老百姓心目中绷得最紧的"弦"，如果找不到准确的切入点，切勿随意关联，否则就会引起民众的反感。

"恶搞"是互联网发展的产物，也是互联网特有的现象。既然事件营销离不开社会化媒体，而社会化媒体又基于互联网而存在，那恶搞便是不能回避的了。恶搞有很多案例，比如，央视《中国警察》纪录片里"跑龙套"的扎克伯格，让该纪录片的关注度翻了几倍。又如很忙的"杜甫"和"元芳"，几乎席卷全网，成为一种文化现象。如果能够巧妙利用互联网的恶搞文化，随时有可能打造出极具传播性的话题。但恶搞不能低俗、无底线，如2012年《中国好声音》这个节目，话题营销非常成功，但是大量的低俗恶俗炒作简直不堪入目。"同性恋"是热点社会话题，于是某歌手就爆出同性恋传闻；"娱乐圈潜规则"是热点话题，于是某导师就跟学员闹绯闻；很多人对"举国体制"不满，于是就有人冒充羽毛球国家队成员辱骂好声音学员，这显然损害了羽毛球国家队的名誉，跟"郭美美""总参一姐"的炒作如出一辙，已经涉嫌违法了，"道德"和"法律"都可以逾越，还有什么"底线"可谈？而没有底线的"炒作"，岂可长远？

四、社会化媒体事件营销话语修辞："正确的场合说正确的话"

公共关系的维护讲究两个基本变量，即场合和话语表达，公共关系追求的是"正确的场合说正确的话"，如果说找准"时机"和"事件"就找准了"正确的场合"，那么在正确场合下说出"正确的话"也是十分重要的。在"长春3·04杀婴事件"中，辽宁天合别克的借势营销如果是添柴送温暖，而不是冷眼旁观，那么整个事件就不会演变成一场大家声讨的品牌闹剧，有时候一个引爆的话题就像流星，相关营销人员需要快速把握话题借势的内容，同样的营销目的、不同的话语表达最后的结果也存在天壤之别。事实证明，事件营销在社会化时代，依然是一个十分有效的营销手段。但这种利用借势借力策略的营销手段，其"事件热点"的东风不仅要借得及时，而且还要"说"得巧妙，二者缺一不可。

五、社会化媒体事件营销禁忌：坚持道德操守，有所为有所不为

在社会化媒体上进行事件营销是有风险的，利用好了"名利双收"，利用不好"身败名裂"。[①] 并不是利用事件营销不好，而是因为有时候无法控制舆论的导向，因为每一个环节都要"滴水不漏"。所以企业在使用事件营销时要有道德底线，注意有所为有所不为。

以微博为代表的社会化媒体拥有其他媒体所无法比拟的快速传播属性，并且任何事情都可以拿来调侃、戏谑，但事件营销中营销人员要注意"边界"和底线。在热点事件营销越来越流行的时下，企业应该坚守的营销底线就是基本的人文关怀。人文关怀来自企业责任，发轫于企业文化。小小细节往往最能说明问题。如果对一个2个月大的婴儿都漠不关心，只看到这一飙升的热门话题背后的所谓营销价值，置社会道德底线于不顾，那么企业的社会责任和品牌形象建设就像沙上建塔，顷刻倒坏。在社会化媒体时代，利用事件营销前要对该事件的性质、内容、营销传播路径以及时机都把握好。此次事件，如果企业能在事件热议度有所下降，民众愤慨情绪有所缓和之后，以规劝等形式的软性广告植入发布，或者是在消费者进店买车的时候作为事例面对面地推荐，都会收到正面的效果。因此，事件营销关键在于营销人对"度"的精准把握，需要温暖时，就得顺势添柴；需

---

① 李光斗.事件营销是把双刃剑[N].中国服饰报，2013-1-4.

要调侃时,就要顺势扇风。

总之,社会化媒体时代,一个好的事件营销必须具备以下基本要素:显著性、接近性、趣味性、正面性。事件营销不只是考虑营销人员的业务水平,还要更多地衡量营销人员对社会心理和社会认知的准确把握程度。但需要说明的是,事件营销并不是万能的,它仅是整个企业营销链条中的一个环节,没有一个品牌是靠事件营销就能成功的,但好的事件营销对整个企业公众形象的提升又具有其他营销手段所无法比拟的优越性。

总之,企业营销要有底线,那就是必须传递正能量,老百姓满意了,企业的营销目的自然就达到了。

第三节 事件营销案例剖析

一、事件概述

2017年3月20日,网易云音乐携手杭州的杭港地铁,开启了一场名为"看见音乐的力量——让音乐故事填满你的1号线之旅"的"乐评专列"活动:作为一款主打歌单和评论的社交性在线音乐服务平台,网易云音乐从平台内点赞量最高的5000条歌曲原创评论中筛选出85条优质评论,以统一的"网易红"为背景印在杭州地铁1号线车厢和江陵路地铁站内,引起市民和网民的围观。

活动开展后,网络上与网易云音乐相关的新闻数量激增,产生了与其相关的10万+的文章,百度指数增长80%,微信指数翻216倍,APP下载量飙升至音乐类第一。[①] 通过此次活动,网易云音乐从线下到线上实现了品牌和口碑的双丰收,在扩大用户群、提高用户黏性、强化产品特色、突出品牌

---

① 搜狐新闻《版权纷争,火红的网易云变灰了》,https://www.sohu.com/a/164971969_444682。

形象等方面都有重要收获，被视为 2017 年最佳营销案例之一。本书希望从新媒体运营与营销策略方面对此次网易云音乐"乐评专列"营销思路展开分析，并总结其经验与不足。

二、新媒体策略分析

（一）内容营销：借力丰富的 UGC 资源

网易云音乐的"乐评专列"是一次内容营销实践。内容营销通常指通过文字、图片等形式以场景化的方式展现在用户面前，向用户传递品牌或产品等信息，从而促进用户的消费决策。网易云音乐正是以乐评为内容，通过地铁车厢场景的呈现来传达产品信息，从而吸引更多用户。

此次营销的特色在于文案采用了品牌 UGC 传播。UGC 内容有诸多优势，首先，UGC 源于用户，内容基于用户的真实情感和思想，因此相较于通常的文案更具真实性和说服力，改变了平台和用户之间的沟通方式，更容易引起消费者的兴趣和共鸣。UGC 乐评是网易云音乐的强势特色之一，每一个歌曲下都有大量或优美、或幽默、或深情的用户评论，赋予了歌曲更丰富的情感和意义，真实地反映了用户的真实生活和情感世界，因此用于此次营销的文案，让人不觉得是"平台的广告"，而是"普通人之间的交流"，进而可以迅速吸引人们的注意力，扩散情绪。其次，UGC 可以降低制作成本，有源源不断的素材供应，内容多样，便于筛选。网易云音乐经过长期的积累，在用户点赞的基础上累积了大量优质原创内容，不仅短小精悍，而且丰富多彩，因此将 UGC 直接转化为文案具有极高的效率和成本优势，给用户的感受也颇为新颖。

通过基于 UGC 乐评的内容营销，配合地铁这一特殊的场景，使得此次内容营销兼具趣味与创意、贴近性与仪式感，高效传达了产品信息，吸引了更多的潜在用户关注。

（二）利用情感传播：情怀牌激活用户

此次营销的一大特色是充分利用了用户的情感。营销学大师菲利普·科特勒曾把消费者的社会行为分为"量的消费阶段"、"质的消费阶段"和"情的消费阶段"，在第三阶段，消费者追求的是购买与使用中该商品的附加价值与自己的关系，以及多大程度上能够满足自己的情感需求。当前的音乐用户，不仅看重产品本身的听歌功能，同时也追求情感上的沟通与共鸣。

网易云音乐一贯善于打"情怀牌"，其通过用户洞察，发现听音乐常常是一项孤独的活动，用户的心事难以表达，却真实存在并渴望被理解或者找到共鸣。而地铁环境里充斥着工作的压力、通勤的疲惫，本身也更容易放大个体的孤独感，因此网易云音乐借机用富于情感的乐评来填补人们的这一情感凹槽。其挑选出的乐评很少有从理性、专业的角度评价音乐，而多以抒发感情和表达感受为主，例如"十年前你说生如夏花般绚烂，十年后你说平凡才是唯一的答案""年轻时我想变成任何人，除了我自己""我不喜欢这世界，我只喜欢你"等大多触及孤独、失恋、乡愁、怀旧、感慨人生等内容，用优美的文笔抒发都市人群平日难以言表的情感。这些评论很容易戳中受众，引发共鸣，充分发挥情绪的感染效果，瞬间就能抓住人们的眼球，在其感性得到满足的情况下，消费和使用行为也更容易被激发。同时，情怀牌不仅能吸引人们的注意、激发消费和使用行为，还可以催生共享行为，当人们在地铁中看到乐评，很容易因为找到了共鸣而产生传播的动机，通过社交媒体加以表达，从而帮助此次营销实现更广的传播。

网易云音乐此次营销的核心是通过抓住用户痛点，引起情感共鸣，从而有效实现吸引注意力、激发使用行为、增强传播动机的目的。

（三）找准定位：突出产品特色，锁定目标用户

有效的营销需要明确产品定位和用户定位，让某一品牌或形象在目标用户心中留下深刻的特殊印象。网易云音乐此次的营销也充分把握了自身定位

和目标受众,进行了精准的营销。

首先,网易云音乐对自身产品有明确的定位,不只是提供音乐,而是致力于改变用户听音乐的习惯,打造歌单和评论,强调音乐社交。因此在营销方面,也注重强化这一方面的特色,通过"乐评专列"让非用户了解到网易云音乐的优质评论功能,突出产品特色的信息。

其次,网易云音乐也非常明确用户定位,能够清晰地洞察用户需求,进而选取以都市、文艺、孤独、富有压力为标签的年轻人群体作为目标受众,了解他们的思考模式,从而实现营销策略上更好的"攻心"。针对这一用户群画像,网易云音乐没有进行大范围宽泛的营销,而是巧妙地将乐评置于都市青年聚集的地铁场所,直接针对目标受众进行传播,同时也洞察了当代青年喜欢简单、文艺、有趣的偏好,因而避免了采用冗长复杂的文案或模式,而是选择精彩乐评这类短小精悍的文体,快速抓住眼球,通过有效把握目标用户的需求和风格,进行精准的营销。

通过"乐评专列",网易云音乐的产品特色和优势得到充分的展现,把握了目标受众的需求和喜好,从而进行了精准营销。

(四)加强品牌营销:树立和强化品牌形象

此次营销事件中,网易云音乐在品牌的塑造和强化上也实现了比较好的效果,有效提高了品牌的知名度,改善了形象,带来比广告更长久的效果。

首先,此次营销强化了网易云音乐的品牌特色。网易云音乐通过主打歌单、评论,强调社交和分享,长期以来形成了一种"文艺"的品牌气质。因此优质的文艺乐评成为"文艺"品牌形象的象征和表现。品牌营销的根本使命是产品,围绕产品塑造的品牌形象能让用户在感知到品牌后主动去探索产品。乐评与杭州地铁的合作有效强化了网易云音乐"文艺""情感"的风格,突出了产品特色,加深了人们心目中网易作为"音乐版微博""文艺音乐社区"的品牌形象,使得"情怀感性""温度文艺"的标签深扎在用户认知里。

其次,随着同类产品增加、差异性减小,品牌之间的同质性增大,消费者选择品牌时所运用的理性越来越少，随着 QQ 音乐、虾米音乐等加入竞争后，凭借 UGC 歌单、社交乐评已经很难在在线音乐市场中保持绝对的优势。但用户的选择不仅仅取决于产品的具体功能，同时也与心理因素密切相关，因此品牌营销不仅要强调产品具象化的功能形象，还需要进行抽象化、符号化的形象描绘。"乐评专列"的车厢内，所有墙面均通体采用红底白字模式，紧密配合了网易云音乐的品牌底色，给人以强烈的视觉冲击和心理暗示，打造并强化了"网易红"在人们心目中的形象。

（五）场景选择精准：创意性采用地铁营销

网易云音乐此次营销的成功之处还在于其投放地点的特殊性，即应用了地铁营销，这一途径不仅投放精准，而且具有创新性，更加博人眼球。

首先，地铁是城市最重要的交通工具之一，载客数量大，并且以都市白领、上班族为主体，同时也聚集了社会不同阶层、不同年龄、不同层次、不同职业人群，是社会消费的主体。杭州地铁 1 号线连接主城区，是主干线，乘车人数多，而江陵路站是连接钱塘江南北城区的重要枢纽，客流量大，可以在短时间内触及大量人群。同时，地铁上占主体的中青年都市白领群体，也是网易云音乐的核心目标群体，因此地铁营销不仅能大范围地接触人群，而且还可以高效地接触大量目标用户，增加品牌曝光度。

其次，地铁上的场景也具有特殊性。地铁中，手机常常是乘客的必备品，而听音乐又是人们在地铁中的重要活动之一。据调查，75.6% 的年轻音乐用户（20~35 岁）每天都要听音乐，55.2% 的中国在线音乐用户选择在乘坐交通工具或开车时听音乐。[①] 从这一现象可知，地铁上潜在用户出现频率高，同时拥有大量空闲的时间。因此直接在使用场景中进行产品营销，能够让人们更有贴近性，甚至可以即时体验。同时，根据前文关于情感传播方面的分

[①] 罗春. 基于 5W 模式分析地铁广告的传播特征——以网易云音乐为例 [J]. 新闻研究导刊, 2017, 8 (22): 268.

析可知，地铁上多为忙于工作的人，背负着压力和孤单，情绪变动较多，因此地铁上放置乐评无疑与人们的气质相契合，比其他场景更容易引发人们的共鸣。

最后，地铁营销相对来说是一种比较新颖的都市营销方式，其创新性和时尚性也很容易吸引年轻人的追捧和关注，激发人们的传播热情。活动期间，有不少人慕名前去参观和拍照。由此可知，此次网易云音乐的营销在场景选择上十分精准，充分发挥了地铁用户流量大、接触人群多、目标用户聚集、独特场景氛围等优势。

（六）结合网络营销：从线下到线上

"乐评专列"活动虽然设在地铁上，但其不只是一个线下的营销事件，而是牵动了线上的网络营销。首先，各大媒体和网络媒体起到了重要的宣传推广作用。网易官方发布了大量信息，浙江卫视、央视等200多家媒体也纷纷进行了报道，让网易云音乐成为主流舆论的关注对象；同时，微信、微博等社交平台也大力助推，有近2000个微信公众号报道了这次活动，总阅读量超过1000万，百度指数增长80%，微信指数翻216倍，达到1300万的峰值；[①] 微博热搜榜也出现了"杭州地铁""网易云音乐"等相关话题。通过主流媒体、新媒体和社交媒体大V等意见领袖的舆论引导和二次传播，网易云音乐引发了更大范围的关注和良好的口碑。除媒体之外，用户在网络传播中的作用也十分可观。社交网络作为当前人们的主要信息来源，活动当中无数市民自发拍摄地铁图文发布在社交圈，借助这些朋友圈照片、链接，实现了有效的关系传播，相较于官方宣传更具真实性和说服力，引发了参与、分享和更广的传播讨论。微博话题上也有不少用户晒出了与地铁乐评的合影，从而带动引发社会层面的广泛互动。

---

① 这些2017年经典案例，让广告人节约半年时间，http://www.yxad.com/News/xinwenmeiti/News_178289.shtml。

当前，互联网已经成为营销的重要途径，以网红经济为代表的营销模式证明，即便是线下的营销事件也离不开网络的传播。如果没有媒体、微信、微博的助推，"乐评专列"最多只能在杭州市内引起关注，无法引起社会范畴内的追捧。通过线下互动引发部分用户和媒体的兴趣，然后利用这些用户和媒体分享到线上的过程，实现二次传播，让营销效果翻倍。从APP下载量的数据来看，一个月的活动期间，网易云音乐在免费应用排行榜上就从35位左右升至第16位。线上和线下渠道的完美结合，让这场内容营销的影响力得到充分的发挥。

三、营销策略点评

网易云音乐与杭州地铁合作的营销案例是2017年经典案例之一，有很多经验值得借鉴，也存在一定的不足。

（一）经验借鉴

1. 具有较强的创新性

此次营销的一大亮点在于创新性。不仅选择了UGC乐评作为文案，巧妙抓住人们的情感痛点，而且还采用了地铁营销这种新颖的形式，快速博得人们的关注，激发了人们进行二次传播的热情和动力。

2. 综合应用各种营销手段

通过前文分析，可以发现此次营销综合运用了内容营销、情感传播、线下线上配合等多种手段，在产品定位、受众调查和品牌塑造上也做了充分的准备，综合考虑了人群接触面、目标用户、内容吸引力、品牌传播效果、口碑等方面，让营销效果实现最大化。

3. 基于精准的定位和品牌

营销的核心在于产品，此次"乐评专列"营销成功的基础也在于网易云音乐有着鲜明的产品特色和明确的用户定位，清楚此次营销是"对什么人"

传播"什么内容",从而在投放和内容上有非常精准的策划。同时也在产品特色和用户画像的基础上明确自身的品牌定位,使得在营销中的品牌形象非常鲜明,从而强化了其在用户心中的印象。

4. 发挥情感传播、网络传播和 UGC 的力量

此次营销获得良好效果的三个特色在于巧妙地选择 UGC 乐评作为文案,发挥了 UGC 的优势;有效抓住了用户的情感,从情感上激发了人们使用和消费的行为;充分发挥了网络传播的力量,实现从线下到线上的营销。而这三方面在其他平台、行业的营销中同样具有参考价值,值得学习和借鉴。

(二)局限与不足

1. 营销手段不适合重复使用

此次"乐评专列"虽然具有较强的创新性并取得成功,但在可复制的机会下,故技重施容易使人们出现审美疲劳,难以博得同样的关注。2018 年网易云音乐开展了"2018 照见自己"主题活动,再次把乐评搬进地铁站,并稍做修改采用了镜面效果呈现。然而在报道量、关注度方面都十分有限,与 2017 年的效果差距较大。同时,情怀牌太过重复会让人厌倦,迷茫、受伤、怀旧等煽情的风格较为单一,长期使用则不能再刺激到用户的情绪。因此多变的风格更容易保持受众的新鲜感和兴趣。

2. 地铁线路辐射人群重复度高

"乐评专列"选择的杭州 1 号线和江陵路站,虽然有较高的人流量和用户接触面,但是往往每日同一班地铁、同一路线的人群重复度很高,在活动初期可能有一定的宣传效果,但长时间内只能辐射到固定群体而难以继续扩大,营销效果也会相应下降,而改变线路的成本又相对较高,因此具有一定的局限性。而且地铁营销受成本限制往往有时效性,如果建立一个地标性建筑,可能会发挥更长久的效果,辐射范围也不再仅仅是 1 号线的乘客。

3. 以乐评为文案可能存在版权风险

网易云音乐采用的 UGC 乐评作为主要文案，虽然使用前征得了用户的同意，但是乐评内容本身并不一定是用户原创，很难对其版权进行核实。一旦乐评是用户从别处"引用"而来，那么网易云音乐将其作为营销文案就可能存在侵权问题。

4. 内容过于含蓄，造成部分人群理解困难

虽然"乐评专列"得到了社会上的广泛关注和好评，但是对于一些没用过网易云音乐及乐评的人，往往很难在较短时间内理解这些布满地铁的文字是什么，也无法快速被这些乐评吸引并由此关注网易云音乐。因此此次营销虽然新颖巧妙，但对于非目标用户来说传递的信息不够明确。

第七章

病毒营销

20世纪50年代,美国塔帕家用塑料制品公司为了推销一种厨房水槽,把家庭主妇召集起来宣传该产品的好处,再让她们告诉自己的朋友,这是病毒营销的雏形。1994年《媒介病毒》系统提到了病毒营销,认为一支广告如果能够成功到达"易感"用户,那么这个用户就会被"感染"(比如注册一个账号),然后继续"感染"其他"易感"用户。1996年,Hotmail一年内就实现了从50万用户到1200万用户的疯狂增长。

"Just Do It""吃垮必胜客""GMail"邀请制,Juvertson(1997)根据Hotmail公司成功的市场推广,第一个提出了病毒营销的术语,并把病毒营销初步定义为基于网络的口碑营销。Wilson(2000)认为病毒营销是一种营销策略,它鼓励消费者将营销信息传播给其他人,并为信息的曝光和影响创造潜在的增长动力,使之呈现几何级数增长。

在我国病毒营销研究起步于2000年,冯英健翻译的《病毒性网络营销的六个基本要素》开始介绍病毒营销;祁定江(2008)认为病毒营销是口碑营销在网络技术基础上的衍生,借助消费者口碑的宣传网络,通过快速复制使得信息像病毒一样扩散传播,使其曝光率产生几何级数的爆发式增长的一种营销推广策略。

第一节 病毒营销的定义

病毒营销指在一定时期内,病毒信息借助互联网媒介工具,低成本地在目标市场中以几何增长的速度扩散蔓延,从而实现营销的目的。

病毒营销与口碑营销、蜂鸣营销的区别。蜂鸣营销、口碑营销和病毒营销形式上是一样的,如果一定要对其进行区分,那么病毒营销更倾向于在线网络的运用,蜂鸣营销更倾向于对媒体网络的运用(比如公关),口碑营销更注重对传统人际关系网络的运用,但它们都是基于一种网络的口碑传播模式。

第二节 病毒营销的基本流程

一、创作"病原体"

要想使用户主动转载并传播病毒营销的信息,"病原体"就必须有足够的吸引力,让用户过目不忘,或者打动用户,使他们产生情感上的共鸣。创作"病原体"时要遵循以下四点原则。

(一)选对形式

在病毒信息众多且趋于同质化的今天,要想使病毒式营销收到预期效果,"病原体"采取的形式必须适合产品及所投放媒体的特点。比如,有的企业采取视频的"病原体"形式,内容本身可以是广告,也可以在视频中自然含有广告元素。通过将产品信息巧妙融合在视频中,从而减少广告的商业气息,给受众留下深刻的品牌印象,从而实现更好的传播效果。

（二）立意新颖

用户分享一个"病毒"，一定是觉得这个东西有趣、新鲜或者体现了他的品位，因此，要想实现更多的用户分享，就要在"新"字上下功夫。例如在2008年北京奥运会期间，可口可乐联合腾讯进行了一次火炬在线传递活动，如果用户获得在线传递资格，便可以点亮一枚图标，并可以邀请自己的好友参加传递。所以这项活动在很短的时间内就通过QQ好友网络实现了4000多万人的参与，相比传统的广告营销方式来说，这样的传播不仅费用低而且效果好。

（三）通俗上口

"病原体"的语言要简短明了，通俗易懂，使其更容易脱颖而出，并由独特的记忆点成为某一时期的流行。比如，必胜客的"吃垮必胜客"、耐克的"Just Do It"的广告语如同口头禅，都是精心提炼出来的病毒式语言与话题。而在QQ导入市场的初期，为了更好地号召新的"Q一代"的加入，QQ亮出了自己的品牌口号"别Call，请Q我"，这句口号一度如同"Just Do It"一样引爆了新新人类的流行时尚。

（四）艺术感染力

一则病毒式的信息，应该具有艺术性、娱乐性与情感因素，使用户在观看或购买使用过程中获得情感体验，进而获得内心深处的认同与情感上的共鸣，强化对品牌的喜爱与忠诚度。2012年春节期间，一则《把乐带回家》的微电影在网站上被频繁转载。这是百事可乐创作的贺岁微电影，立足回家过年成为难题的社会问题，贴近民心，给人一种温馨的感觉，使受众在情感上产生共鸣，从而提升了百事系列产品在消费者心目中的形象。

二、选择SNS平台

病毒营销通常使用的网络媒介传播工具有微博、微信、电子邮件、论坛、社交网站、即时通信工具（如 QQ、MSN）、搜索引擎、博客、播客、视频短片、互动性广告、网络游戏、电子图书、搞笑图片、动画、电子折扣券等。商家在投放"营销病毒"的时候，应根据自身产品特性与目标消费群体的定位，选择与其相符的 SNS 平台。做到有的放矢，从而实现精准营销。

三、诱发主动传播

在创作好"病原体"、选好 SNS 平台之后，要想达到病毒的快速扩散就必须诱发主动传播。首先要找到一部分极易感染的"低免疫力"人群，把"病原体"散播在他们之间，通过他们的快速接受和积极传播使"病毒"快速扩散。但是"低免疫力"人群毕竟是少数，所以在"病毒"的导入期过后，要注重"病毒"的不断更新，进而"感染"大面积的受众。2012 年 12 月 11 日，杜蕾斯微信推送了一条微信活动音讯："杜杜现已在后台随机抽中了 10 位幸运儿，每人将获得新上市的魔法装一份。今晚 10 点之前，还会送出 10 份魔法装！如果你是杜杜的老兄弟，请回复'我要福利'，杜杜将会持续选出 10 位幸运儿，敬请等待明日的中奖名单！悄然通知你一声，假设世界末日没有到来，在接近圣诞和新年的时分，还会有更多的礼物等你来拿哦。"利用微信平台进行的这场病毒营销，在短短两个小时内，杜杜就收到几万条"我要福利"的反馈，10 盒套装换来几万粉丝，是非常划算的。

四、发挥舆论领袖作用

创业者要找到传播营销信息的载体——那些对某个市场具有强大影响力的意见领袖。菲利普·科特勒将"意见领袖"定义为：在一个参考群体里，因特殊技能、知识、人格和其他特质等因素而能对群体里的其他成员产生影响力的人。著名的"笛卡图传播研究"发现，在人们的日常生活中，年轻漂亮的女性是"时尚"和"选看影片"两个议题的意见领袖；男性主要为"公众事物"的意见领袖；社会接触越频繁者越可能成为意见领袖。

传播学研究认为，信息常常是先流向意见领袖，然后再通过意见领袖流向人群中不太活跃的其他人。舆论领袖在网络传播中的作用，可以概括为加工与解释的功能、扩散与传播的功能、支配与引导的功能、协调或干扰的功能。网络上的舆论领袖无处不在，而且分布在各个领域，既有大腕儿明星、专家达人，也有草根一族。平民时尚偶像"呛口小辣椒"就拥有众多的粉丝，其实她们就是普通的上班族，但酷爱打扮且经常发帖，她们在淘宝上买过的衣服被许多人跟风，从而造成脱销，并在SNS网站上被频繁分享，这说明了舆论领袖的草根化，是一支不容忽视的网络力量。

第三节 病毒营销成功六要素

一、赠送有价值的特殊产品或服务来制造病毒

在所有的广告中，最吸引人的就是"免费"二字。以拼多多的营销案例来看，邀请好友砍价就能够免费获得产品。这样的"免费馅饼"往往需要几十个好友的关注砍价，进而达到病毒式传播效果。

二、选准平台：让传播更快捷

在这个社交媒体化的时代，想要产品的营销能够广泛传播，必须有一个传播媒介。星星之火的确可以燎原，如果没有传播媒介，星星之火在真空的环境下是什么也做不了的。拼多多就是利用了微信这个传播媒介。邀请好友砍价、拼团都需要先分享到朋友圈，好友看到后进入参团，用超低价格获得商品，以此反复获得越来越多的新用户。这是依靠了传播媒介。

三、利用他人的动机

为什么别人会帮你传播信息？传播信息能够引起什么欲望？只要把营销策略建立在和用户的共同动机上，就能够获得成功。拼多多就是利用团购和砍价折扣，吸引消费者来转发传播。商家想要出售商品，消费者想要低价购买商品，把二者的动机有效地结合起来，便能获得成功。

四、利用人脉和圈子

病毒式营销最重要的就是利用人脉圈子，一传十、十传百地扩张消息。只需要把信息传递给亲朋好友，亲朋好友再传递给他的亲朋好友，就能达到病毒式的爆炸增长。给予用户一点小利，让用户利用人脉和圈子帮你传播，加快传播速度。

五、准备好服务器

病毒式营销往往会带来爆炸流量，流量一次涌入过多，超出了服务器承载范围可能就会得不偿失。如果商家想要采用病毒式营销，一定要提前准备好相应的服务器，否则白白流失流量，甚至还会影响口碑，这样就得不偿失了。

六、利用别人的资源

一篇文章发布在大型网站上，可能会引起数百家的媒体和网站转载，吸引上万的读者进行再一次的传播。病毒式传播可以利用同行或其他行业的资源成为传播利器。例如各大网站上发布的广告，就是利用别人的资源为自己宣传。

拼多多就是一种病毒式扩张的典型案例，能够引起病毒式的传播就已经获得了初步的成功。如果商家想要采用这种传播技巧，这六要素是必须具备的。如果想要了解更多微信营销，不妨关注有微网。

第四节　病毒营销案例剖析

2017年8月29日一早，大家的朋友圈猝不及防地被一组"小朋友"画作刷屏了，这组刷屏画作，是由腾讯公益平台发起的募捐活动，画作由WABC（无障碍艺途公益机构）中患有精神障碍、自闭症、脑瘫和智力障碍等病症的特殊人群创作。本次"小朋友画廊"共展出36幅画作，每幅画的背后还有一个故事，比如，《园丁》的绘画者是一位名叫阿页的精神障碍患者。这幅画的简介是这样描述的——"攀越扶梯，抵达家园，蓝天白云下，园丁似乎在和向日葵诉说心事，也许这是属于阿页的小小星球吧"。对于这些画作，微信用户只需扫描二维码，支付1元或输入任意金额，就可以"购买"，爱心画作也可以作为手机的屏保。进入画作页面，还能听到作者的语音留言。"小朋友画廊"刷屏后，很快就达到了活动设定的1500万元目标。捐款将进入深圳市爱佑未来慈善基金会，用于帮助这些"小朋友"。

这次的"小朋友画廊"公益，可以说是公益活动进行新媒体营销分析的成功典型，以下是对它的策略分析及评价。

一、病毒营销策略

（一）传播平台选择——微信传播

值得注意的是，这次的活动，虽然说有腾讯公益的参与，但是其提供的只是一个平台，实质上提供画作和收取善款的机构均不是腾讯公益，腾讯公益也并未参与分成。也就是说，"小朋友画廊"只是借助了腾讯公益，通过微信平台进行传播。这一平台的选择为该活动带来了诸多好处：

一是提高了用户接触到该公益活动的概率。微信已经成为大多数人生活中不可或缺的工具，而且每天接触使用的次数也比较多，通过微信平台推送，可以极大地提高公益活动的被知晓程度。加之微信是人际传播的重要工具，这也提升了二次传播的概率，很多人在购买之后分享到朋友圈也无形之中为活动进行了再一次的营销。

二是便于搭载 H5 的内容。"小朋友画廊"虽然给人感觉很有新意，但实际上它采用的只是 H5 这个较为简单的形式。H5 是微信中很常见的一种内容呈现形式，在这次活动的呈现中使用 H5 来展现画廊可以说是达到了内容与微信传播平台的完美结合。随着指尖的滑动，伴随着背景音乐，一幅幅画作呈现在眼前，令人赏心悦目。

三是操作简单，便于将善心转变为行动。买下一幅画作只需要 1 元，长按画作下的二维码扫描即可购买，使用微信支付也很方便。这种操作简单的低门槛公益，很容易吸引人们的参与。腾讯公益历史数据指出，用户的决策时间是 4~5 秒，如果在 4~5 秒内无法让用户做出捐款行动，那么用户就流失了。如此有创意的活动，加上操作简单的捐款流程，无疑推动了人们的参与。

（二）借力腾讯公益——社会责任营销

"小朋友画廊"这个活动并非为某个具体的营利性商品做活动，而是一种公益活动。菲利普·科特勒将营销的疆界从商界扩大到了一个新的责任领域，这时的营销超越了非盈利市场和社会营销，他把这种营销称为社会责任营销。社会责任营销是指企业在承担一定的社会责任（如为慈善机构捐款、保护环境、建立希望小学、扶贫）的同时，借助新闻舆论的影响和广告的宣传，扩大企业名声，提高企业形象，提升其品牌知名度，增加客户忠诚度，最终增加销售额的营销形式。本次活动的成功，对于腾讯公益背后的腾讯公司进行自身企业形象建构无疑具有积极的意义。另外对于 WABC 和深圳市爱佑未来慈善基金会也是一次很好的宣传。通过这样的活动，让更多人关注这类病患人群，也是一种公益理念的输出。

（三）内容设计——走心简洁有创意

好的平台与宣传方式还离不开优质的内容。这次公益活动最大的亮点在于——卖画。不同于以往公益活动通过卖惨，极言受助对象之可怜和艰难的营销方式，以画作为载体，更能让人感到新意。而且每一幅画还配有一段优美的说明文字，点开后还有作者的声音，真的是有声有色，整体体验流畅舒适，让用户体验内容更加丰富、有趣、生动直观。

而且用户还有充分选择的权利，36幅画，用户可以挑选自己喜欢的，保存后还可以分享到朋友圈。有趣性、选择性、体验性都很强。

（四）洞察用户心理——助力公益效果转化

"小朋友画廊"能成功刷屏并且在短时间内获得大量关注很重要的一点在于它对用户心理的洞察。这可以体现在三个方面。

一是用"小朋友"的称呼唤起用户的同情心，激发一种保护欲望。从年龄上看，画作的作者从11岁到37岁，很明显有些已经不再是小朋友了。但是由于这些人罹患的疾病使他们的心智还停留在儿童阶段，所以"小朋友"这一称呼，不仅没有直接"卖惨"，而且还以一种轻松的方式表现出来，从而激发出用户对这一群体命运的联想，唤起同情心。

二是尊重认可劳动成果，"勿以善小而不为"的低门槛公益。"小朋友画廊"迎合了用户对公益的认知，相较于直接给钱，大家更愿意通过认可价值的方式，来表达对这些病患人群的尊重。而便利的购买方式和只需1元就可以表达爱心的方式，使更多人愿意参与其中。

三是在转发中塑造自己积极正面的形象。很多微信用户都有一种跟风随大溜的心理，仿佛大家一刷屏，自己不发相关话题的朋友圈就好像跟不上节奏一样。"小朋友画廊"已经帮用户设计好了在购买之后如何简便地分享到朋友圈，当朋友圈中呈现出一幅幅画作时，也使之后看到的人跃跃欲试，参与其中。

（五）线上线下联动——充分利用画作资源

线上的买画活动其实在筹集到1500万元善款之后就截止了，但是线下的活动还在继续。这些绘画作品于9月1日又在上海南京东路地铁站被展出。南京东路地铁站是上海地铁站中人流量较大的一个。"小朋友画廊"占据南京东路地铁站站厅近50米墙面，共12个60寸电子大画框，让画作得以充分展示，比手机看得更清晰。画框上同时也呈现画作介绍和作者简介。线下用户可以通过扫描电子画框内的二维码，进入"小朋友画廊"的H5页面中，了解更多信息，倾听作者心声和真挚的感谢语音，并一键捐赠支持该公益项目。形成线上线下联动，让线下地铁站的活动延续线上的热度，吸引更多人参与，扩大营销效果。

地铁站的画廊虽然是线下展示，但商品依旧是虚拟的，不过，这些画作也可以进行实物交易，WABC在企鹅优品、官方网站等渠道均有售卖相关实物，有些是在H5展示的36幅作品之一，还有一些则是作者的其他画作，这些实物画作所获得的费用也将用于此项目。如此一来，既有虚拟商品又有实物商品，可以提高画作的"利用率"，募集更多善款。

二、病毒营销的经验与启示

自从"郭美美事件"之后，大家对公益的信任度急剧下降，之后在网络公益活动中又爆出"罗尔事件"这样的大丑闻，也给公益的进行蒙上一层阴影。但是，这次"小朋友画廊"活动从传播的效果和募集的速度来看，可以说是非常成功的，有许多值得思考借鉴的地方。

（一）营销内容与形式要和搭载的媒体相结合

这次营销之所以能成功，除内容上选用"画作"这一做法颇有创意外，还与界面设计的简洁、赏阅的流畅有关。另外这样的内容与展现形式又完美地与微信这一传播平台相结合。因此能吸引到更多的用户参与其中。假设这次活动是在微博或者支付宝上进行，那么体验感就会大打折扣，也不会有这么出色的营销效果。

（二）公益活动要有所创新，注重细分挖掘受助者的特质，不要一味卖惨

"小朋友画廊"作为公益营销活动，一个很特别的地方在于挖掘到了这类特殊群体中有些人擅长作画的特质，并将其展现出来。而依靠传统的卖惨，极言这类群体之可怜也许能取得一些反馈，但是不会取得像这次具有新意的营销活动所达到的速度快、范围广的效果。

（三）洞察用户心理，注重用户体验

新媒体的营销离不开对用户心理的洞察。用户对公益的认知、参与决策的特点和转发跟风的心理都助力了这次营销活动的成功。此处，还有一点容易被忽略，那就是公益营销需要一个权威的背书。这次活动很多人注意到腾讯公益也参与其中，而事实上，腾讯公益只是提供了一个平台，并不是项目的发起者和善款的收受者。但是以互联网巨头作为后盾，可以消弭很多用户的顾忌与疑虑。因此这也启示我们进行公益营销时要寻找一个相对权威可靠的合作伙伴。

三、不足之处

"小朋友画廊"的展出活动作为一次公益营销活动能达到这样的水平已经很不错了，若要从批判的角度去看待，则还存在以下不足。

（一）活动持续性弱，来得快去得也快，可复制性弱

这次的公益营销虽然有创意，但只是短暂性的，可以说在筹集到1500

万元之后，就基本结束了。后续的线下活动和实物售卖的热度明显不如微信推送的时候。作为营销，寿命实在过短，组织者应当考虑增加一些环节或者形式，来延长活动的可持续性，扩大传播效果。另外，这个营销是在腾讯提供的平台上运作，如果没有腾讯公益的加入，可能会被认为是诱导分享而封闭，因此，之后的活动想要学习这种模式可能会受限于腾讯公益，可复制性相对较弱。

（二）缺乏对活动组织的解释

在这次的营销活动中，大多数人是不了解甚至是不知道收受善款的深圳市爱佑未来慈善基金会的。活动之后网上出现了很多质疑深圳市爱佑未来慈善基金会资质的声音，还有质疑画作是不是出自这些病患群体的声音。如果当时在H5的页面中增加一些对活动组织的介绍和解释，那么便能更好地提升这次营销活动的公信力。

（三）加深了对自闭症群体的刻板印象

由于画家都是自闭症患者，而在大家的刻板印象之中，仿佛自闭症患者大都很有画画天赋，但实际上有画画天赋的只是极少数人而已。这次活动突出强调了画画这一技能，而对患者学习的过程和付出的努力交代很少，也在某种程度上加深了人们对自闭症患者的刻板印象。

总体而言，"小朋友画廊"新媒体营销还是非常成功和值得借鉴的，也希望看到更多如此有创意的公益活动。

第八章
内容营销

第一节 企业生产原创内容成为趋势

在企业即媒体的大趋势下,作为媒体的企业不仅需要占有渠道,而且更需要生产内容,尤其是具有自己品牌理念的原创性内容,从趋势上看,星巴克、可口可乐、耐克等国际巨头都开始自己做内容了,企业生产内容的战争已经悄然打响。

一、当前内容营销的四种模式

(一)星巴克的动画片 + 纪录片

2016年2月6日,星巴克推出了一则名为《比格犬的爱》(*Beagle Love*)的情人节特别篇动画,故事发生在星巴克咖啡店里,作家埃里克斯(Alexa)想为自己的小说设计一个英雄浪漫表白的完美结尾,一时却找不到写作灵感。正在这时,古灵精怪的比格犬 Chet 突然捧着一块木头,唱起情歌,向美丽善良的棕熊店长 Julie 告白了:"虽然我非常普通,但是你看,我能把木头都削成爱你的形状,今天我要给你我的小心心,请给我一次机会吧!"

这段动画是星巴克原创迷你动画 *1st & Main* 系列的收尾篇。系列动画短片,成为星巴克试水自制动画短视频的首秀。

图 8-1　星巴克推出的《比格犬的爱》

这些由品牌主生产的原创内容（而非广告），不再沉溺于单纯的目的——提升贩卖和销量，而是像传统媒体组织一样，开始真正建立起自己的内容生产和传播中心，并试图以内容为纽带和 95 后年轻消费者建立新联系；也不像微博时代，杜蕾斯等企业将自己的微博账号运营委托给第三方的公关公司，而是真正地建立起自己的内容生产部门：内容生产不再是媒体的专门职能，而是品牌企业必须从事的一项基础工作。"一切行业都是传播业，所有企业都是媒体。"

迷你动画 1st & Main 作为星巴克首部原创动画作品，自 2015 年 12 月开播以来，每周推出一集，每集时长 1~2 分钟。故事的主角是咖啡店里一群画风清奇的小动物：店长棕熊 Julie、咖啡师狸猫 Diego、店员章鱼 Iggy，以及一直泡在星巴克的常客河狸 Chet……动画片围绕星巴克门店情景展开，通过日常的琐碎趣事含蓄地表达了星巴克的门店文化、顾客情感与品牌调性。如即将迎来豪猪宝宝的豪猪夫妇在听到店员报顾客名字提醒取餐时，喜欢上章鱼 Iggy 的名字，想要给宝宝也取这个名字；新手店员在工作中略显慌乱一直犯错，店长和咖啡师会进行开导和安慰；圣诞节前夜，顾客河马 Gorden 独坐在空空如也的店里，三名店员一起为孤独的他制作了一道大餐作为圣诞惊喜……

这部动画的幕后主创 John Frink、Joel H. Cohen 和 Rob LaZebnik 曾担任过《辛普森一家》的编剧，编剧认为星巴克的每个顾客都是有故事的人，希望挖掘一些简单、有趣又温暖的东西，引发观众的共鸣。

2016 年 9 月美国大选期间，星巴克还推出了系列纪录片 *Upstanders*，由星巴克时任 CEO 霍华德·舒尔茨（Howard Schultz）和《华盛顿邮报》前高级编辑 Rajiv Chandrasekaran 共同制作。纪录片以普通人的公民权与公益心为主题，对 10 位社区工作者进行持续追踪，讲述他们平凡工作的细微日常，展现他们是如何为一点点改变自己的社区生活环境而努力的。

如果说星巴克的迷你动画还有一丝品牌促销的意味，系列纪录片则基本找不到"品牌植入"的痕迹，因此，有媒体指出，"星巴克正在为一件并不能帮助他们多卖咖啡的事情而花费数百万美元"。星巴克的 CEO 霍华德在接受 Business Insider 采访时说：整个政治季已经充满了如此多的分裂和正义，我们需要让普通人令人惊叹的行为被点亮。系列内容除了通过星巴克的官网和 APP、社交媒体以及咖啡杯子传播，还与媒体 Mic.com 和 Upworthy 建立合作，进行内容分发。霍华德明确地表示："我认为这是我们的责任，我们一直以来都是一个以价值观为基础的组织。"

（二）可口可乐成立"北美社交中心"，主管社交媒体营销

2016 年 10 月，可口可乐正式宣布成立北美社交中心（North American Social Centre）——一个实时的新闻编辑室，用以管理所有可口可乐商标品牌（健怡可口可乐、芬达、雪碧）的社交媒体营销事务，包括制定内容策略、进行媒体购买等。新闻编辑室总共有 55 名工作人员，他们是由可口可乐从北美区选调的营销人员，Possible 公司、哈瓦斯集团（Havas）和 Moxie 等机构的高管组成。该社交中心成立的目的是让消费者与品牌建立起情感联系，整合全球性的社交媒体营销体系，帮助可口可乐更好地计划和实施社交媒体营销策略。

实际上，可口可乐对内容的重视由来已久。早在 2012 年，可口可乐就将内容营销提升到战略层面，时任可口可乐整合营销传播的高级副总裁温迪·克拉克（Wendy Clark）说："品牌故事的内容如液体一般，自由地流向每一个角落。但不论它们流淌到多远，都与品牌战略和目标相连。"

2016年的圣诞节和感恩节，编辑室都推出了一系列社交营销活动和内容。感恩节前，美汁源在芝加哥设立了一个名为 nothing to sell 的特殊门店，进入店里会发现这里并不销售产品，而是播放着一段"为亲爱的人写一封信"的视频故事——几名孩子在门店内写下了给父母的一封信，信中记录了孩子们没能当面向亲人说出口的话，以表达对父母的感谢。

（三）耐克自制网剧《大宅女 VS 健身狂》

耐克公司的部署则更具有前瞻性，早在 2013 年就成立了整合性的社会化媒体营销团队，将此前外包给代理商的所有线上社区业务收归自营。2016年 2 月，耐克官网上线了特别为女性观众定制的原创网剧《大宅女 VS 健身狂》(Margot VS Lily)，这部网剧共八集，由著名电影制作人 Alfonso Gomez-Rejon、著名导演 Tricia Brock 以及畅销书作家 Jesse Andrews 领衔制作。故事围绕在 YouTube 上经营个人健身视频频道的妹妹 Lily 和在财务公司当运营员的宅懒姐姐 Margot 展开，两姐妹定下赌局，不善交际的 Lily 要去结交新朋友，Margot 则要去 YouTube 上开一个健身频道。《大宅女 VS 健身狂》原创剧集除了上线 Nike.com/nikewomen 自家平台之外，还在 YouTube 上播放，首集播出后，累计播放量达到了 850 万次。

（四）SK-II 反映社会问题，关注"剩女"压力

根据社会针对"剩女"的偏见，SK-II 希望引导并鼓励中国女性成为她们自己生活的主宰，为她们真正的幸福发出自己的声音。改变中国乃至全世界对"剩女"的看法，降低社会给女性带来的压力，鼓励女性步入婚姻殿堂是为了正确的理由。为此，SK-II 专门拍摄了#改写命运#视频广告，并于 2016 年 4 月在优酷网上推出了《她最后去了相亲角》，最早被微博大 V"台湾阿呆仔"转发，之后又经过化妆师汤舒喆、网络女作家"风弄"、励志畅销书作家"王晓 潇洒姐"，以及宝洁大中华区前公关总监陈默的转发，不到 8 个小时点击量就达到了 30 万次，晚上 12 点前后达到传播高峰，这支达

到病毒视频传播效果的广告，和惯常走幽默、恶搞风格的病毒视频截然不同——整个片子如同5分钟的纪录片，出镜的也都是普通人。"剩女"主题，从不被父母理解到最后和父母和解，其实也谈不上新鲜。单从创意的角度来说，并不能令人拍手称绝，但它厉害的地方在于品牌所宣扬的理念和价值观。其背后隐藏着一个命题——女性的价值并不只是通过婚姻来体现，女性可以、也应该自由选择是单身还是结婚，不论是父母还是整个社会，都应该给予她们尊重。这是让很多人产生共鸣的地方。正在单身的大龄女性可能会觉得"这说的就是我"，或者"真的是这样的"而产生很强的代入感，从而被戳中；其他人可能经历过这个阶段，或者想象自己将来也许会面对这个问题；即便你不属于任何一种，大概也会认同这种价值观。对于看腻了明星代言美妆广告的消费者来说，的确会让人耳目一新。SK-II之前一贯的营销策略也是明星代言，从汤唯到霍建华，但是这支广告却赢在了立意上。当然也是因为此类的美妆品牌广告很少会有什么立意。这就涉及另一个话题：高端品牌更容易做价值观的引导，这既与它的消费人群有关，也与人们微妙的心理有关。

这支广告惊喜之处是在片尾，最后那些出镜的单身女性去了上海人民公园。在这个全国著名的相亲角内，她们挂上了自己的大幅照片，没有标注传统意义上的自身"条件"，而是展示了自己对单身和婚姻两种状态的态度，父母的态度最后也有了反转。这其实就进入"看看会发生什么"的语境中去了，与其说是广告，更像是一个"实验"。

在这个广告泛滥、传统创意近乎枯竭的时代，品牌并非利用创意揭示它自身或者产品本身的神奇之处；相反，它利用创意，向消费者揭示出人们身上某种潜藏的东西。

二、内容化品牌

广告或者强力营销模式对于90后尤其是95后来说已经不再讨巧，"用内容打动消费者"则成为企业传播的新思维。产品、服务、情感、文化、社交、场景都不再孤立，而优质内容正成为串起这些要素的纽带。因此，通过原创性优质内容的生产，诉诸品牌价值观成为众多企业的优质选择，品牌化内容的最大特点是以情感、价值观以及生活方式为诉求，潜移默化地传递品牌文化，从而把顾客变成粉丝，把品牌变成信仰，因此营销的最高境界是把消费者变成"脑残粉"。

与以往不同的是，这些内容摆脱了原来的洗脑式强势广告模式，尝试用品牌价值观这种全新的方式去连接更多消费者。在内容生产传播日趋碎片化、社交化的今天，带有驯服意味的传统刷脸式广告已经无法继续给消费者"洗脑"，消费者更希望找到品牌气质与自身的契合点，在强烈的价值认同感中完成消费行为的自我满足。

以斩获戛纳金狮奖的《小时光面馆》系列微电影为例，故事主打温情和怀旧路线，8款以面主打的创意料理融入慢节奏故事中，向消费者传递"慢下来"的生活方式。

内容营销能够改变品牌导向，提高品牌知名度，改变消费者对品牌的认识，刺激购买欲，并达成购买行为。若要在内容中植入品牌信息，就必须包含让大众感觉值得花时间和精力去关注的内容。可口可乐、宝马等品牌便是如此。

第二节　内容营销成功的基本原则

在成功的内容背后都存在着一些共通的原则，内容营销具有以下基本要点。

一、挖掘全新的理念

深度挖掘品牌理念，也就等于找到了内容营销里的故事。着重塑造品牌在人们生活中所扮演的角色,围绕此内容展开内容营销,明确阐述品牌代表的理念、价值观以及存在的理由。

二、善于倾听不同的声音

现如今已经很少有人喜欢看不停地向消费者单向传递产品特性的广告营销。内容营销必须具有实用性,能够不断传递价值。结束让人反感的滔滔不绝,要善于倾听客户想要表达的诉求。

三、激发创意灵感

创意是一个品牌的灵魂,没有了创意,品牌就如同行尸走肉,内容营销亦是如此,创意是内容营销的最大推动力。

四、确保内容真实

想要产品传递出的故事长存于人们的记忆中,就要让内容所传递的个性和理念胜过自诩,任何虚假夸大都瞒不过消费者。只有故事真实、可信,才能激发共鸣,让消费者眷顾。

五、内容要有核心

将一个故事推向市场并不是营销的结束,而是开始,消费者乐于去扮演一个角色——希望成为维护自己所选品牌和产品的拥护者。内容营销的故事性则能实现双向对话和深层次交流,把客户变成拥护者和传播者,这就要求内容能够被人发现、分享,而故事应该是内容营销的核心,不是细枝末节。

六、做好推广策略

如果没人关注,那么分享的内容再华丽也是徒劳,营销需要针对传播的内容制定推广策略。一旦确定所要讲述的故事后,就应利用所有的沟通渠道进行辐射和放大。推广策略与内容营销要联合进行。

在各种营销方式泛滥的信息化时代,相信以故事为核心的有态度的内容营销将是营销方式中的最佳选择。

第三节 内容营销的步骤

一、找到利基市场

利基市场指那些被市场中的统治者/有绝对优势的企业忽略的某些细分市场或者小众市场。以上是百度百科对利基市场的解释。通俗一点说,利基市场就是属于你的市场,就是你主宰的一块地盘。为什么要找准利基市场?就是为了避免因太多的正面竞争,而造成自己遍体鳞伤,什么好处也捞不到。

确定利基市场的过程也可以理解为竞争度分析。用得上的免费工具有搜索引擎的统计分析工具、微博分析工具和行业报告。实际上,很多时候都是先想到要做某个行业再利用这些网络工具去进行竞争分析的。

二、人物角色分析

人物角色的分析就是研究用户需求的过程。买卖不可能只服务于一类人,用户一定是多种多样的,他们会有不同的需求。比如,根据性别来分,男性用户和女性用户对产品和服务的需求就不一样,要有不同的内容去引导这两类人。每一种人物角色都代表了一种需求类型，所以这一步需要做的就是把这些需求进行分类，把各种类型的用户关心的话题找出来，作为内容规划的参考依据。

三、做好内容规划

做内容之前先进行规划才不会迷失方向。内容规划是阶段性的，在执行过程中还需要视情况进行调整。

四、内容制作要精良

前面的几步完成之后，接下来才到了埋头苦干的内容制作过程。这个过程往往是持续性的，花费的时间也最长。通常文字内容是最基础的内容，在文字基础上可以演变出多种内容形式，如音频、视频、H5等互动形式。内容制作和内容发布通常是有一定的时间间隔的，在一个计划里面，内容制作应该比内容发布提前很长时间进行，这样才能有条不紊地控制发布节奏。

五、内容发布和推广

制作好的内容不是发布到自己的渠道上就结束了，而是需要发布到第三方平台进行推广，把客户吸引到自己的平台上来。比如，一篇新闻稿写好之后，通常会通过"优度网"投到知名的行业网站、门户网站，进行流量引导或者品牌曝光。

需要注意的是，内容的输出是有节奏的，不是做好了一大批内容之后就成批推出去，而是要试探性地进行推送，而且在推送的过程中还要进行观察。

六、做好监测和跟进

监测内容营销的投入和产出一直是个难题,从一些硬性指标来看只能评估出片面的效果。但是没有这些指标就没有办法监测和分析,所以硬性指标还是要有的。常见的硬性指标有流量、品牌词指数、跳出率、评论量、转发量、点赞量等。硬性指标只是表层的数据参考,不能全信,有些更深层的评估可能需要人工操作,比如,评论中正面评论与负面评论的比例、访客进入页面之后的去向等。

另外,内容发布之后,不能像泼出去的水一样让它放任自流,还是要对它负责。所以,要对内容的走向进行持续的跟进和维护。比如,某条敏感的负面评论出现之后,就有可能酿成危机,要及时跟评论者对话化解危机。

因此,内容营销不只是制作出一个具有创意的视频并进行病毒式传播那么简单,还需要有一个周期性的循环,大体上按照"前期分析—内容规划—内容制作—内容使用—效果评估"的流程,每一个环节不是简单的并列关系,而是各种形式的重叠和累加。内容营销过程中输出的内容都是有明确目标的,背后的精心策划也促成了良好的结果。

内容并非看完即死,与线下场景的连接能够使优质内容迸发出更强的生命力,让用户在实体的参与式场景体验中再次加深对品牌价值的认知。耐克配合自制网剧《大宅女 VS 健身狂》,发起了"跟着主角学穿搭,看剧群众一起动"等活动。订阅耐克邮件的观众将会在每一集播出之后收到剧集中的人物运动动作讲解以及同款衣服的商品信息。而耐克官网女性频道作为线上观剧平台,同期也开始接受新一年度 NikeWomen Victory Tour 用户报名,即在全球指定城市开展女子跑步和健身的运动盛事。这些线上线下的多平台互动活动,全方位延续耐克"Better For It(只为更好)"的活动主旨。可以看到,正是以优质内容为纽带,品牌才逐步建立起高忠诚度的粉丝社群,让孤立的顾客个体转变为具有共情能力的粉丝集体。

企业成为内容的制作者意味着同时掌握了更大的媒介投放自主权。除了传统媒体以外，企业最偏爱的是 Facebook、Instagram、Twitter 等主流社交平台以及 YouTube、Vimeo 等在线视频网站巨头。星巴克的迷你动画 *1st & Main* 分发到星巴克官网、APP、Facebook、Instagram、YouTube 等各大主流平台，YouTube 单集点击量平均达 30 万次。星巴克强大的门店基础也为其积攒了大量的线下播出渠道，*1st & Main* 在各大门店循环播出，1~2 分钟的动画时长恰好为排队等候取餐的顾客提供了打发无聊的娱乐节目，并通过简短有趣的故事传递品牌文化。

优质内容产品不仅可以博得消费者的好感，同时也能通过售卖版权、内容分红、票房收益等方式直接变现。企业作为积极的内容生产者，也要开始参与到内容产品的商业化运作中。以红牛媒体工作室为例，不仅能为红牛提供平面、视频等各类宣传所需内容，其制作的体育赛事、极限运动等媒体内容还会提供给世界各大媒体，挣得不菲的版权、广告和点播收入。他们抓住了户外运动、极限运动等本身所具有的"高溢价性"的特点，火力全开、尽情做大做强。如红牛和 NBC 合作的季播节目《为红牛签名》系列运动赛事，红牛负责提供包括冲浪、滑雪、跳伞等一系列竞技挑战的节目内容，而 NBC 则提供媒体平台，红牛和 NBC 共享该节目的广告和赞助收益。付费内容也是变现的方式之一，红牛媒体工作室投资 200 万美元拍摄的单板滑雪纪录片《飞行的艺术》，集合了惊险华丽的单板动作、令人揪心的冒险历程。随后红牛把它放在 iTunes 的体育、纪录片频道以及所有付费电影网站中置顶一周，在 iTunes 上以单次 10 美元的价格提供有偿下载，最终这个影片荣登了 2011 年 iTunes 同类影片下载榜首。可见，原创内容变现已经不再是媒体的专属权利，企业用心做出的好内容同样也能直接转化为可观收益。

第九章
社群营销

第一节　社群的定义、形成与分类

克里斯·安德森曾在其《长尾理论》一书中判断"20世纪的合作模式是企业模式，企业雇佣雇员，人们在同一个屋檐下，为了某个大目标而工作。21世纪的合作模式就没那么正式了，它是关于社群的，有些创意永远不会成为产品，有些社群永远也不会成为公司，但是关键在于，我们现在有了20世纪合作创新模式的替代"。

一、社群的定义

社群（community）最早的定义是指基于血缘、地缘、趣缘或共同的历史文化背景和信仰、经历等而自愿或天然地聚集/连接在一起的人们所组成的团体。[1]社群与我们平时所熟悉的公司、机关、学校等这些按照现代市场和科层管理原则组织起来的单位不一样，它是一种情感性的团体。所以社群营销也不可避免地是一种情感经济。

经典社会学理论认为，社群的基本特征包括以下几个方面：一是必须建

---

[1] 李万全.社群的概念——滕尼斯与贝尔之比较[J].社会科学论坛，2006（6）.

立在一定的社会关系上;二是必须有一定的地域;三是成员必须是一群共同生活的人;四是内部已经形成了特有的共同文化、情感和心理的认同感。总之,虚拟社群的建立需要成员之间的志趣相投及高度信任。兴趣与连接、人格化是其关键词及精髓。

二、社群的形成及聚集

有研究者[①]以小米社群为例,认为社群的聚集分三个步骤:一是要有定位核心人群;二是具备了O2O社群运营能力(Online To Offline),线上到线下,是指将线下的商务机会与互联网结合,让互联网成为线下交易的平台;三是形成了参与感游戏,包括产品及营销上的参与。

还有研究者认为社群生存和发展的原则。具有以下几个特征:一是必须要有连接点:可以是某种爱好、兴趣或产品,也可以是某种行为,这是社群得以存在的基础;二是社群内部已经形成了稳定的制度,制度是社群共性得以维持的基础,缺乏良好制度的支持,社群共性会因新进者的加入而被稀释;三是社群要有一定的复杂性和开放性,社群本身可消费元素的复杂性决定了社群的寿命,而可消费元素的复杂性需要一定的开放性做保证;四是社群内部的连接点具有可复制性,社群的规模化发展,依赖于连接点的可复制性。

三、社群的分类

丹尼尔·贝尔(Daniel Bell)[②]按照社群构成的基础曾将社群划分为

[①] 郝旭光,等.社群经济下互联网创业公司文化体系建设研究:以小米公司为例[J].中国人力资源开发,2017(10).

[②] 李万全.社群的概念——滕尼斯与贝尔之比较[J].社会科学论坛,2006(6).

地域性社群、记忆性社群、心理性社群。罗振宇[①]依照生态社群划分为产品型社群、兴趣型社群、品牌型社群、知识型社群、工具型社群等几种类型。

社群传播活动是构成社群的基础。我们不能说一群具备相同点的人聚集在一起就是社群，还需要持续的传播活动才能把他们连接在一起，从而构成社群。社群基于人的本质价值和意义在于构建自我身份认同，人无法通过自我建立身份认同，通过关系而连接起来的社群可以提供身份认同和归属感，这是人对社群最本质的需求，也是戈夫曼的"戏剧"理论所强调的。

第二节 社群营销

一、社群营销

随着虚拟社群的不断崛起，基于社群而进行的营销活动层出不穷，目前很多营销专家提出了"社群营销"的概念，杨慧认为"社群营销是基于社群的经济形式"；胡泳[②]认为："社群营销是指互联网时代，一群有共同兴趣、认知、价值观的用户聚在一起交流、协作、影响，对产品品牌本身产生反哺的价值关系，这也是产品与粉丝群体之间的'情感信任+价值反哺'共同作用后形成的自运转、自循环的范围经济系统……社群营销，就是如何利用社群产生生产力。"例如小米和微商都属于社群营销的范畴。

二、社群营销的形成与特点

社群营销在互联网上存在已久，只是过去的平台没有足够的生态反哺

---

① 陈三玲.社群经济视角下自媒体的营销策略——基于"罗辑思维"的分析[J].青年记者，2015（2）.

② 胡泳.社群经济不等于粉丝经济[J].商学院，2015（9）.

机制，豆瓣、MySpace、QQ 空间、微博等社交或社区化平台里都蕴含着社群营销的微观模型。有社交的地方就有人群，有人群的地方就有市场，早期的社群营销是以兴趣为中心形成的松散组织形式，由于缺乏无缝的连接管道，人们所见更多的是精神层面的社群，很少一部分人能够通过社群获得经济上的成功。

传统营销与传统经济是围绕物，被认为是物因推动的经济，是物质创造财富、需求创造财富，生产者是企业，企业生产出来的产品通过市场进行销售。而社群营销与社群经济强调的是"协同共享，用户生产"。社群营销是围绕人，是社因推动的经济；通过人的自由联合，用社群替代经济生产组织（厂商、企业），用户不仅产生需求，而且参与产品的创意、制造，正如罗振宇在一次演讲中所说的"社群营销的底层密码就是让一群协作成本更低，兴趣点更相同的人结合在一起，共同抓住这个时代赋予我们的机会。自由人与自由人的结合"。

平台经济强调的是流量和大平台，流量越大，平台的溢出性就越强，平台经济具有网络外部性，使用者越多，平台价值越大，平台通过大数据把生产商和顾客联系起来，发挥的是红海市场、马太效应，如天猫、京东、携程网、饿了么、美团、果然果鲜、在校生等，这些都是通过吸引越来越多的用户资源，实现流量的增值，进而实现平台的规模效应。而社群营销强调的是"情感、价值观"，更多是精神层面的，"关系的轻薄"是社群营销的一个特性，社群拟人化的人格形成是社群真正形成的主要特征之一，"小而美"是社群营销自运转的最佳状态。社群经济发现的是蓝海，不是红海，发挥的是蓝海效应。

社群营销最难以区分的是社群营销与粉丝经济。粉丝经济具有强大的中心性，是围绕一点二吸聚在一起的，主要是从明星模式中来。该模式都是以某个点为中心，所有人围绕这个中心活动的明星式经济，中心点往往是一个明星人物或明星组织。而社群营销强调"去中心化"。去中心化是互联网发展过程中形成的社会化关系形态和内容产生形态，是相对于"中心化"而言的新型网络内容生产过程,是社群广泛的一个基础。对于社群营销发展来说,去中心化意味着社群的连接不单靠某一个中心,而是多中心的网络结构连接,由此也扩大了社群所能连接的范围,促进社群势能的形成。多点对多点的传播方式取代了点对面的传播,另外,需要强调的是社群营销发展到一定程度后会自我运作,但粉丝经济不会。

三、社群营销的产品

建立以用户为中心的服务模式和产品模式是社群营销的基础,社群营销一般生产两种产品:一是社群管理者对社群成员兜售产品,如"罗辑思维"的罗振宇向社群售卖会员资格;二是社群本身也是产品,被管理者向外兜售,如罗振宇又将社群影响力作为对外界的议价能力获得更多的风投加入进来。

四、社群营销的特点

社群营销的特点如下:一是情感连接,社群成员必须有共同价值主张及兴趣爱好;二是强调情感认同和共享的价值观——强调社群传播、互动沟通的重要性;三是社群内成员的利益联结:用户不仅消费也协同生产,社群内的每个个体都能产生价值和获得利益,系统本身会进行周期更迭;四是社群经济从本质上讲属于范围经济,强调的是去中心化,没有明星,没有焦点,社群本身是一套小范围的生态系统,有自生长、自消化、自复制能力,并不以中心化的永动机来牵引导航。

因此,社群营销=社群+媒介+商业驱动,它是发展新经济模式的试水,即通过生产关系的创新来推动生产力变革,是互联网营销的重要一环,是企业改革和品牌重塑的目标,因此它并不是一个简单的营销词语、短命的流行语,而是互联网时代的经济学。

第三节 "罗辑思维"的运营模式分析

"罗辑思维"被誉为"第一知识社群",是目前影响力最大的互联网知识社群,产品理念是"死磕自己,愉悦大家""做大家身边的读书人""有种、有趣、有料"U盘化生存(申音)。其受众定位:主要服务于80后、90后有"爱智求真"强烈需求的群体,积极上进、追求自由的中产阶级知识分子。

主要的产品与服务包括以下几个:一是网络视频脱口秀、微博群、微信公众号、图书、微刊、电子杂志;二是建立微博群,主持人与微博朋友圈交流互动;三是微信语音推送,让用户输入关键词来获取信息;四是会员招募,社群的价值在于运营;五是互动形式:会员体系、微商城、百度贴吧、微博群、微信群等。截至2018年6月,"罗辑思维"视频在优酷上的总播放量已超过一亿次,微信公众号订阅数达230多万,多次会员招募,共有近10万会员贡献了近千万元会费收入、数十亿美元的估值。

罗振宇认为"一群人团结起来占其他人的便宜,这就是社群的逻辑"。基于此,"罗辑思维"搞了一系列的社群活动。如"罗辑思维"霸王餐、"罗辑思维"图书包,甚至高端互助,为联想控股旗下的农业公司产品寻找新的营销模式的"柳桃"、"团要"(商家以产品的形式"赞助"给"罗辑思维"的会员免费享用)、"罗利"("罗辑思维"用户专享的一些优惠等)。

"罗辑思维"的主要收益来自:一是全国公开课收益;二是社群会员费;三是广告收入,如视频植入或贴片广告,与"有道云笔记""一气奔腾"等建立强制相邻关系,以获取分成收益;四是微商城销售利润;五是与其他企业合作的收益。

另外,"罗辑思维"还热衷于搞多样的社群互动,如定期发放"罗利""罗斯福";与商家合作,赠送会员电影票、书籍、零食等;与乐视合作;甚至为会员组织相亲,开展线上征婚和线下相亲活动,为了搞这些活动,"罗辑思维"甚至组建了"会来事"板块。

"罗辑思维"在营销策略上积极布局，做到了精致营销；在目标定位上也推崇精准营销，明确品牌定位和受众定位，形成聚合度高的社群，用好分众传播理论准确撒网，满足受众需求；在营销手段方面注重多种手段有机结合的整合营销，整合各种媒介资源和传播渠道，把互联网社群发展到线下，丰富产品形态，形成品牌凝聚力；在撒手锏的营销手段上，始终坚持"内容营销"，甚至认为自媒体时代内容始终是取胜的重要法宝与王道；在具体的切入点上，选择情感营销，给社群成员提供经济上的联结和社会性的联结，给予受众实质上的优惠和情感认同，提高受众对品牌的忠诚度。正如罗振宇自己说的："我认为自媒体给所有媒体人带来的第一个教义就是整个媒体产业链的价值枢纽发生了变化，原来媒体的价值枢纽是两级，内容+渠道，而自媒体把这两级都变了，变成了魅力人格体+运营平台。"

第四节　吴晓波频道的社群运营

吴晓波频道是近几年国内最大的泛财经社群组织之一，相较于"罗辑思维"，吴晓波频道是一个相对比较专业化的社群，是以财经类为主，该社群以财经作者"吴晓波"为核心，以中产阶级用户为主，拥有超过280万的订阅用户，每期视频浏览量近400万，每天听吴晓波音频的付费用户有16万。2014年5月8日，"吴晓波频道"上线；6月下旬，成立城市书友会；9月中旬，启动咖啡馆改造计划；2015年5月5日，"美好的店"上线；6月，发起《我的诗篇》公益活动；11月8日，众筹重译《国富论》；12月底，"预见2016"年终秀；2016年4月19日，发起第一期思想食堂；7月5日，"每天听见吴晓波"上线；12月17日，发起经典重译第二季；2017年3月28日，发起创办"企投会"，并结合每周一期"晓课堂"，不定期发布"晓报告"，连续3年举办"子媒体论道"。

吴晓波频道主打的是吸引中产阶级用户群体，并旗帜鲜明地拒绝屌丝文化，其对外宣称的是目前社群用户有5个60%之称——60%是男性，60%是中产收入水平，60%在东南沿海，60%是80后，60%从事的是管理工作。从这个目标人群来看，吴晓波频道是一个高端用户云集的知识性的财经社群。

吴晓波频道在内容上比较驳杂，从人生信念、人生态度、生活品质、故事评论等符合中产阶层价值观的角度出发，在满足用户刚需的同时，促进内容的二次转发，扩大自己在目标群体中的影响力。

吴晓波频道的盈利模式采用"两位一体"的模式：一是知识付费，这些知识付费主要来自内容订阅的付费、内容打赏的付费和会员差别定价付费；二是社群电商，出售实体产品与一些虚拟产品等。

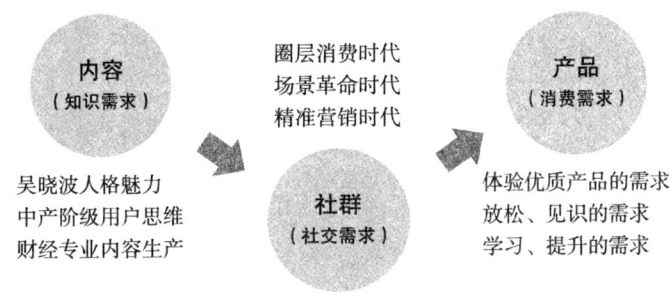

图9-1　吴晓波频道的"内容+社群+产品"三位一体的运营思路

吴晓波频道坚信社群建设需要以下五个关键要素：一是价值观，吴晓波频道主打的文化价值观是用户均认同的崇尚自我奋斗、反对屌丝文化、乐于奉献共享，这是社群得以存在的价值基础和社群的"灵魂"；二是制定明确的社群规则，吴晓波频道社群内部采用罗伯特议事规则——班长推举制，并由上一级进行唯一授权，凡线下的社群活动必须进行报备，同时规定"不允许谈论政治、宗教"，这是社群得以延续和形成有序活力的基础；三是有明确的社群结构，以往很多社群采用的是一种相对自由开放的方式，多中心、多节点，但这种模式很容易造成话题的分散和"鸡同鸭讲"之嫌，吴晓波频道采用传统的科层制，分为四级模式，即总部—班长—组长—书友，通过对组织的把控，避免社群的野蛮发展；四是社群互动是"生命线"，吴晓波频道既有官方活动又鼓励书友的自发活动，既有线上活动又有线下活动，既有免费活动又有付费活动，通过各种活动，使得社群产生了大量的社会互动和成员认识的可能性，有利于社群的健康发展；五是利益，随着信息的泛滥，用户的时间和注意力成为一种稀缺性资源，不给用户以利益，则很难将这种稀缺资源投入社群中来，通过组织活动向用户进行福利的分配，给予用户以实利，并且鼓励用户参与到产品的销售中，获得分成和利益。

吴晓波频道认为社群建设必须避免"四宗罪"：一是跟风学样建社群，结果把社群建成了客户群（一味地进行市场推广和产品促销）、PR群（social群）、疯狂拉人变死群（成员虽然有500个，但社群死气沉沉）；二是社群成员间自己玩，没有社群影响力的溢出；三是避免线上活跃，线下缺失，线上很热闹，线下很冷清，必须与线下的实体经济进行嫁接、勾连和延展；四是完全不考虑营收，只是自嗨，最终投入很多，赔钱赚吆喝。

通过吴晓波频道的社群运营与社群营销可以看出，社群营销发展必须具备以下五个关键要素：一是传播者要用好运营策略，运营不等于运行，运营必须有好的战略和切实可行的策略，运营是需要花费心血和精力的，运营社群也不等于简单地建立社群；二是社群营销要依托产品和服务创新，若社群营销只是传统单向度的吆喝和拉人是无法扩大影响力的；三是社群营销要注重个性化，不能是"大众脸"，必须有独特的人格魅力和人格化的社会印象，要注重社群及品牌特性的打造；四是要注意社群互动，打扫好房子再请客，必须把内部的社群互动做好，提升自己已有用户的品牌忠诚度和社群黏性；五是要善于借外力和借巧劲，不能自己闷头做营销，必须引入高端互助，达到四两拨千斤的效果，全面提升品牌影响力。

第十章
整合营销传播

进入 20 世纪 80 年代后期,面对媒介高科技化和商业信息多样化的形势,有些学者提出了动态化整合传播的理念,认为 IMC（Integrated Marketing Communication）"是一个业务战略过程,即制定、优化、执行并评价协调的、可测的、具有说服力的品牌传播计划"。从本质上讲,IMC 就是通过传播手段的整合,达到关系利益者的整合,进而实现企业内外关系的整合,最终进入企业与社会协调、互动发展的境界。从现实角度讲,IMC 就是以顾客为中心,建立顾客资料库,分析顾客的特性,综合、协调地运用各种形式的传播手段,连续传递本质上一致的信息,积极与顾客沟通,建立顾客与品牌之间的互利关系,强化顾客的品牌忠诚度。

第一节 整合营销传播的基本概念

整合营销传播最为关键的不是整合,而是导入了传播的概念。传播不等于广告,传播是广告的延伸。整合营销传播的核心是面对市场的立体传播和整合传播,因此有人说"整合营销传播是个筐,什么都可以往里装",但并不是杂乱无章、一股脑儿地装进去,而是需要一个核心声音。从某个意义上说,整合营销传播不是一个具体的战术,而是一种战略思想,将以往散落的珍珠用一条线穿起来,形成合力。整合营销传播的最大优势在于"以一种声音说话",即用多样化的传播行销手段,向消费者传递同一诉求信息;由于消费者听见的是一种声音,所以他们能够更有效地接受企业所传播的信息,准确辨认企业及其产品和服务;对于企业来说,这也有助于实现传播资源的合理配置,使其以相对低成本的投入产出高效益。

整合营销传播这一概念最早由美国学者唐·E.舒尔茨(Don E Schultz)在《整合营销传播》一书中正式提出。定义为:整合营销传播是关于营销传播规划的一种思想,它明确了综合规划所产生的附加价值。依靠综合规划,可以对一系列传播学科的战略角色进行评价(例如普通广告、直接反映、促销及公共关系等),并且将其融合从而使传播活动明了、一贯并获得最大的效果。舒尔茨认为 IMC 不是以一种表情、一种声音,而是以更多的要素构成的概念;IMC 是以潜在顾客和现在顾客为对象、开发并实行说服性传播的多种形态的过程;IMC 的目的是直接影响听众的传播形态,考虑消费者与企业接触的所有要素(如品牌);IMC 甚至使用以往不被看作是传播形态但消费者认为是传播形态的要素;概括地讲,IMC 是为开发出反映经过一定时间可测定的、有效果的、有效率的、相互作用的传播程序而设计的。整合营销传播即营销传播的一元化策略。

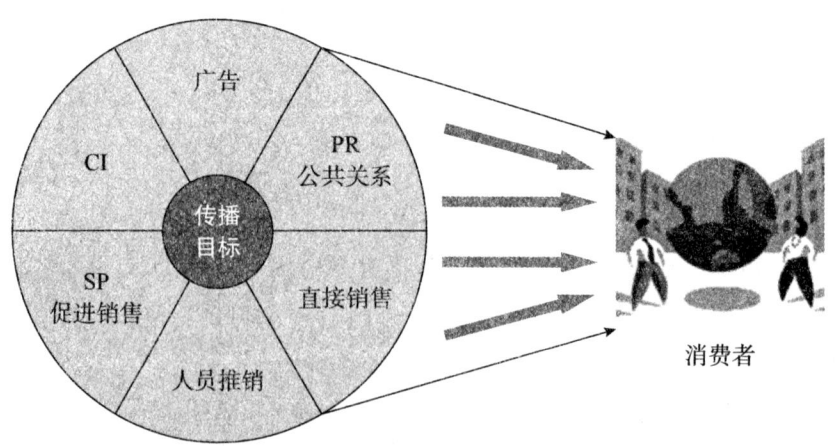

图 10-1　整合营销传播示意图

第二节 整合营销传播的操作要点

心理学相关理论认为,广告传递的信息很容易改变人们既有的偏好、经验、观念或消费模式,只要能为竞争者传递更多的信息,就能填补消费者脑海中的空白;广告信息在消费者脑海中不断被储存、回忆和加工处理,于是,信息的"一致性"就成为决定广告信息传播是否有效的重要因素。

按照舒尔茨的观点,进行整合营销传播主要分为七个步骤:一是建立用户资料库;二是细分用户(找出品牌忠诚用户、竞争对手用户和游离用户);三是开展接触管理(营销传播时间、地点的决策);四是制定传播战略(根据顾客的信息需求,确定最合适的传播信息);五是明确营销目标;六是设计营销传播工具(包括广告、促销、公共关系、商品包装等);七是确定营销传播媒介与战术的组合。

第三节 整合营销传播的案例剖析

一、新农哥整合营销传播案例

网购时有大量的坚果品牌:三只松鼠、百草味、西域美农、良品铺子等。同样的坚果,近似的价格和口味,让大家不知该如何选择。

2014年11月11日,在新农哥天猫旗舰店居然发布了这样一则招聘:都说"好工作"要"事少钱多离家近,位高权重责任轻",现在就有这么一份招聘,在全球进行海选。发布这则招聘信息的是天猫品牌电商"新农哥",招聘的岗位是"护林员",这则工作通过全球海选招募一个最优秀的护林员,工作内容是照看山核桃林,养护菜园果圃,并在社交媒体发布生活内容,如此简单的工作,却享有年薪 20 万元人民币如此丰厚的薪酬。尽管听起来像是精心策划的事件,但它确实是一份真实的工作。

新——新锐、新潮、创新——引领潮流,锐意进取。

农——农业、农民、农村——自然新鲜,绿色环保。

哥——大哥、哥们、帅哥——信赖可靠,亲切友善。

新+农+哥:

充满朝气,锐意进取的引领者。

清新自然,时尚环保的坚果王。

信赖可靠,亲切友善的好食友。

品牌口号:新农哥,一起嗑!

品牌主张:因为分享,所以幸福。

品牌调性:坚强、正能量、愉悦、有格调、国际感。

【屌炸天!新农哥豪掷 20 万元全球招聘护林员!】

有一种选择叫热爱,有一种态度叫执着,有一种生活叫自由,有一种时光叫享受!

想种什么就种什么,想怎么玩儿就怎么玩儿,我用它设计蓝图,我用它做一件有趣的事!

从明天起,做一个幸福的人,喂鱼、劈柴、看日落。从明天起,关心水果蔬和蔬菜。我有一个农场,背靠大海,春暖花开!

点击原文链接直接报名!

新农哥合伙人江勇介绍:本次活动主线名称叫"我们一起建农场"。合计 8.64 亿次的曝光量,实现了投放及内容自主传播相结合的商家年度最强曝光,其中亮点还有此次移动端曝光量占比 62.5%。610 万次微信曝光,自主转发人数超过 12 万人;32685 人参与众筹建农场;1.2 亿微博话题阅读量;1200 家网媒报道;238% 百度指数同比增长。面对这些闪亮的数据,江勇称:"这不是一次普通的营销活动,而是一个由制造内容结合移动互联网引爆全网传播及用户参与的新'病毒'话题事件。"

据了解，招募农场护林员的活动早在10月中旬时就暗中铺垫，他们在"双十一"预热期间就放出1111个名额的农场主供卖家用于预订抢拍，以99元的超低价格回馈买家近千元的收益，而亮点是每一位农场主都可以拥有岛石源农场的一棵专属定制的山核桃树，享受一年的使用权，并可自定义命名这棵树。

此外，新农哥新浪微博官方主页发布话题"我们的农场梦"吸引粉丝进行相关话题讨论。唯一、专属的营销概念渗透到用户心里，是他们策划此次活动的中心点。其实在这次招聘之前，还有另一份更广为人知的所谓"世界上最好的工作"。2009年，澳大利亚昆士兰旅游局为了宣传大堡礁，推动当地旅游业的发展，曾经以6个月约合70万元人民币的薪水，通过互联网招聘大堡礁看护员，这份"面朝大海，工资滚滚来"的工作一度吸引了全球近30万人次的浏览量，网站因此瘫痪。而这次的20万元年薪的"护林员"招募事件在发布短短的几个小时里就收到数千人报名，与之相比也是有过之而无不及。

（一）营销定调：从客户痛点出发

从市场的角度来说，任何销售的产生都离不开需求，而客户的痛点是产生需求的最大来源。很多商家在做市场活动之前没有对其进行研究过，看到别人做一个免单，自己也做免单，别人送个iPhone6，自己也送，最终使得客户对于商家营销都麻木了。

作为中高端的坚果品牌，客户除了关心好吃之外，更关心的是健康。据调查，客户们都非常想了解他们吃的坚果是从哪里来的，平时的生长环境是怎么样的。他们只是单方面听商家说坚果好，自己从来没有亲眼所见。针对客户的这一痛点，结合新农哥原汁原味好坚果的理念，团队即刻讨论出让客户去看看坚果长在哪里的想法。同时结合当前城市越来越拥挤、雾霾越来越严重、人们想要离开城市回归乡间去体验自然呼吸新鲜空气的社会痛点，团队最终选择了中国负氧离子含量最高的临安岛石源，在那里买下一片庄园，让用户走进庄园，亲身体验。主意一出，就得到了新农哥很多老客户的大力支持。

（二）制造内容：让自主传播飞起来

任何营销活动如果没有内容的承载都将是空洞无味的，只有内容厚实才能得到更多的传播。新农哥在内容传播上可是花了大心力。整个活动一开始发布的#我有一个农场#即在微博话题获得阅读量1982.2万次，并在当日微博热搜话题排行第21位；随后又制造了一系列的话题#土豪去哪儿##我的双十一#分别获得2102万和5585万的阅读量。同时趁热打铁又推出新农哥招护林员视频及20万元年薪招护林员的活动，引发了微博大量转发。整个护林员的招募吸引了近5000名来自全球20多个国家和地区的人员参与。内容不断，让整个活动更有看点，同时也让更多人转发，微信曝光达到610多万次。

（三）用户参与：让分享讨论来得更猛烈一些

传统的营销是商家不停地讲，消费者只是在边上听，有互动也相对较少。而在互联网时代更注重的是让用户全程参与，并积极提意见达到全面的讨论和传播。

提出众筹建农场是因为众筹是时下最流行的用户参与方式。新农哥除了让用户众筹农场主资格外，还把农场建设完全开放给消费者，经1111位农场主讨论出的意见，农场一期项目已经种下了油菜花和紫芸樱，到第二年将会是一片紫色与黄色的海洋，相应地，油菜花蜜也将作为赠品送给消费者。同时岛石源的庄园也将成为中国最大的山地油菜花海。

作为一家电商，在"双十一"自主开发游戏也是新农哥的首创。开发的天猫首款网游"刀剑封魔录之农场风云"，不仅能让用户参与到游戏中来，还能领优惠券。

20万元年薪招募农场护林员活动因参加人数过多，主办团队在第二波海选时采用了让选手自己拍一段 1 分钟左右能够展示自己风采的视频的方式，5 天时间内就收到了 200 多位选手的视频，很多选手非常用心，纷纷拿出自己的绝活。新农哥团队内部人员开玩笑说"年会的表演嘉宾都有了"：有变魔术的，有表演情景剧的，有说冷笑话的，有唱歌的，有跳舞的，有模特，有主持人，还有来自部队的。同时选手中很多人都会自己去拉票，让别人来看自己的视频及点赞，5 天时间内已有 5 位选手的视频播放量超过 1 万次，远远超过预期。

（四）抓住风口：推向制高点

任何营销活动都必须借势，小米创始人雷军有句名言"站在风口上，猪也能飞"。新农哥此次营销正是借助了"双十一"这个大势。"双十一"是一个全民性的节日，不光是淘宝，微博、微信对其关注度也非常高。引进的流量直接把活动带上高潮。

视频的爆发也是此次护林员招聘采用拍视频的方式进行参与的原因，手机越来越发达，随时可以用手机记录下视频，简单方便。同时视频传到网络上也非常简单，可以与微博、微信打通传播性。

圣诞之日，历时一个多月的新农哥护林员招聘活动落下帷幕。被网友冠以"清新、百魅女神"称号的董小航以最终面试 710 分的最高分获得资格。护林员从开始的全球海选 5000 多人参加，到第二轮 10 秒视频初选，再到 16 强网友投票，三强争霸，最终 CEO 面试等多个程序才选出来。

本次评选从多个角度全方位对选手进行评估：独特的生活理念——是否崇尚自然，憧憬田园生活，对生活有独到的见解；真正的旅行达人——是否拥有健康的体魄、善于探索发现的灵魂；良好的社交能力——是否阳光开朗、具有亲和力、善于同他人交流；丰富的应用技能——是否擅长摄影与文字以及熟练应用社交媒体软件的能力；朴素的梦想坚持——是否拥有梦想的理念及为之敢拼一拼的坚持等 8 项内容进行打分，每项 100 分，总分 800 分。

董小航在才艺表现和微博号召力上遥遥领先于其他两位对手，最终拿下了 710 分的最高分。在面试前的三强争霸视频中，董小航的一句"我可是北大青鸟毕业的"幽默台词也受到众多好友好评。作为新农哥的护林员将有机会去熟悉美丽的岛石源风光，与山林为伴，呼吸全国最高负氧离子，享受远离城市的田园生活。除了这些好处外，护林员还将被新农哥 300 多万名顾客认识，服务 1111 位农场主，成为公众人物。

从 2014 年 11 月 8 日新农哥年薪 20 万元招聘护林员，到 2014 年 12 月 25 日护林员人选的确认，新农哥仅仅花费 20 万元就给自己在坚果销售的黄金季节高调做了一个多月的免费广告。这种另类又有趣的营销方式使更多消费者关注新农哥，了解新农哥，购买新农哥的产品。新奇创意的自我宣传使新农哥为自身吸引和培养了大量的潜在客户。

二、江小白的整合营销传播策略分析

互联网对传统行业的冲击是不言而喻的，传统酒业行业也在近些年不断地受到冲击。尽管很多传统企业也看到了互联网的强大，纷纷想要拥抱互联网，但成功转型的却寥寥无几，而在酒业中这一现象更为普遍。江小白作为售价 20 元左右的小酒品牌，却在极短的时间内创造了 3 亿元的销售额，成为酒业的一匹黑马。

初识江小白的消费者，最直接的就是被它瓶身的文案所征服。江小白推出的"语录瓶"系列，将一句句扎心的文案印在瓶身上，让消费者在饮酒之余引发一些思考，找到了情绪释放的出口，这种对年轻客户群体心理的把握可谓煞费苦心，却切中要害。每个人都有表达欲，90 后更是如此。江小白把产品打造成了超级自媒体，在语录瓶基础上进行优化升级，推出了表达瓶。

江小白联合同道大叔推出了一款十二星座瓶身限量版包装，并且每个星座都有专属的星座酒话文案；破壁二次元，与两点十分工作室联合推出动漫

《我是江小白》，并推出同款动漫瓶；在2018狗年到来之际，结合中国民间传说，推出"天狗"纪念版。基于生肖元素进行的创新设计，在年轻消费者中所受到的推崇，并不比星座款少。

江小白对自身产品的界定并没有只局限在白酒，而是打造"情绪饮料"，并且提出了"不回避、不惧怕，任意释放情绪"的宣言。可以说，如果以往的酒类产品不具备年轻人喜爱的文化属性，那么，江小白创造了一个奇迹。

（一）江小白的整合营销传播策略

1. 形象营销：打造视觉化形象

江小白是谁？第一次听说，可能会以为这是个人名，其实它是江小白酒业旗下的一款白酒，企业赋予了它一个拟人的形象：戴着眼镜，一身年轻打扮的文艺男生，名叫江小白。从该酒的形象设计和广告语"我是江小白，生活很简单"都可以看出，江小白主打年轻市场，特别是80后、90后初试白酒的年轻人群。江小白并不像其他白酒拥有历史文化、年份等光环，相反，它是一个犹如快消品一样的小清新品牌。

江小白获得年轻人的好感并产生品牌共鸣是我们关注的一个重点。品牌共鸣指的是品牌所有者与品牌消费者之间以品牌为媒介所产生的不同心灵之间的共同反应。了解品牌共鸣首先要确定品牌定位，产品只有在站位上与消费者保持一致，才能达到情感上的交流与互动。

江小白凭借其亲民的形象，成为年轻人的朋友，消费者可以把想说的话告诉他，也可以听他的精彩台词。这使得消费者不仅可以喝到酒，还可以通过瓶身的语录获得更多的人生感悟。另外消费者还可以通过江小白表达瓶传达自己的心声，这是传统白酒所不能做到的。

2. 定位营销：用户定位精准

新媒体营销看似简单，市场也比较庞大，但是如果没有找准企业自身的定位及目标群体，很容易做无用功。而江小白在这点上做得非常成功，找准了年轻的受众目标群体，然后选择口感柔和、纯净的高粱酒作为酒体，极大地迎合了当下年轻人的口味。因为找准了定位和目标群体，所以做起新媒体营销相对就会容易一些。

江小白的目标客户定位为年轻群体，年轻人的消费有着强烈的个性意识和独立精神，他们对商品的需求往往已经不再是产品本身，而更多的是追求精神需要、情感体验的满足，属于自我满足型消费。他们的审美更加凸显时尚潮流，追求个性和品位，讲究商品的独特设计，甚至挑剔商品的风格色彩等，要求商品无论内在还是外观都富于变化、新颖奇特。[①]

江小白结合目标市场和产品特性，确立了"释放情绪，社会回归"的品牌定位，而现在年轻人最需要的也就是释放自己的情绪，借酒除了能消愁之外，还能通过喝酒认识更多的朋友，丰富了使用场景。

江小白并没有走传统白酒高端路线，而是更加接地气，重视与消费者的互动。从它的微博以及经常举办的酒会等各种活动中都可以发现，江小白试图用年轻的思维打入现代年轻人中去，因此，得到了许多年轻消费者的青睐。

3. 口碑营销：让用户代言

互联网的发达，让信息得以快速传播，用户之间的联系也变得更加紧密，同时这也极大地降低了品牌和用户之间的沟通门槛。所以通过话题、评论等互动方式就能快速调动用户的积极性，然后利用用户作为传播媒介，为自己的品牌代言，从而创造良好的口碑。

而江小白最出名的就是它的"表达瓶"，站在目标群体的角度，用文字将其情感、语言和产品的特色融合在一起。让原本不具备任何情感的白酒多了隐性价值，使得"白酒"的单一概念得到了新的延伸。

运用同种营销手段的还有之前火爆的网易云音乐地铁广告，其实他们做的同样一件事就是调动用户的情感体验，然后借助用户的力量进行快速传播。让用户主动参与，实现从消费者印象（Impressions）到消费者表达

[①] 范培培. 人文化营销语境下的江小白营销策略研究 [J]. 当代经济，2018（2）.

(Expressions)的目的，充分挖掘这个时代目标消费者的想法、感受，将品牌理念与之建立联结，制造更多的空间给消费者讨论，维持话题热度引导讨论，但不生硬地主导舆论，而是让用户创造内容（UGC），自主参与帮助品牌扩大影响力，加强深度关系。

如今，市场上的竞争越来越成为品牌与品牌的竞争，同时品牌也为产品差异化做出了巨大贡献。江小白也很注重自己品牌工作的建设，它以产品作为原点，将顾客作为焦点，把互联网技术作为支点，从不同的角度和方向对品牌进行管理。

"小白"在江小白的重新定义后，已经不是菜鸟、新手的意思了，它赋予了"小白"新的内涵，它代表的是追求绿色、环保、低碳、简单生活的都市年轻人，这是由江小白的定位和目标顾客决定的，也是江小白所提倡的一种价值观。[①] 这点说明它已经发现了消费升级后的重要变化：商品能抚慰消费者的情绪，品牌是连接企业和消费者情感的桥梁。

从品牌管理入手，寻求差异化，更能在市场竞争中取得优势。江小白要做有真实态度的品牌，真诚对待消费者。对消费情绪的深度挖掘，用直达人心的文案表达，让品牌真诚地与消费者沟通。

互联网时代背景下，消费者的注意力越来越分散化，此时单侧重对品牌产品的物质营销已无法满足消费者的需求，他们更希望在消费产品的同时附带轻松休闲的娱乐享受。因此，通过互联网让消费者轻松、娱乐地接受品牌信息越来越成为企业品牌营销过程中的共同选择，"娱乐至上"成为互联网时代品牌传播的重要内容。江小白通过塑造娱乐形象满足软性需求、推崇娱乐态度凸显品牌理念、强调娱乐传递彰显品牌个性以及打造"粉丝圈"来助推品牌营销，真正将娱乐因素贯穿到品牌传播的各个方面。

而江小白区别于传统白酒企业品牌营销模式的关键就在于充分借助移动社交媒介的优势，利用"粉丝"这些狂热者和爱好者来拉近江小白和消费者

---

① 邹雪寒.江小白的精准定位与营销策略研究[J].中国市场，2018（16）.

之间的距离，其中所形成的粉丝圈帮助江小白挖掘了更多潜在的消费者，同时还巩固了原有消费者的品牌忠诚度。

4. 情绪营销：与消费者建立情感联系

酒类并非生活必需品，因此酒类的营销更需要技巧。而酒对于年轻人的作用，强调的是精神层面的需求，江小白找到了与情绪的关系，给品牌的定位是：喝出生活的态度。现代生活节奏快、压力大，许多年轻人的情绪得不到宣泄，渴望淋漓尽致地释放自己的压抑情绪。江小白的微博文案，强调人生的态度和向上的力量，即使生活让人烦闷，也要活出乐观的态度。

新媒体俨然已经成为网友们发声的平台，年轻人越来越愿意在新媒体平台上表态，释放情绪，鼓舞精神。平等、个性的传播模式，为每一位受众提供了随意倾诉、自由表达的渠道。微博也充分满足了现代快节奏高压力社会下人们急剧上升的个人表达与倾诉沟通的需求。江小白的情绪营销，正是将产品、情绪和微博联结起来，进行宣传推广。

一个品牌要深入人心，不仅要专注于自身的产品，还要懂得消费者的心，找到属于自己的消费群体，与消费者建立情感联系，增强消费体验，在关注消费者的同时，还要注意进行适当的社会化媒体营销，在抓住消费者心的同时，形成品牌价值链，将消费者的心牢牢锁在品牌上。

（二）江小白的整合营销传播的成功与不足

1. 江小白的新媒体营销的成功之道

新媒体时代，企业只有找准自身定位和目标群体，然后将品牌加以打造，运用一些营销策略才能快速地提高品牌的曝光度。这是目前最为快速高效的方式，谁能真正运用好新媒体营销这把利剑，谁就能占领行业市场，不被时代淘汰。

市场上有千千万万的产品，产品的同质化以及企业在品牌建设方面的缺失，让消费者很难记住它们。江小白之所以能够让消费者记住它，并在目标顾客心中占据一定的位置，与它从精准定位中找到突破口是分不开的。而这种成功的经验就值得其他企业借鉴。

首先,只有精准定位,才可以让企业在竞争中占据一席之地,并且以此为据点,发挥自己的优势,不断向外扩展。准确地定位目标顾客之后,企业还可以运用大数据技术,将收集到的目标顾客消费信息充分地挖掘并分析,总结出他们的消费行为规律和心理特征,从而进行针对性的、精准的市场定位,满足消费者个性化的需求,培育出自己的竞争优势。

其次,准确定位市场之后要有相应的营销策略与之对应,进一步显示出企业独特的形象。企业可以从产品、渠道、价格、促销这几个方面增加企业的差异化,凸显企业品牌与其竞争者之间的差别。

最后,企业的营销环境具有不确定性和不可控性,企业只有不断地去适应它,才能从中找到机会,赢得先机。江小白利用互联网收集顾客信息,与顾客进行互动,利用网络媒体进行广告宣传以及其他营销活动。是其根据企业自身的实际情况、目标顾客等因素,开展的具有自己企业特色的新媒体营销活动。

2. 江小白在新媒体营销中存在的问题

我们也不能忽视江小白在新媒体营销中存在的问题。虽然江小白的微博营销之路在短时间内取得了明显的效果,粉丝数量也达到了十余万人,但是在细节方面仍然存在着些许不足。比如,微博文案的处理还略显青涩,不够精美,长时间浏览下来觉得并无太大新意可言;在微博主页的设计上,背景图片的处理不够精致,给人稍显凌乱的感觉,并不能在第一时间内吸引网民的眼球。所谓细节制胜,若能在细节的处理上更下功夫,必然会使微博营销发挥更大的效果。

此外,在江小白的微博营销中,提倡"人人都是江小白"的品牌理念,因而设计了一个卡通形象小白哥,一张戴黑框眼镜的大众脸。这个卡通形象虽然传递了大众这一特点,却没能充分发挥在微博上传递能量的作用。微博的特点是让普通大众都可以拥有话语权,在虚拟的网络社会中做一名"意见领袖"。① 如果能够利用微博这一优势,选择一位充满正能量的年轻微博红人作为代言人,借助其在微博上的影响力大力宣传,充分发挥"意见领袖"的作用,应该可以达到更好的营销效果。

---

① 罗玉婷,等.文化商品的新媒体营销方式分析——以江小白的微博营销为例[J].新闻研究导刊,2014(4).

第四编 方法篇

随着新媒体营销手段的不断演进与更新迭代，传统媒体营销效果测量的手段越来越不适应时代的要求，成为学界和业界"刻舟求剑"甚至"敝帚自珍"的尴尬现实。基于此，需要在方法论层面上对传统营销手段及其效果的测量方法进行更新与完善。因此，本书提出了新媒体营销传播的效果测量的方法篇，主要介绍目前影响比较大、适合新媒体营销手段的测量方法。

第十一章
新媒体营销传播的社会网络分析范式

第一节 传播效果测量的三大实证研究方法面临的困境

营销传播本身是一门多学科交叉、渗透的边缘学科,从第三章广告营销思想的演进过程就可以看出,该学科建立的过程就是一场学术圈地的运动过程。传统营销传播效果测量的手段不外乎三种基本的实证研究方法,即问卷调查法、内容分析法和古典实验法。随着媒介环境翻天覆地的变化,以及测量对象的多元化和细微化,这种"粗线条"的方法论工具受到了极大挑战,如果说以往的实证研究方法是厘米级分辨率的显微镜,那么现在研究的对象则已经是毫米级的,传统传播效果测量的三大实证研究方法开始面临较大困境。当然任何研究方法都有其局限性,都具有研究假设和前提,新的研究方法的出现都更接近现实,并向终极真相迈进一步。

一、问卷调查法存在的局限性

问卷调查法是社会科学研究最常见的方法之一,任何研究方法都有最基本的研究假设和研究前提,问卷调查法最基本的研究假设为人的社会属性决定人的最终社会行为,所以在问卷设计中必然有被调查对象的性别、年龄、学历、职业和收入等社会属性数据的收集，并在后期的数据处理中使用"回归分析"，并将这些属性数据作为自变量，而将人的行为数据作为因变量，进行分析和公式的展现等。但这里面存在基本的逻辑矛盾——个体的社会属性一定会决定个体的社会行为吗？如果一个个体与另一个个体表现为相同的社会属性，那么他们的社会行为就一定是一致的吗？问卷调查也的确是这么做的，这样其实在某种程度上否定了个体的差异与个性化，使得每个个体只是一个字符串，从中看不出差异和关系，因此对社会网络分析研究颇有建树的弗里曼（Freeman）就认为问卷调查法是"社会科学研究的绞肉机"，本来每个个体在调查前都充满了个性化，都在不同的社会关系网络中独特地生存，而使用了问卷调查法以后都变成一个个没有个性的"死气沉沉的数据串"。

另外，问卷调查是建立在人们面临选择时能够完全自主进行选择这一特征的假设之上的。人们在做问卷时的理性选择等同于行为选择，是一种在完全不受干扰情况下的最理想状态的选择，这显然与日常复杂多变的决策环境是完全不一样的。正如斯坦福大学的神经科学家 Steven Quartz 所认为的，调查问卷的效标不管有多么客观，最终仍然是经过大脑后期加工处理以后的判断；哈佛商学院教授 Gerald Zaltman 也认为人们选择时只对自己的感觉忠诚，但是"人们经常不知道自己知道什么——其95%的想法来自潜意识，而传统问卷方法基本上触及不到"。

二、内容分析法存在的局限性

内容分析法也是实证研究者中经常使用的方法，其主要研究对象为文本，通过对文本的分类、统计和梳理，实现对文本深层次意义的解码和再生产，但是内容分析法还存在显著的缺陷与短板。

一是内容分析法的适用范围还存在一定的局限性，如内容分析只适合研究那些具体的传播内容，即外在化的文本，而在处理意识形态、观念、价值、意义这些含义抽象的概念方面则比较薄弱。

二是内容分析法容易陷入形式主义。内容分析法运用主要的手段是编码，编码针对的是文本的内容和形式这两个主要方面，但是编码也越来越陷入形式主义，难以获得根本性突破。

三是内容分析法的解释还有待完善。内容分析法只能够用于研究那些被记录和流传下来的传播内容，当需要获得的传播内容超出了其能力范围的时候，就无法采用这种方法了。

四是内容分析法的内在精确度不高。因为人为的编码过程会产生误差，虽然在编码前做了很多研究，甚至对编码人员进行了很久的培训，但只要是人就会存在理解上的偏差和价值判断的差异，这是主观误差，无法从根本上去除。

五是内容分析法在价值指向上存在缺陷。内容分析是对传播内容的描述，最多能够证明变量之间的相关关系，很少能够揭示因果关系，因此通过内容分析法做出的研究成果经常感觉像是研究报告，缺乏层次性，过于表面化。

三、古典实验法存在的局限性

在实验法之前加"古典"两个字，主要是希望区别于现在全新的实验法，如使用仪器设备进行测量的实验，通过行为设计的实验等。古典实验法多是使用实验组与对照组的研究设计，通过前测与后测的纵向比较、实验组与对照组的横向比较，对比出研究所需要的结论。研究方法像硬币的两面，有利必有弊，古典实验法主要存在的问题和局限性有如下几点。

一是古典实验法多是验证，很难有新的探索发现。古典实验法最大的问题就是只能进行验证不能进行探索，所以很难有创新的结论和发现，只能是对现在已有的结论、研究进行有限的验证。

二是实验对象的差异性造成实验的可推及性较差。实验法最容易被人诟病的是——一旦研究对象发生了变化，并且脱离了实验室的人为环境，实验结论是否还具有存在价值，研究结论的可推及性到底有多大。

很多人认为古典实验法是在严格控制实验环境下进行的，与社会真实环境存在显著差异，其结论根本不具有代表性等，这些都是实验法存在的局限性。

三是古典实验法中最经典的实验设计就是所罗门四组设计。所罗门四组设计（Solomon four group design）是指实验设计类型，包括随机化前后测两组设计与随机化后测两组设计。其特点是将"有无前测验"这一变量纳入实验设计，将此变量造成的变异数部分从总变异数中排除出去，以便更精确地检验实验处理所产生的影响是否显著，实际上，这是具有两个实验组和两个控制组的设计。① 这种设计看起来很精巧，但由于组数太多，需要控制的变量太多，有些变量很难得到有效控制，最终实验的精确度和信任度就会降低，从而达不到实验法的本来目的。

通过以上分析，可以看出，任何研究方法都不是万能的，但是每个方法之间又都具有一定的互补性。研究方法本身就是一个迭代发展演进的过程，如同从望远镜发展到高倍射电望远镜，人类对自然的探索始终是不断进步的，营销传播效果测量方法也是这样的。经过近年来的不断发展，营销传播效果测量大致沿着以上三个方向在不断演进，相关结果如图11-1所示。

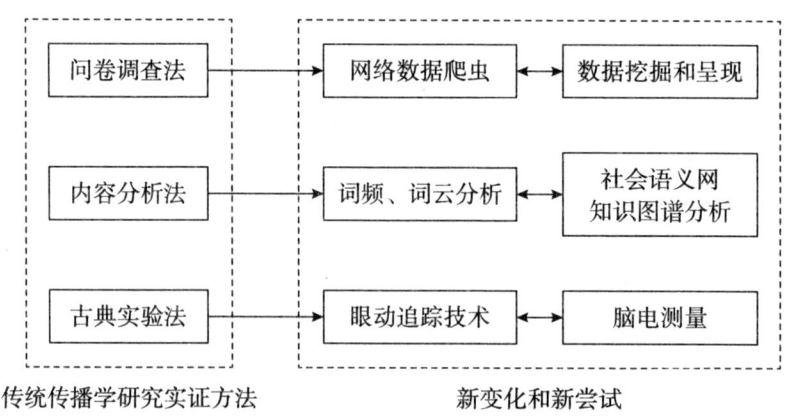

图11-1　传统实证研究方法的三个转向与创新

---

① 林崇德.心理学大辞典［M］.上海：上海教育出版社，2003.

从图 11-1 可以看出，以上三种实证研究方法都具有不同的发展与演进方向。一是问卷调查法，随着网络爬虫技术的不断发展，尤其是 Python 与 R 语言的普及与流行，很多研究者放弃了传统的抽样与问卷调查，转向以数据爬取为主导的数据挖掘，并借助各种算法与可视化的语言包，实现传统的问卷调查所不能触及的研究深度，另外，由于问卷调查的基本研究假设是"人的社会属性决定人的社会行为"，社会学近年来勃兴的基于"关系"的社会网络分析方法被用来取代问卷调查法，这也是研究方法的趋势之一。社会网络分析认为人的社会行为是由多元要素影响的，不仅仅是"社会属性"这一维度。"关系"是超过属性的重要变量，对人的社会行为拥有更高的解释力，这也是一种发展趋势，在后文中会进行详细说明，这里不再赘述。二是内容分析法经过近年来的发展，个别研究者放弃了对编码设计的"执着"，转向对微观修辞与遣词造句的研究，即出现了词频分析和词云可视化，个别研究者试图通过对文本中词与词之间的关系形成的语义结构，构建所谓的"社会语义网"。三是古典实验法的演进与创新，近年来由于认知科学技术手段的日新月异，心理学逐步转向脑科学的方向，因此实验法越来越依赖技术手段和实验工具也是大势所趋，在心理实验模式中就是眼动追踪技术与脑电技术成为主流，因此，眼动实验和脑电实验越来越成为替代古典实验法的主要工具和手段。

第二节 社会语义网与社会网络分析

一、案例导入

在文学界的红学研究领域一直存在着一个讨论，即我国古典文学名著《红楼梦》前 80 回和后 40 回是否为同一个人所作？传统的研究者多从古典文学材料中进行考据和推断，得出相关推论，而社会统计学和其他学科研究者则给出了另辟蹊径的研究结论，1981年，首届国际《红楼梦》研讨会在美国召开，美国威斯康星大学讲师陈炳藻宣读了《从词汇上的统计论〈红楼梦〉作者的问题》这篇论文。他从前80回里随机抽取了5回，从后40回里随机抽取了3回，比较5个文言虚词的出现频率，发现它们的正相关程度达到78.57%，由此认为前后作者基本是一个人，即曹雪芹，对"后40回作者系高鹗"这一流行看法提出异议。而受陈炳藻方法的启发，我国学者陈大康采用了大致相同的方法，不过他普查了全部120回，统计8个文言虚词和24个常用动词出现的频率，发现前80回里这些词出现的频率明显高于后40回，因此认为这的确是两个人的作品，他的观点符合"红学"研究的主流。之所以出现两种截然相反的结论，原因在于两位研究者所选择的字（自变量）不同，陈炳藻选取的研究对象过于单一且数量太少，即非概率抽样手段造成了误差，研究者不可能统计所有自变量跟因变量（风格）之间的关系，只能选择那些他认为重要的字来统计，不属于概率抽样，而是立意抽样，可推及性不言而喻。

受这种找关键词方法的启发，台湾植物学家潘富俊在其书《红楼梦植物图鉴》中，断然否定了曹雪芹写后40回这一说法，而且答案竟然就在植物里。潘富俊从书中所提及的200多种植物来看，认为几乎可以推定后40回并非出自曹雪芹之手。他的方法是，先将这部120回的小说等分为3个部分，前面40回平均每回出现11.2种植物，中间40回平均每回出现10.7种植物，最后40回平均数只有3.8种植物。潘富俊说，后40回作者的植物知识远逊于前80回的作者。而且后40回中只有60%的内容提到了茶，且仅一种龙井茶；而前80回超过92%的内容提到了茶，并且涉及9种茶。这个结果很明显证明，作者肯定不是同一个人。

以上案例说明，通过对文本中关键词的统计可以发现传统方法所不能发现的视角和结论。当然有人诟病这些关键词的选取可能会有"立意抽样"之嫌，但随着词频统计技术的完善，这一方法得到了进一步发展。

图 11-2 是研究者借助词频统计加上社会网络分析的方法制作的《三国演义》人物关系图，每个节点代表一个三国人物，人物之间的连线表示其之间的关系（即在同一个场合出现过或者至少认识），线条的粗细表示两者之间关系联系的频率和密度，节点越在图的中心，表示其在整个人物关系中越处于相对中心的位置。

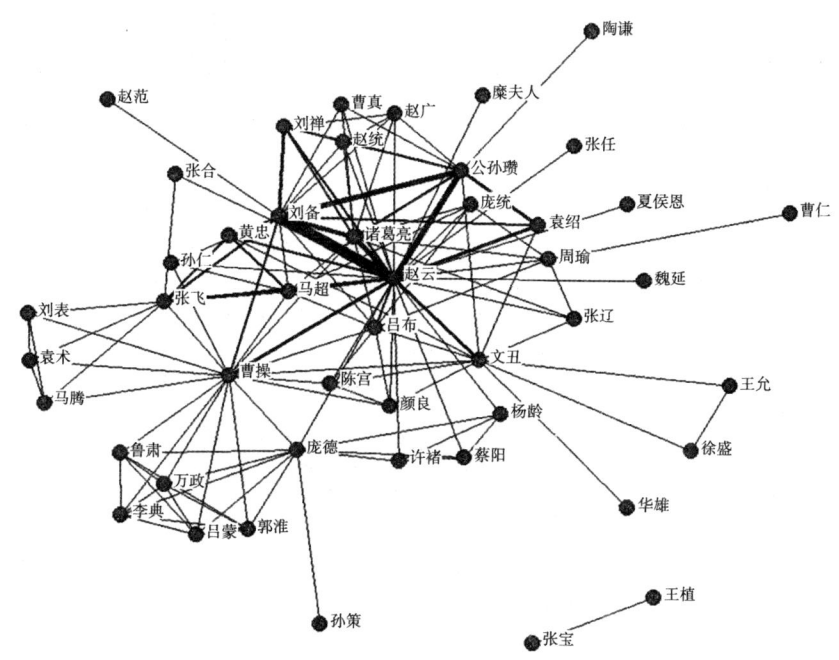

图 11-2　罗贯中版《三国演义》人物关系图

从图 11-2 可以看出，一是蜀汉群体的确是《三国演义》的主要脉络和着墨最多的地方，蜀汉的几个人物都占据了整个网络的中心位置；二是三国的人物正好处在图的三个位置，满足了三国缠斗的历史现实；三是罗贯中对刘备、赵云、诸葛亮和公孙瓒着墨最多，尤其是刘备与赵云之间的关系互动最为频繁，并不是大家固有的刻板印象——刘备和诸葛亮这一对堪称千古君臣典范的关系最为密切。所以，这种研究问题的手段和视角经常会给我们以醍醐灌顶的感觉。

再如对唐诗的研究，很多研究者总结出唐诗的流派与风格，如山水田园诗，以孟浩然、王维为代表，继承了陶渊明的思想，以山水风光和闲适生活为题材，充满诗情画意和生活情趣；盛唐边塞诗，以高适、岑参、王昌龄、王之涣为代表，描写戍边守战部队的艰苦环境以及报国思乡的情绪；新乐府运动，以白居易、元稹为代表，学习汉乐府诗的优点，提倡关注社会"缘事而发"，言辞通俗流畅；韩孟派，以韩愈、孟郊、李贺等为代表，追求立意奇绝，文字新巧；咏史诗，以刘禹锡、李商隐为代表，咏史怀古诗借古讽今，写出了人是变化的，而自然景物是亘古不变的。而有研究者则利用词频统计与社会网络分析相结合的方式，对《唐诗三百首》的词频进行统计和画图，形成了社会语义网。

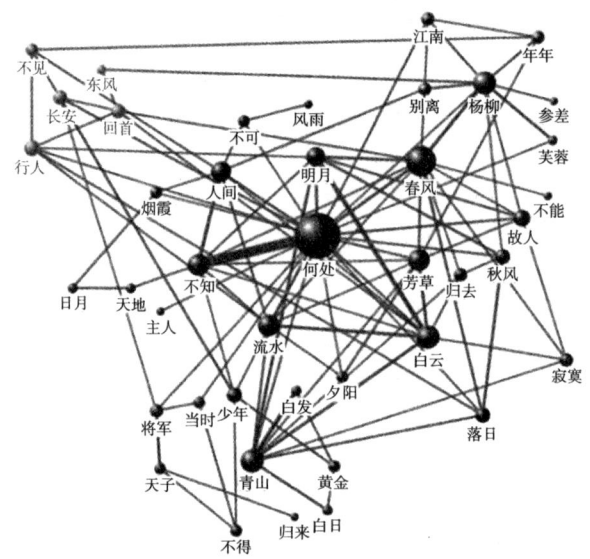

图 11-3 《唐诗三百首》的社会语义网

图 11-3 中球的大小表示词出现的频率，频率越高球体越大，因此，可以看出，唐朝诗人最爱用的词是何处，表达了唐朝诗人读书入仕的政治抱负难以实现的苦闷和彷徨；之后是春风、芳草、白云、流水、人间、明月和夕阳等，这些是唐朝诗人经常表达意境所使用的高频词，在图的不同位置则表达了不同的诗歌流派，如图的左下角出现的高频词——将军、少年、白发、天子、青山等词是典型的边塞诗歌经常借助的元素表达。通过词频统计和词与词之间的关

系可视化,我们甚至可以借助这些元素自己创造一首"原汁原味"的唐朝诗歌。

二、词频分析

词频分析是对文章中重要词汇出现的次数进行统计与分析,是文本挖掘的重要手段。它是文献计量学中传统的和具有代表性的一种内容分析方法,基本原理是通过词出现的频次来确定热点及其变化趋势。早期是通过 Word 查找功能计算一个文本中关键词的数量,后来随着文本处理手段和计算机运算能力的提升,词频统计的软件和在线网站层出不穷,部分网站结合词云的概念推出词云图,如图悦、Tagxedo 等,近年来随着 Python 语言的普及,用 Python 做词云的方法也越来越多,并且基于其强大的"胶水语言"的特征,可以调用很多美观的可视化图形,越来越受到研究者的喜爱。

词频统计不外乎两个最基本的步骤:一是分词技术,众所周知,中文词频统计最难的是断句,中文是由一个个孤立的字构成,不像英文是完整的单词,不存在断开的问题,尤其是目前网络新词层出不穷;二是词典的大小,每个词频统计软件背后都需要一个大型的词典做支撑,就是为了解决断句的问题。这两者其实归根结底主要是考量词频统计的问题。

三、社会网络分析法

社会网络概念的出现最早可以追溯到 20 世纪 30 年代的心理学和人类学研究。把社会结构比喻为网络最早可追溯到德国古典社会学家格奥尔格·齐美尔(G. Simmel),齐美尔认为社会并不是像埃米尔·涂尔干(Emile Durkheim)所说的是一种实体,而是一种过程,正如齐美尔指出的,"相较于部分之间的真实互动,社会是第二位的,只是其结果"[①];社会的本质存在于人与人之

---

① Frisby, D. Fragments of Modernity, Cambridge: Polity Press, 1985.

间的交往或互动过程之中。故认为形式在社会中具有极大的重要性，社会学家的任务也就是研究社会交往的形式。齐美尔极为重视数学的作用，他尝试着将数学的思想扩展到社会学领域，建立起所谓的"社会几何学"。《群体联系的网络》（1922）一书中第一次形象地提出社会元素之间构成了"网"（web）的概念。齐美尔把社会想象为相互交织的社会关系，这可以说是最早的关于社会网的分析。不过这仅仅是一种对社会网络的纯粹隐喻性使用。英国人类学家布朗（Radcliffe Brown）则首次提出了"社会网"的概念（1940）。美国社会学家莫雷诺于1934年对实验性小群体的计量学研究为社会网络研究奠定了基础。人类学家巴恩斯（John Barnes，1954）[①]首先使用了"社会网络"的概念分析挪威某渔村的社会结构，首次把社会网的隐喻转化为系统的研究。而英国学者伊丽莎白·伯特（Elizabeth Bott）在1957年的著作《家庭与社会网络：城市百姓人家中的角色、规范、外界体系》则被视为英国社会网研究的典范。从20世纪30年代到60年代，在心理学、社会学、人类学以及数学领域，越来越多的学者探讨和提出各种网络概念（如密度、中心度、结构平衡性、结构均衡性、块等），"社会网络"一词正式成为学术殿堂中的重要成员之一。

我们现在所处的社会境况，证实了齐美尔思想的敏锐性。进入现代社会以来，"一切凝固的东西都已烟消云散了"，现实越来越变动不居。显然，在这种状况下，关系性的概念，而不是基于实在性的社会理论，更适合表达这一变动的现实。利奥塔借助关系网络来描述个体在后现代社会的处境，"没有一个自我是孤零零的岛屿，每个人都存在于关系网络之中，而这个网络比过去任何时候都来得更复杂、更流动"[②]。卡斯特则断言，人类正步入一种新的社会类型——网络社会（Castells，2000）。社会网络分析，由于其内在所具有的关系主义思维，并紧扣社会的真实互动，在把握现代社会这种复杂、

---

① Barnes, J. A. Class and committees in a Norwegian island parish. Human Relation, 1954.
② Lyotard, J. The Postmodern Condition, University of Minnesota Press, 1984.

流动的特质方面，无疑走在了其他社会学取向的前列。

社会网络分析是包括测量与调查社会系统中各部分（"点"）的特征与相互之间的关系（"连接"），将其用网络的形式表示出来，然后分析其关系的模式与特征这一全过程的一套理论、方法和技术。用于描述和测量行动者之间的关系或通过这些关系流动的各种有形或无形的东西，如信息、资源等常用的分析方法主要有图论、社会计量学和代数方法。图论适用于描述小型传播群体的核心关系和团聚力等特征；社会计量学适用于研究结构等价性和"块模型"关系；代数方法适用于对角色和位置关系的分析。

点或行动者在社会网络中既可以是个体，也可以是其他社会单位或者社会实体，小到个体，大到公司、学校、社区、国家等；"关系"被认为是一种双向属性，而主流社会科学所关注的是单一属性，关系是节点之间的连接，关系有三个特征：内容、方向和强度，内容就是指两行动者间的关系产生的原因，方向是关系可分为有方向性和无方向性，而强度就是发生关系的次数。例如，我和你两个人之间在QQ上聊天，那么内容是指咱俩的聊天记录，方向是指我给你发送一条信息是从我到你，你回复了我，那咱俩之间就是双向的。强度是指咱俩之间发生关系的次数，比如，我给你发送了2条信息，那么强度就是2，如果你给我发送了3条，那么强度就是2加3，一共是5。

根据分析的着眼点不同，社会网络分析可以分为两种：微观层次的自我中心社会网络（ego-centric network）和宏观层次的整体社会网络（complete network）。自我中心社会网络以个体为中心，探讨其对外的关系连接所建立起来的社会网络；整体社会网络则关注所有点之间的关系，关注整个网络的结构。

社会网络分析又被称为结构分析，不仅是对关系或结构加以分析的一套技术，还是一种理论方法。社会网络分析学者认为社会学的研究对象应该是社会关系，而非具体的社会个体，因为作为个体的人是多样的，而唯有其关系是相对稳定的。社会网络分析在研究视角上可以大致分为两种：一种是关系取向（relational approach），一种是位置取向（positional approach）。所谓关系取向主要研究的是社会行动者的社会联结——密度、中介性、强度、对称性、规模等。位置取向主要关注的是社会行动者之间社会关系的模式化（patterning），不同行为个体在结构地位上是否一致，强调用"结构等效（structural equivalence）"来理解人类行为。

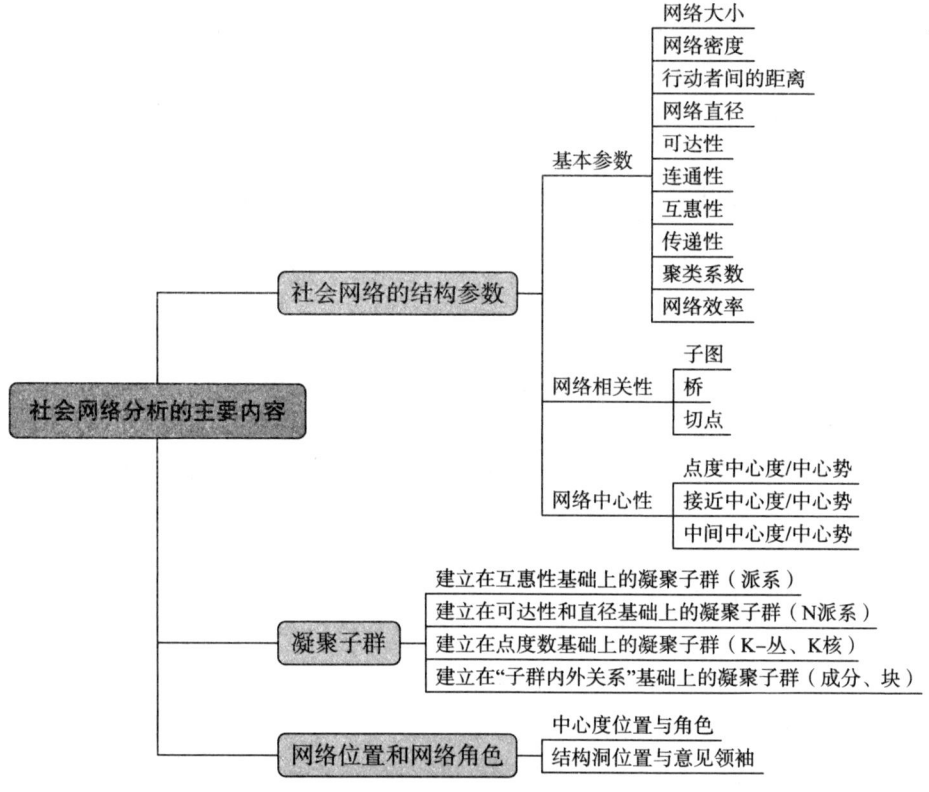

图 11-4　社会网络分析的主要内容示意图

社会网络分析主要研究的指标包括以下几方面。

（一）社会网络的数学表达形式

主要是用图论或者矩阵表达社会行动者之间的关系，如在本书的研究中，不同信息节点之间的信息流入流出关系就可以使用图论或者信息矩阵来表示，相关研究在下文。

（二）中心度分析

中心度是关于行动者在社会网络中的中心性位置的测量概念，反映的是行动者在社会网络结构中的等级和优势等方面的差异，主要包括结点中心度、紧密中心度和间距中心度等几个指标。

（三）子群分析

在社会网络分析中，某些关系密切的子群也是社会网络分析学者关心的兴趣点。因为构成社会网络的基本元素是行动者及其群体，社会中存在着这样那样的子群，它们互相结合形成了复杂的社会结构。对子群的研究主要包括成分分析和团伙分析等。

（四）位置和角色分析

在社会网络分析中，位置是指处于同等关系网络中的个体所形成的集合体。而角色是指两个行动者或两个位置之间存在的关系模式。社会网络中的位置和角色分析主要是通过结构等价性、自同构等价性和正则等价性等作为衡量指标。

四、社会网络分析的工具与软件

目前社会网络分析法的软件比较多，最主要的有 MultiNet、NetMiner、Pajek、StOCNET、STRUCTURE、UCINET、GEPHI，其中高校经常使用的是 UCINET，UCINET 软件是由加州大学欧文（Irvine）分校的一群网络分析者编写的，集成软件包括一维与二维数据分析的 NetDraw，还有正在发展应用的三维展示分析软件 Mage 等，同时集成了 Pajek 用于大型网络分析的 Free 应用软件程序。利用 UCINET 软件可以读取文本文件、KrackPlot、Pajek、Negopy、VNA 等格式的文件。它能处理 32767 个网络节点。近年来，Gephi 作为一个开源软件，尤其是免费和友好的界面，越来越受到研究者的欢迎，从难易程度上说，社会网络分析软件门槛较低，很多都有汉化版，数据处理相对简单化了，但社会网络分析法存在的最大的问题就是分析数据的获取，以往采用问卷提名法，随着数据挖掘手段的完善，社会网络分析软件可以很快地处理几十万个节点数据的情况越来越多。

五、社会网络分析法的局限性

社会网络分析法无论是作为一种结构思想还是一套行之有效的分析社会结构的方法，自诞生之日起就受到了学界的一致推崇，目前被广泛应用于社会学、经济学、情报学和传播学等领域，甚至为一些学科的研究带来了革命性的范式转变。但不容否认，任何一种研究方法都像硬币的两面，既有优点也有局限性。

（一）社会网络分析方法片面强调了关系对行动者行为的影响，抹平了所有行动者之间主观属性的差异，忽视了对行动者自身主观心理谱系的分析

社会网络分析越来越重视属性变量对社会网络的影响，但对行动者自身的主观属性一直有所忽视，离开行动者的主观属性和主观动因，不仅无法理解网络对行动的意义，而且也无法解释某些网络现象。

（二）社会网络分析方法对网络的动态变化重视不够

社会网络研究中并非没有关注网络的动态过程，虽然把网络的外部环境考虑在内，但也只限于对不同时期的网络构型进行静态描述，提供一些网络模式的参照而已，多少有点不足。

（三）社会网络分析方法回避或者忽视了社会网络的文化内涵

文化的产生与特定的网络结构有关，但另一方面，网络建构又是文化脉络下的一种实践活动，文化可能充当网络建构的脚本。在网络的建构过程中，

对情境的界定、行动的成员资格或参与、行为的可行性和可接受，以及网络中的收益和成本在不同行动者或行动者的不同类别之间的分布及其合法性，并不是网络结构单独能够说明的，也非行动者个人能够主导的，而是在很大程度上取决于文化规范、制度和社会期望。

第三节　新媒体营销传播的社会网络分析范式

一、社会语义网：词频分析与社会网络分析的结合

近年来，随着社会网络分析的普及，词频分析与社会网络分析开始结合起来，形成了所谓的"社会语义网"分析范式，如当民众提到某个品牌时，将该品牌作为关键中心词，并围绕其建构的上下文作为分析文本，进行词频、词与词之间关系的分析，并形成关系网。如图11-5所示，抓取十八届三中全会放开二孩政策后的民众评论的文本，进行社会语义网的分析。

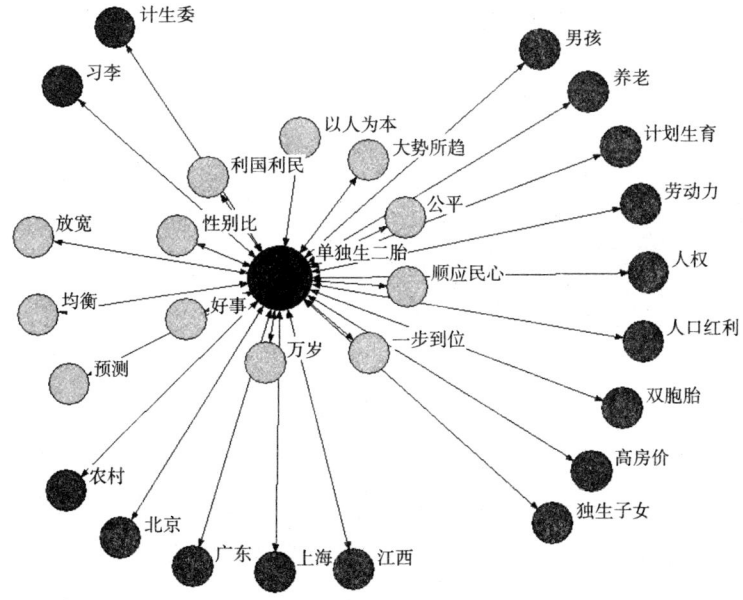

图11-5　单独生二胎政策的社会语义网

从图11-5可以看出，单独生二胎是中心关键词，围绕其第一圈是关系最紧密的词，包括名词、形容词，而外围的圈层则有名词、动词和地域词、机构词，从而形成了整个社会语义网，品牌也是可以这样处理的。

二、词云图与社会语义分析

也有一些使用词云图进行社会语义的解读。如中国人民大学舆论研究所曾和腾讯QQ浏览器团队合作研究不同网络世代民众的社会刻板印象（社会语义认知）。在第二章已经展示过了，首先利用词云绘制技术对70后在新浪微博上使用的比较紧密的关键词进行分析，结果如图11-6所示，图中选取马云作为分析背景主要是基于以下原因。2018年，很多70后即将迈入不惑之年，该世代人群充满了激情的创业主义精神，电影《中国合伙人》就是典型的70后奋斗的例子，重要的偶像是马云，因此主要选取马云作为背景。

图11-6 词云图效果示意图

从图11-6可以看出，70后在网民评价中的关联实词比较驳杂，这一世代的核心词分别为谣言、微信、时代、安全、死亡、创业、青春、老等，这些词也反映了70后的一些宿命议题：二次创业，怀念青春又不断老去甚至死亡等，还有一些如大叔、中年等社会标签。

无论是社会语义网还是具备社会语义分析的词云图，其实都是为营销传播效果测量提供了一定的全新视角，通过这个视角可以窥探民众对一个品牌、一个企业和一个组织的社会认知与社会评价。这种方法虽然没有问卷调查法细致规范，但得出来的结论也是具有一定的参考价值的。

第十二章
新媒体营销传播的认知神经科学研究范式

对于"一战"宣传技巧分析的传播效果研究一直是传播学领域的焦点议题。借鉴心理学、社会学等亲缘学科的理论背景及研究方法，效果研究发展至今形成了独立的知识谱系、规范的研究方法，提出了诸多有助于我们理解传播现象、把握传播规律的理论假设。但自1983年"第三人效果"提出之后，这一领域再无重大的、至少是能够引起持续关注、带动后续研究的理论发现。近十几年来，随着认知神经科学的发展，ERP、眼动追踪等技术手段在传播研究领域相继应用，传播效果研究应该并且也完全有可能开拓新的研究空间，以新的研究范式带来传播效果基础理论研究的延展、整合与创新。

已有的传播效果研究以美国的经验学派为主导，主要采用调查法、内容分析法和行为实验法，大致沿着两条互有交叉的维度展开：第一条是考察信息本身产生的效果，也就是信息"说什么"与"如何说"对受众认知、态度及行为的影响；第二条是考察信息传递过程中，影响传播效果产生的调节变量和中介变量。

前者以耶鲁学派在实验室中所进行的态度改变研究为代表，如信息的恐惧诉求、一面说/两面说、诉诸理性/感性等经典研究；又如大众传播效果研究视为著名议程设置理论假说，其本质是考察议题显著性从媒介到受众的转移，也就是媒介所呈现的信息"说什么"会影响受众"想什么"，而近年来成为热点的框选效果则关注大众传媒对同一新闻的不同架构所产生的启动效应对受众认知、判断政治事件和政治人物的影响，这其实是考察信息"如何说"通过大众媒介渠道进行传递后产生的效果。后者的研究则将视野投向更为广阔的社会领域。众所周知，信息的传播过程是由诸多环节构成的，任何传播行为本身也是发生在由各种要素构成的社会环境中的，大部分传播媒介的效果产生都要取决于其他变量。有关意见领袖的研究，群体规范、群体压力对个体态度及行为的影响，信源可信度研究，第三人效果假说等对传播效果产生影响的中介变量和调节变量进行研究，将效果研究置于更为广阔的社会情境中，充实了效果研究的理论框架和内涵。

但是，如果将受众对信息的处理视为考察传播效果的微观视角，那么，已有的传播效果研究则存在两个问题：第一，已有的研究多集中在传播效果的中观和宏观层面。例如经典的恐惧诉求实验中，被试验对象往往会在信息刺激完成一周后再进行态度改变调查，甚至会在实验结束一年后再进行态度改变调查。再如涵化分析，研究者认为电视对不同的人提供一套对生活、世界、生命的解释，接触电视较多的人比接触电视较少的人更容易认同电视所描绘的世界，这种传播达到的是潜移默化的长期效果。事实上，绝大多数效果研究所考察的都是中期和长期效果，没有涉及受众接收信息时所发生的即时反应。第二，某些效果研究涉及受众处理加工信息的微观视角，但仅仅是依据社会心理学和认知心理学的相关假设对受众处理信息的过程提供一种可能的解释。例如以精细加工可能性模型（Elaboration Likelihood Model，ELM）解释受众以积极的核心路线和消极的外围路线处理说服性信息所带来的态度和行为变化的差异；以认知图示的可用性（availability）、易得性（accessiblity）以及信息同人们头脑中已有的认知图式的"共振"程度来解释信息为何会产生启动效应。也就是说，研究者只是通过基于经验性研究的结论来推测传播结果产生的原因，至于这种传播效果产生的内在机理——人脑究竟是如何处理信息的，则无从得知。因此，议程设置理论假说的创始人麦克姆斯曾表示，"尽管人们对议程设置做过很多研究，但还是有一个我们至今尚未透彻理解的问题，即议程设置是如何起作用的"[①]，如果我们想真正获知如何通过构造媒介议题影响受众，那么，我们就需要知道，媒介议题的哪些要素在影响受众认知上比其他要素更为重要，议程设置在多大程度上是有意识的活动，还是根本就是潜意识作用的结果？这些问题最终都指向受众个人对信息的处理过程。而"受众对信息的加工处理"显然是当前效果研究的主流研究范式所无法解决的，我们需要借助新的研究思路和研究工具对此做出探索性的回答。

第一节　认知神经科学为新媒体营销传播提供了新的研究范式

认知神经科学（Neuroscience）是使用脑部活动成像技术或其他手段来推测判断人脑工作状况的细节的学科。在个体对传播信息的微观加工机制研究方面，神经科学具有目前其他任何方法都难以企及的优势和特殊适用性。

对于人类而言，人脑是最终的"黑箱"，研究者以往只能通过外围描述来推测人的行为动机或预测行动方向，在传播学中，基于观察经验的描述或抽样调查的研究成果占据了研究主导，但研究者终究只能徘徊在作为社会组成个体的每一个社会人的意识之外，无从精确探查人们在传播过程中所表现出来的行为究竟来自何种动力。神经科学通过直接观测脑内活动信号，证实了人类的大量活动是基于理性意识之下的动机，我们以知觉感受到的经验作为研究依据所得出的大量成果，很可能只是人类行为动机的冰山一角，而神经科学手段能够帮助研究者从复杂的传播过程中逐层抽离出简单变量之间相

[①] McCombs, M.(1981), Setting the agenda for agenda-setting research: An assessment of the priority ideas and problems. In G. C. Wilhoit & H. deBock(Eds.), Mass communication review yearbook(Vol. 2, pp. 209–211). Beverly Hills, CA: Sage.

对固定的关联,以重新解读传播现象的各个环节。

正是由于发现了神经科学在个体的微观信息加工研究方面的长处,经济学、语言学、心理学等学科都尝试引入和发展了神经科学研究,进而形成了神经经济学、神经语言学、认知神经学等具体研究领域。

一、传播学与认知神经科学交叉融合的路径选择

根据跨学科社会科学研究的内涵和历史经验,认知神经科学至少应当经历以下三个阶段才有可能与传播学研究产生深度结合:第一阶段是以某类特定的问题作为对象,以传播学和神经科学的理论资源为依托开展解决同一问题的共同研究;第二阶段是在方法层次上互相借鉴和结合;第三阶段是融合并超越具体学科的方法和问题,形成更加一般化的理论范式。[①]

从目前日渐成为国际研究热点的神经经济学等结合认知神经科学与其他社会学科的研究成果来看,处于第一阶段和第二阶段的研究较为集中,若要建立跨学科的专有范式,则显然需要历经更长时间的探索。

与其他社会科学领域相比,传播学的一个重要特殊性在于其研究对象的复杂性和宽广性,从人际层面到大众层面,从媒体使用者态度到行为,从个体思想到宏观社会发展,社会大系统的各个子系统都与传播学研究有着深刻而复杂的交互作用,因此,神经科学对传播学研究的影响,可以主要从两个层级展开:

一是使用认知神经科学方法直接研究传播的微观过程,由于神经科学研究对象和研究工具的特性,神经科学对于人脑的信息加工研究具有其他工具不可比拟的优势,因此信息在人脑中产生的微观效果是神经科学与传播学的首要结合点。通过变更信息的呈现方式,研究者可以进一步从信息接收者的

---

① 罗卫东:跨学科社会理论研究概论,http://www.icsszju.net/show_hdr.php?xname=07K2911&dname=0TVDB11&xpos=114。

脑电特征推论出不同特征的信息可能引发哪些不同的效果。

二是认知神经科学通过影响心理学、社会学、经济学等其他学科，间接带动传播学研究的深化。例如神经经济学对于竞争与决策模式的脑电研究，对于传播学研究媒体消费者的信息选择和媒介依赖时便能够产生一定的借鉴作用。

二、传播学认知神经科学研究范式

任何传播效果都是以人脑对信息的处理加工为基础的。传播学认知神经科学研究范式从工具层面为传播学研究提供了一整套全新的研究工具体系；从认识论层面为传播学研究提供了全新的研究领域和视角，即瞬间效果范式。我们将受众接收信息时，大脑对信息即时的处理、加工结果称为信息传播的瞬间效果。[①] 瞬间效果研究是建立在传播学和认知神经科学相关研究基础上的交叉研究，对传播效果研究而言，意味着研究范式的创新。

首先，从研究思路上看，认知神经科学研究范式继承了认知神经科学的知识和概念，将人脑视为信息处理系统，借助认知神经科学的研究工具，测量信息刺激下被试者所展现的脑部活动的异同，并配合外显的行为资料，来考察信息传递的即时结果。这种结果体现为刺激信息对被试者感觉、知觉、记忆、注意力等认知方面的影响，而非被试者态度或行为的直接的、外显性的改变。

其次，从研究方法上看，该研究范式主要采用实验法，但不同于以问卷调查和行为观察为主的古典实验法，瞬间效果的实验方法主要借助眼动仪、ERP（事件相关电位）、fMRI（功能性磁共振成像）等认知神经科学的研究技术进行测量。

该研究范式在遵循上述研究思路和研究方法时，对传播效果理论在两个

---

① 根据中国人民大学舆论研究所心理实验室进行的瞬间效果研究的经验，所谓"瞬间"，测量的是大脑在 500 毫秒以内对信息的处理结果。

方面有所贡献。

第一，破除传统行为学实验的局限，根据符合生物现实的研究发现对已有的效果理论假设予以验证或者修正，有助于效果理论框架的整合与延展。例如中国人民大学舆论研究所心理实验室曾采用ERP实验，测量不同幸福感的被试对象对高恐怖度、低恐怖度、中性无恐怖度三种启动信息的加工差异，通过对脑电数据的分析发现，低恐怖度图片或其他同类环境信息与主信息的配合传播可能获取人们更持久的注意资源投入和情绪深层加工。[1] 该实验对信息的恐惧诉求效果提供了新的证据，并同时验证了被试对象自身的人格特征会影响信息的传播效果。又如媒介呈现暴力内容对公众影响的研究，有研究发现，当被试者观看暴力场景时，将激发与观看普通场景不同区域的脑活动，能够引起已经潜在的暴力相关记忆和感受，也有可能引发暴力行为。[2] 这方面的研究将为研究者重新审视、完善已有的传播效果理论提供更为精确的支撑。

第二，该研究范式相关研究的开展将为效果研究构造"瞬间效果—中期效果—长期效果"的逻辑框架，或能触及传播效果研究的"盲区"，带来新的理论发现和突破。我们知道，认知神经科学旨在揭示认知过程的脑机制，不强调社会、文化动机的重要性，而瞬间效果研究关注的是社会性信息的加工结果，这种加工不仅仅是刺激信息本身的形式、特征带来的，同时也要伴随受众个人态度、刻板印象、意愿等社会情绪的启动进程。也就是说，瞬间效果研究不是应用认知神经科学技术简单地解释复杂的传播现象——否则会落入机械的刺激，反映论的窠臼——而是强调对效果研究进行多层面的统合分析，不仅要得出简单变量之间相对固定的联系，还应将影响传播效果的社

---

[1] 喻国明，李彪，李莹.恐怖诉求：传播效果的ERP实验研究——一种基于神经科学的传播学研究[J].国际新闻界，2009（1）.

[2] Nicholas L. Carnagey, Craig A. Anderson & Bruce D. Bartholow, Media Violence and Social Neuroscience: New questions and New Opportunities, Current Directions in Psychological Science, Vol. 16, No. 4, pp.178-182.

会背景维度与神经机制、认知和行为连接起来。

以有关态度的研究为例。态度是传播效果研究的基本概念,尽管对态度概念的理解并没有达成一致,但一般而言,态度被视为包含认知、情感和行为三种成分的心理状态。认知神经科学不仅揭示了外显态度与内隐态度的脑神经机制,而且进行了测定脑部对刺激与情境一致性、评价性和非评价性分类加工、外显的和内隐的评价性分类加工等相关研究。[①] 现有的研究表明,外显态度是快速、有意识的过程,如当被试者试图表达对某个概念、著名人物的态度时,会激活内外侧额、顶神经网络;而内隐态度则与脑部杏仁以及大脑腹内侧前额皮层的激活有关,是快速、无意识的。[②] 李伯曼(Lieberman)等人进行的一项与种族认知相关的杏仁核激活研究发现,当对非洲裔美国人进行言语性加工而不是知觉性加工时,杏仁核的激活度明显降低,右腹外侧前额皮层的激活度增高。[③] 这是否意味着态度改变的脑机制是右外侧前额皮层激活的增强和杏仁核激活的减弱?态度改变可能并不是理性思考的过程,而是在无意识层面上发生的?更进一步,通过何种信息刺激来减少杏仁核对种族偏见等刻板印象启动的敏感性,达到态度的改变?显然,这对传播学研究而言,是一个新的研究领域,对我们从本质上去认识传播现象,把握传播规律提供了一个切入点。

第二节 认知神经科学研究范式的工具

认知神经科学研究的目的是了解大脑的工作机理。脑成像是最有效的可到达神经元活动层面的技术。它采用现代物理学和生物化学的原理来显示或呈现

[①] 杨青松,钟毅平. 事件相关电位与态度研究 [J]. 心理科学,2008 [31(2)].

[②] Lieberman M D(2007),Social Cognitive Neuroscience: A Review of Core Processes.

[③] Lieberman MD, Hariri A, Jarcho JM, Eisenberger NI, Bookheimer SY, 2005. An fMRI investigation of race-related amygdala activity in African-American and Caucasian-Americanindividuals. Nat. Neurosci.

大脑的结构与功能活动。目前常用的研究手段主要包括对眼睛、肌肉、心跳、血压、血流、大脑等的研究，具体来说技术手段上包括眼动仪（Eye Tracking）、正电子发射断层扫描（Positron Emission Tomography，PET）、脑磁图（MEG）、单光子发射断层扫描（SPECT）、光学成像、功能性磁共振成像（fMRI）、脑电图（EEG）、事件相关电位（ERP）等，还包括测量心电、心率、呼吸、皮电、皮温、血容量（BVP）以及荷尔蒙水平等其他生理测量方法（因为脑活动往往带来其他生理指标的变化）。其中，近年来最为普遍的应用是以下技术：眼动仪（ET）、事件相关电位（ERP）分析技术和功能性磁共振成像（fMRI）。

一、行为实验研究

（一）行为实验方法及主要指标

行为实验研究通常以反应时长、正确率等参数为指标。主要是在认知实验作业任务过程中，由被试者对作业任务进行判断，通过相关行为实验软件记录其完成作业任务时的反应时长和正确率等参数，作为实验测量的重要参照指标。采用任务分离法、过程分离法等方法对心理活动进行分离。任务分离法起始于神经心理学家对脑局部损伤病人的临床观察，该方法对心理过程的分离是在实施双任务的基础上基于所谓的双分离原则而进行的；过程分离法是由雅各贝（Jacoby）在成功分离出参与记忆活动的意识加工与无意识加工过程的基础上明确提出的，在一定程度上具有革新研究范式的意义。19世纪荷兰生理学家东德斯（Donders）最早提出反应时间的相减法，其实质正是通过反应时指标完成对人的心理过程的分离，不仅如此，该方法还直接成为脑功能成像研究中用减法设计实验范式的思想来源。

（二）行为实验软件及特点

目前常用的行为实验软件有 E-prime、Presentation、Super-lab 等，可以

融入音频、视频、图片、文字等作为刺激材料，记录被试者的反应时间、正确率，最新的版本可以记录被试者的口头报告。以上几个软件中 E-prime 最简单，门槛相对较低，并且随着技术的发展，E-prime 等行为实验软件可以通过安装插件支持 EEG 生产商（例如 Neuroscan）、MRI 等实验实施的软硬件，通过 E-prime 设计出来的行为实验程序与 EEG、MRI 等记录工具实现同步，从而达到认知神经科学研究的目的。

二、眼动仪

有研究表明，人类来自外界的信息有 80%~90% 是通过眼睛获取的，可以说眼睛是人心灵的窗口，通过这个窗口我们可以探究人的许多心理活动规律。另外，眼动是具有一定规律性的，而这些规律性揭示了认知加工的心理机制。由此可见，研究人的眼动是具有很大意义的。

（一）眼动仪在市场研究中的作用

眼动（Eye Movements）实际上包括注视（Fixation）与眼跳（Saccade）两种最基本的运动。

1948 年 Hartridge and Thompson 发明了第一个头盔式的眼球跟踪器。眼球跟踪器现在有很多种类，不过使用最广泛的是光学眼球跟踪器，反映眼球中的光线（一般是红外线），并通过摄影机或者一些特别设计的光学传感器来测量。这种类型既没有侵略性也不昂贵，所以最常用到。此外，它不仅支持质化研究也支持量化研究。

这些研究（包括那些在营销方面的）的兴盛，不仅仅是技术进步的结果，还因为将眼球跟踪数据与认知过程联系起来的心理学的重大进步。在 Just 和 Carpenter 有力的眼球—心理（Eye-mind）假说中，他们指出在人们的注视和思考之间没有可察觉的间隔，所以当一个人看一个字或一个物体时，他也在认识和思考那个字或物体，时间与记录的注视时间相同。因此，注视的方向可以与注意力的集中相联系，这提供了一个过滤器官接收信息的手段。但是这个假说遭到了质疑，尽管现代研究已经系统地证实了，没有眼球运动的注意力转移也是有可能的，并且注意力移到了新的位置上，只要条件允许眼球也会跟着转移。于是遗留的问题是，什么条件或特征使注意力转移到了特别的位置？视觉注意力之后的情感和动机过程的特点是什么？

人们常常聚焦于可能提供重要信息的物体上。注意力的移动依赖于任务的需要，尽管有些因素更有可能捕捉到注意力，特别是具有更强生物意义的因素，比如，活动的画面、情感刺激和人脸识别。人们对人脸的识别比其他任何视觉刺激都更快、更准确，有证据表明如果脸部具有情感含义，那么对人脸的识别会加强。

富有感情的信息比中立的信息能更快和更长地捕捉人们的注意力。但是，对于刺激的情感效价，人们并没有完全认同它的影响。有些研究者假设，只有高度进化的消极刺激可以促进认知进程，因为即使是在一个非常分心的环境中人们也能更快地注意到它们。不过大部分的证据表明，消极的和积极的刺激都能够抓住注意力。

眼球跟踪技术已经得到了良好验证，它能够确定视觉注意力的流动以及最吸引注意力的事物。眼球跟踪研究的记录可以揭示认识刺激物的不同等级，例如哪些元素能被更早地感知，哪些会被推迟感知，哪些停留在外围或者没有被注意，以及接触时间，例如每个元素被注意了多长时间。眼球跟踪技术在商业中也大有用处，包括网站可用性、广告、产品及包装设计、汽车技术、电影、游戏，以及货架试销和商店试销。

市场研究中第一次使用眼球跟踪是为了定性分析，包括单个人的数据分析和大型商店的研究，眼球跟踪可以分析出消费者在逛街的时候注意到了什么。在可用性研究（特别是网站）中，眼球跟踪能够测量出网站界面、广告界面和用户界面的最佳间隔，以及特殊元素的可视性。最近几年，定性分析也调查了兴趣领域，比如，中心视觉关注点的预选位置。这样的分析对测试包装设计特别有效，它可以检查出像商标或产品名称这类重要元素是否显眼。

（二）眼动仪应用领域

眼动仪在大的领域主要应用于以下相关研究。

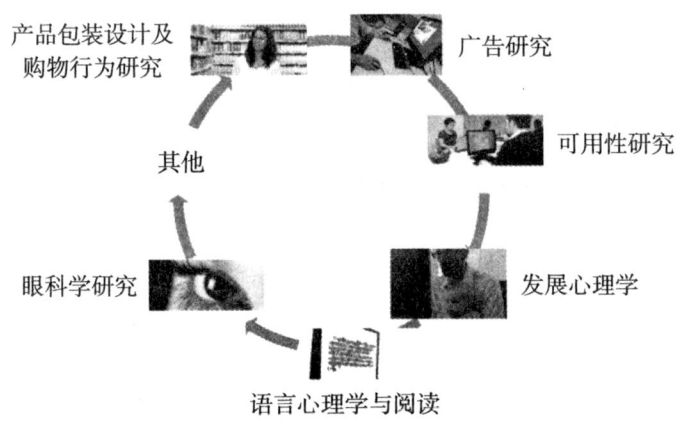

图 12-1　眼动仪的相关应用领域

1. 广告心理学中的研究

广告作为一种信息传递方式，目的在于推销商品。广告心理学是将心理学的基本原理用于广告设计，通过对消费者的心理过程和特点的研究，设计出最能激起消费者购买欲的广告。人们通过测量多种心理效应来判断广告在消费者群体中产生的效果。测定广告心理效应的方法有：广告媒体的认知测量、广告媒体的记忆测量、视向心理测量和意见测量等。其中视向心理测量是广告心理学研究的重要内容，其测量中经常使用的仪器就是眼动仪。眼动仪可以将顾客注视广告时的眼动轨迹记录下来，通过分析记录的数据，可以清楚地了解顾客注视广告时的先后顺序，对画面的某一部分的注视时间（分析结果时可以划分兴趣区间）、注视次数、眼跳距离、瞳孔直径（面积）变化等。并以此来分析广告观看者的心理活动，这有助于广告商了解到广告受众是否按广告制作人的意图去注视广告，是否漏看了广告主（出资人）最为关注的诸如公司名称、商品名称及与众不同的特点、品牌标记等重要信息。通过眼动分析可以为广告设计者对于广告布局（重要信息的位置）、插图和文案进行合理的安排提供有用的依据，也可以为评价广告设计效果提供客观指标。

2. 动机与态度的研究

在相同情境下，记录被试者的眼动信息，可以探测到被试者信息的选择取向，从而研究不同个体在相同情境下的动机与态度取向。比如，对不同商品的注视时间等可以反映被试者的兴趣志向和消费动机。

3. 工效学及艺术设计研究

在工程设计中经常要考虑人的因素的制约性。如视觉信息搜索的速度、范围及其快捷性等。眼动的工效学就是利用眼动指标来探测人、机交互作用中视觉信息提取及视觉控制问题，使设计符合人的身体结构和身心特点，实现人、机、环境之间的最佳结合，让人们更容易、更有效、更舒适和更安全地工作。

（三）眼动仪主要品牌及型号

一般来说，现代眼动仪的结构一般包括四个系统，即光学系统、瞳孔中心坐标提取系统、视景与瞳孔坐标叠加系统和图像与数据的记录分析系统。

目前主要的眼动仪品牌包括以下四家：瑞典的拓比（Tobii）公司、加拿大 SR 公司生产的 Eyelink 眼动仪、德国 SMI 公司生产的 SMI 眼动仪、美国 Arrington 公司生产的 Arrington 眼动仪。每一家除了生产相关硬件设备外，都有自己的相关软件作为支撑，如拓比眼动仪自带的 Tobii studio 软件系统。

图 12-2　眼镜式眼动仪的基本组成部分

三、脑电设备

（一）测量的主要指标

EEG记录下所有的脑电变化图，由于EEG受多种因素影响，变量比较驳杂，所以很难从中剥离出相对有效的数据，因此相关测量的指标目前还存在争议性，一部分研究者已经开始进行相关数据的提存尝试，并且获得了一定的进展。

ERPs诱发电位的分类方法有多种，依据刺激通道分为听觉诱发电位、视觉诱发电位、体感诱发电位等；根据潜伏期长短分为早潜伏期诱发电位、中潜伏期诱发电位、晚潜伏期诱发电位和慢波。临床上为了实用，将诱发电位分为两大类：与感觉或运动功能有关的外源性刺激相关电位和与认知功能有关的内源性事件相关电位。

ERPs是在注意力的基础上，与识别、比较、判断、记忆、决断等心理活动有关，反映了认知过程的不同方面，是了解大脑认知功能活动的"窗口"。

ERPs成分表示在某一个时间点上诱发出的具有明显波幅变化的脑电。经典的ERPs成分包括P1、N1、P2、N2、P3（P300），其中P1、N1、P2为ERPs的外源性（生理性）成分，受刺激物理特性影响；N2、P3为ERPs的内源性（心理性）成分，不受刺激物理特性的影响，与被试者的精神状态和注意力有关。现在ERPs的概念范围有扩大趋势，广义上讲，ERPs尚包括N4（N400）、失匹配阴性波（Mismatch Negativity，MMN）、伴随负反应（Contingent Negative Variation，CNV）等。内源形成分的P300是ERP中最典型、最常用的成分，与认知过程密切相关，被视为"窥视"心理活动的一个窗口，并认为它是脑研究的一种新型手段。因此长期以来有人通常以P3作为事件相关电位的代称，虽失之偏颇，但临床应用甚广。

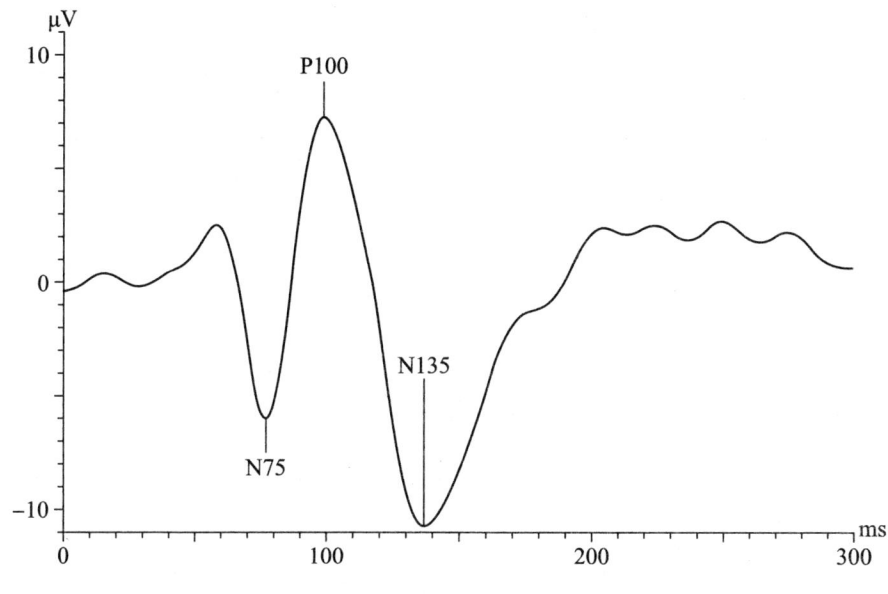

图 12-3　ERPs 不同成分 N75/P100/N135 示意图

图 12-3 中 P 表示正波，即 positive，如 P100 表示在 100ms 左右出现的波幅为正向的脑电；N 表示负波，即 negative，如 N75 表示在 75ms 左右出现的波幅为负向的脑电。其余成分依此类推。

这些成分一方面可以结合在不同脑区的活跃程度用来代表不同的心理活动，另一方面也可用于不同信息刺激的比较，如图 12-4 所示。

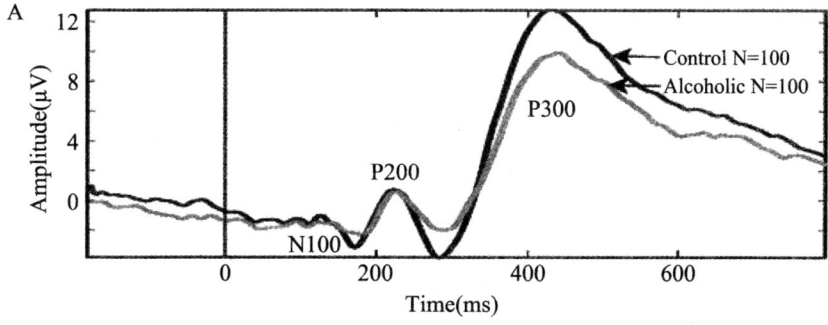

图 12-4　喝酒组和实验组被试的 P300 成分差异图

如图 12-4 中，喝了酒的实验组相较于没有喝酒的控制组，在 300ms 左右产生了较低的 P300 成分。

（二）EEG 主要设备及型号

脑电设备一般由脑电信号放大器、专用电极帽、相关配套的数据记录和分析软件以及其他配件等几部分构成，个别脑电设备还配有若干辅助输入导联，能够采集眼电（EOG）、肌电（EMG）、心电（ECG）、诱发电位（SEP）和其他外围设备信号 GSR，如呼吸、加速度、温度等。

在事件相关电位系统领域，主要有美国的 Neuroscan、Biosemi、ANT，德国的 BP、EGI 等几种产品。相关比较情况如表 12-1 所示。

在以上五种品牌系统中，Neuroscan 的价格相对较高，其次是 BP、EGI、ANT、Biosemi。在欧美市场中，以 Neuroscan 品牌为参照，其他各品牌价格大致相当于其 2/3，有的价格在其 1/2 左右。但在考察国内用户的过程中，Neuroscan 的价格与其他品牌的差距没有那么大。以 128 导系统报价为例：Neuroscan 为 16 万美元、Biosemi 为 13 万美元、ANT 为 14 万美元、BP 为 15 万美元、EGI 为 15 万美元；以 256 导系统为例：Neuroscan 为 35 万美元、Biosemi 为 29 万美元、ANT 为 30 万美元、BP 为 33 万美元、EGI 为 32 万美元。

1. 导联数

根据不同电极帽所带的导联数，可以将电极帽分成不同的导联数，从 1 导联到 512 导联不等，一般是 64 导联和 128 导联。

2. 安装方式

根据电极帽的不同佩戴方式可以分为帽式佩戴方式和额带状佩戴方式。帽式佩戴方式的电极导联数量一般较多，直接戴在头上；额带式的相对较少，一般以个位数计，甚至只有一个导联数，直接勒在额头上。

（三）功能性磁共振成像（fMRI）

功能性磁共振成像（fMRI）技术可以显示大脑各个区域内静脉毛细血管中血液氧合状态所起的磁共振信号的微小变化。fMRI 作为无损和动态的探测技术，已日益成为观察大脑活动，进而揭示脑和思维关系的一种重要方法。

表 12-1 五种主要脑电设备的差异一览表

参数	最高采样率/导数	采样方式	A/D转换	输入阻抗	共模抑制比	输入噪声	带宽	灵敏度（DC）模式	灵敏度（AC）模式
Neuroscan	20kHz/256	同步	24bit	10GOhms	>108dB	4upp, 01–100Hz	3500Hz	24nV/bit	3nV/bit
Brain Products	5kHz	—	16bit	10MOhm	120dB	1uVpp	1000Hz	100nV	—
EGI	1kHz	S/H	16bit	200MOhm	—	4uVpp	N/S（2kHz）	—	—
Biosemi	16kHz/8	N/S	24bit	300MOhm	>80dB	4uVpp	3200Hz	31.3nV/bit	—
ANT	5kHz/64	N/S	24bit	1.0TOhm	90dB	<1.5uVpp@100Hz	N/S	29.8nV/bit	—

表 12-1 五种主要脑电设备的差异一览表

参数	最高采样率/导数	采样方式	A/D转换	输入阻抗	共模抑制比	输入噪声	带宽	灵敏度（DC）模式	灵敏度（AC）模式
Neuroscan	20kHz/256	同步	24bit	10GOhms	>108dB	4upp, 01–100Hz	3500Hz	24nV/bit	3nV/bit
Brain Products	5kHz	—	16bit	10MOhm	120dB	1uVpp	1000Hz	100nV	—
EGI	1kHz	S/H	16bit	200MOhm	—	4uVpp	N/S（2kHz）	—	—
Biosemi	16kHz/8	N/S	24bit	300MOhm	>80dB	4uVpp	3200Hz	31.3nV/bit	—
ANT	5kHz/64	N/S	24bit	1.0TOhm	90dB	<1.5uVpp@100Hz	N/S	29.8nV/bit	—

1. 基本原理

fMRI 是基于神经元功能活动对局部氧耗量和脑血流影响程度不匹配所导致的局部磁场性质变化的原理。血红蛋白包括含氧血红蛋白和去氧血红蛋白，两种血红蛋白对磁场有完全不同的影响。氧合血红蛋白是抗磁性物质，对质子弛豫没有影响。去氧血红蛋白属顺磁物质，可产生横向磁化弛豫时间（T2）缩短效应（perferential T2 proton relaxation effect，PT2PRE）。因此，当去氧血红蛋白含量增加时，T2 加权像信号降低。当神经元兴奋时，电活动引起脑血流量显著增加，同时氧的消耗量也增加，但增加幅度较低，其综合效应是局部血液氧含量的增加，去氧血红蛋白的含量降低，削弱了 PT2PRE，T2 加权像信号增强。总之，神经元兴奋能引起局部 T2 加权像信号增强，反过来就是 T2 加权像信号能反映局部神经元的活动。这即 BOLD（blood oxygenation level dependent）效应。早期的 fMRI 是单纯利用神经元活动的血流增强效应，利用注射顺磁造影剂的方法来实现的，后来随着成像技术的发展，才形成 BOLD。

利用 fMRI 在"观察活动中的大脑"时，不仅时间分辨率更高，就连空间分辨率也可达到毫米水平。借助 fMRI，对大脑的研究便可扩展至记忆、注意力、决定……在某些情况下，fMRI 技术甚至能够识别研究对象所见到的图像或者阅读的词语。对个人内心世界的这些揭示不禁让人期待在大脑中鉴别谎言这种复杂状态的可能性。

2. 主要特点

fMRI 的基本特点主要有空间分辨率高、无创、简便和易于重复研究。fMRI 的实验成本较高，一般一个被试者的实验成本为 200~300 元。

3. 主要研究领域

一是感觉和运动皮层的 fMRI 研究。fMRI 对脑视觉皮层和运动皮层功能区激活模式的研究已有大量报道。功能性磁共振成像的第一幅脑激活图像由 Belliveau 等在 1991 年得到，Belliveau 等[1]向血液中注射顺磁性对照物，

---

[1] Belliveau J W, Kennedy DN, Mc Kinstry RC, et al.. Functional mapping of the human visual cortex by magnetic resonance imaging. Science, 1991.

发现光刺激时初级视觉皮层的血流容积增加。此后的研究多采用 BOLD 法，研究发现 fMRI 反应幅度似乎与刺激强度有一定函数关系，但不是线性的（Blamire et al., 1992；Ogawa et al., 1992；Kwong et al., 1992）。早期有关灵长类动物的视觉神经解剖和生理方面的文献为人视觉的脑功能成像研究提供了具体指导。研究表明，人的视觉皮层与灵长类动物的视觉皮层是同源的。利用 fMRI 的高空间分辨率可得到比 PET 更精细的初级视觉皮层视网膜结构图谱（Schneider et al., 1993）。发现颞中回区（MT 区）对视觉运动有选择性反应（Tootell et al., 1995a），与 PET 研究一致[1]，还发现当个体观看静止刺激产生运动错觉时，MT 区激活（Tootell et al., 1995b）。与猕猴类似，人脑腹侧枕颞通路与物体的视觉辨别有关，背侧枕顶通路与物体及朝向运动的空间感知有关[2]。使用 fMRI 和相位编码刺激技术，实现了对人脑视皮层 V1、V2、VP、V3 和 V4 各区的精确定位[3]。需要指出，不仅视觉刺激可激活视觉皮层区，而且视刺激想象也可激活视觉皮层。

fMRI 对运动皮层激活的研究也发现了新的特点（Rao et al., 1993）。如在右利手个体中，右手手指的简单运动仅能激活左侧初级运动区，但复杂运动可激活非初级运动区，即辅助运动区和两侧前运动区，推测后两种运动区可能参与复杂运动的产生与编程（generation and programming）。如果考察利手因素，发现大脑两半球运动皮层区的激活模式存在不对称性[4]。无论是右利手还是左利手，右半球运动皮层通常被对侧的手指运动激活，但左半球运动皮层可被对

---

[1] Cohen MS, Bookheimer SY. Localization of brain function using magnetic resonance imaging. Trends Neurosci, 1994.

[2] Le Bihan D, Jezzard P, Haxby J, et al.. Functional magnetic resonance imaging of the brain. Annals Internal Medicine, 1995.

[3] Sereno MI, Dale AM, Reppas JB, et al.. Borders of multiple visual areas in humans revealed by functional magnetic resonance imaging. Science, 1995.

[4] Kim SG, Ashe J, Hendrich K, et al.. Functional magnetic resonance imaging of motor cortex: Hemispheric asymmetry and handedness. Science, 1993.

侧和同侧的手指运动激活，这种现象右利手比左利手表现更明显。研究中也发现，想象简单手指运动可激活初级运动区，想象复杂手指运动可激活非初级运动区。

二是听觉及语言加工的 fMRI 研究。听觉语言刺激时观察到双侧颞上回及颞上沟的激活，发现颞上回感知语音特征而不是语义特征（Binder et al., 1994），而左下前额皮层（对应于 Brodmann 45、46、47 区）与语义编码和提取有关，与任务难度无关（Demb et al., 1995）。在进行不出声的词产生（covert word generation）任务时，观察到左下额叶的激活（McCarthy et al., 1993; Hinke et al., 1993; Rueckert et al., 1994），该区域在额下沟下，包括 Brodmann 44、45、47 区甚至向前扩展到 Brodmann 10 区，可能是一个语言联合皮层区，该工作重复并扩展了 PET 的研究（Petersen et al., 1988）。另外，更系统的研究发现，与语言加工有关的皮层激活限制在左半球的额叶、颞叶和顶叶的网络区，在 Wernicke 区外存在颞顶语言区，包括颞中回、颞下回、梭状回、角回，在 Broca 区外存在扩展的左前额语言区[①]。

在一项关于句子理解的研究中（Just et al., 1996），观察到经典左半球语言区（Wernicke 区和 Broca 区）及相应右半球区的激活（右半球的激活范围要小一些），发现随着句子的复杂性增加，脑激活的范围增大。显然，认知加工的脑激活程度依赖于任务的要求。

三是学习和记忆等认知过程的 fMRI 研究。fMRI 出现初期，大量研究主要集中在脑的感觉和运动功能上，随后才转向高级认知过程的研究，这方面精巧的实验设计使 fMRI 研究者进一步拓展了人的学习和记忆的研究，对高级联合皮层的功能做了进一步的阐明，弥补了其他方法的缺陷。

工作记忆（working memory）是一种重要的认知功能，进行复杂认知任务如语言理解、学习、推理、心算时，需要在工作记忆系统中做临时性的信

---

① Binder JR, Frost JA, Hammeke TA, et al.. Human brain language areas identified by functional magnetic resonance imaging. J Neuroscience, 1997.

息储存和操作。Baddeley（1986，1992）将工作记忆分为三个成分，一个中枢执行系统（the central executive system）及两个伺服系统——"视觉空间缓冲区"（visuospatial sketchpad）和"语音环"（the phonological loop）。这一模型得到心理学实验的支持，脑功能成像技术的出现使其神经活动基础有所阐明。进行威斯康星卡片分类测验需要工作记忆参与，PET和fMRI的研究均发现完成该任务时背外侧前额皮层区（额中回）激活，另外类似的需要工作记忆参与的研究发现了类似的结果。右利手被试者中系列数字心算（从一个较大的数依次减去一个较小的数，如500-13），主要激活背外侧左前额皮层（对应于Brodmann46区）和两侧顶部皮层，简单心算（如一次性加减法）激活两侧顶部皮层（对应于Brodmann7区）[①]。进行需要空间工作记忆的任务时，发现右半球前额、枕、顶及前运动皮层的广泛激活[②]，另外的研究只发现两侧额中回的激活，且右半球的激活程度比左半球强（McCarthy et al., 1994）。词语性工作记忆成分（verbal component of working memory）的语音储存与左缘上回（left supramarginal gyrus）有关，其语音复述系统可能与Broca区有关[③]。采用双任务（dual-task）作业研究中枢执行系统的脑机制[④]，发现背外侧前额皮层是中枢执行系统的神经基础，它负责注意资源的分配与协调，使背外侧前额皮层的作用得以进一步认识。有可能中枢执行系统功能在前额叶完成，两个伺服系统功能在脑后部的颞、顶、枕区完成。这使得研究猴子得到的结论（Funahashi et al., 1989；Goldman2 Rakic et al., 1987；

[①] Burbaud P, Degreze P, Lafon P, et al.. Lateralization of prefrontal activation during internal mental calculation: A functional magnetic resonance imaging study. J Neurophysiol, 1995.

[②] Jonides J, Smith EE, Koeppe RA, et al.. Spatial working memory in humans as revealed by PET. Nature, 1993.

[③] Paulesu E, Frith CD, Frackowiak RSJ. The neural correlates of the verbal component of working memory. Nature, 1993.

[④] D'Esposito M, Detre JA, Alsop DC, et al.. The neural basis of the central executive system of working memory. Nature, 1995.

Wilson et al.，1993）进一步在人身上得到了证实和扩展。

fMRI 对运动技能学习的研究也得到了有趣的结果[①]。让被试者反复学习一套复杂的手指运动，训练前，重复进行某一序列的手指运动发现初级运动皮层区（M1）激活范围变小，这是一种习惯化效应，但训练后激活范围变大，表明 M1 区加工模式的改变，四个星期后被试者完成训练的手指运动序列其 M1 区激活范围比没有经过训练的运动序列的激活范围大，这种现象可持续几个月之久，反映了 M1 区在运动技能学习过程中长时间的结构重组过程，说明运动技能学习可能存在两个阶段，即初始的快速阶段（相应的一群神经细胞激活）和后期较慢的演变阶段（另外的神经细胞被纳入）。

陈述性记忆（declaritive memory）形成依赖于颞叶内侧结构，包括海马、旁海马、嗅内皮质等区，它对于信息的编码和保存起关键作用[②]。另外的研究显示了前额叶在记忆的储存和提取中的重要性，左前额皮层在信息编码时被激活，右前额皮层在信息提取时被激活，不论提取的是词语信息还是视觉信息（Kapur et al.，1994；Tulving et al.，1994；Fletcher et al.，1995）。此外，fMRI 研究发现小脑齿状核在问题解决任务中被激活，支持小脑参与认知功能的观点（Kim et al.，1994）。

四是 fMRI 的其他研究。fMRI 的独有特点使其能研究人的心像（mentalimagery），如心理旋转过程的脑激活[③]。用经典的不规则三维立体图对此刺激，观察到心理旋转过程中顶部皮层（Brodmann7 区，有时扩展到 Brodmann40 区）、额上回（Brodmann8 区）、纹外区（包括 Brodmann39、19 区）等广大皮层区的激活，表明心理旋转时的脑区激活与辨认真实运动物体时的脑区激活模式是类似的。用 fMRI 也研究了视觉想象和音乐想象过程的

---

① Karni A, Meyer G, Jezzard P, et al.. Functional MRI evidence for adult motor cortex plasticity during motor skill learning. Nature, 1995.

② Squire RL, Zola2Morgan S. The medial temporal lobe memory system. Science, 1991.

③ Cohen MS, Kosslyn SM, Breiter HC, et al.. Changes in cortical activity during mental rotation: A mapping study using functional MRI. Brain, 1996.

脑激活。让被试者分别想象自己走在家乡的街道上且在"看"优美的风景，想象自己家里人的面孔，想象刚才所看到的8Hz闪光刺激，想象夜幕下的一轮明月，均观察到初级视觉皮层V1区的激活，但激活范围有所差别（Chen et al, 1996）。视野大较少细节的想象模式激活V1区前部，视野小较多细节的想象模式激活V1区中后部，这表明V1区参与了视觉想象加工，其激活范围和强度依赖于心像特点以及回忆和构造图像的能力。研究中还发现视觉想象训练增强了V1区的激活。

另一项关于音乐想象的实验也得到了有趣的结果（Chen et al., 1996）。让被试者分别想象自己熟悉的古典音乐且在"听"，发现双侧初级听觉皮层激活，右半球激活程度稍强，右颞叶听觉联合皮层（BA22）强烈激活，表明右颞叶参与了音乐想象；丘脑枕核（pulvinar）、下丘、外侧丘系也被激活，表明音乐想象神经通路与听觉通路一致；左半球壳核（putamen）明显被激活，可能参与时间序列加工；观察到丘脑（双侧）和下丘脑（右半球更明显）强烈激活，下丘脑可能是解决音乐之所以具有魅力的关键，它几乎参与情绪行为的各方面，通过纤维投射与杏仁核相连。有报道左杏仁核与悲伤情绪有关，右杏仁核可能与快乐情绪有关，而与右杏仁核联系密切的右侧下丘脑激活也许可说明一些问题。此外还观察到顶、额皮层的激活，说明心像引起脑激活的复杂性。

四、其他测量工具

人的情绪变化总是伴随着一系列生理变化，如呼吸、血压、脉搏、血管容积和腺体分泌等，因此，其他的生理指标也可以作为测量注意、记忆、情绪等的重要工具和手段。

（一）心电（ECG）

心电（Electrocardiography，ECG或者EKG）是一种经胸腔的以时间为单位记录心脏的电生理活动,通过皮肤上的电极捕捉并记录下来的诊疗技术。ECG 的基本原理是:在每次心跳心肌细胞去极化的时候会在皮肤表面引起很小的电学改变,这个小变化被心电图记录装置捕捉并放大即可描绘心电图。ECG 信号一般非常微弱,即使外界很微弱的干扰都会对信号产生很大的影响。心电是考察被试者情绪变化的一个重要指标。

(二)面部肌电(EMG)

另一个在市场研究中使用的精神生理学技术是面部肌电图(EMG)——鉴定面部肌肉的生理特性。肌电图(electromyography,EMG),应用电子学仪器记录肌肉静止或收缩时的电活动,及应用电刺激检查神经、肌肉兴奋及传导功能的方法。收集时一般采用表面导出法,即把电极贴附在皮肤上导出电位的方法,目前很多脑电设备都集纳了收集 EMG 的相关导联模块,直接使用即可。

在对面部几点进行测量时最常研究的肌肉是皱眉肌、颧肌以及眼轮匝肌。它提供了一种有力的工具来检查随意的(颧肌)和不随意的(皱眉肌和眼轮匝肌)面部肌肉运动,如图 12-5 所示。

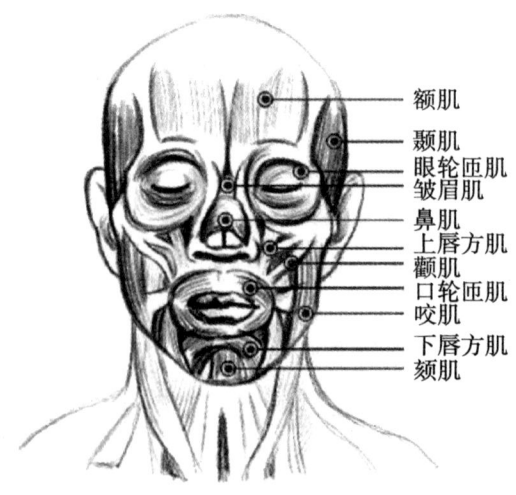

图 12-5 人的面部肌肉分布

这有可能反映出有意识的和潜意识的情感表达（Dimberg，Thunberg，and Elmehed，2000；Cacioppo et al.，1986；Cacioppo，Tassinary，and Berntson，2000；Larsen，Norris，and Cacioppo，2003；Ohme，Matukin，and Osiecki，2008）。面部肌电图可以研究情感表达和社会交流。一些研究者也成功地使用面部肌电图来追踪消费者对广告的反应。例如，Bolls、Lang 和 Potter（2001）证明当广播广告有一个积极的情感音调时，颧肌活动得更强烈，而在广告使用消极的情感音调时皱眉肌活动得更强烈。Hazlett（1999）拿面部肌电图展示对电视广告的情感反应与自我陈述的反应做比较，发现面部肌电图提供了一个对情感反应更敏感的指示器，所以面部肌电图对在广告中情绪一致的事件会产生密切的反应。同时，他们也发现与自我陈述相比，面部肌电图方法在五天后实施的品牌回想（brand recall）中关联更多。因此，他们总结说，"面部肌电图方法能够反映出定性的丰富以及被观察者情绪反应的复杂性，而这些是自我陈述不能做到的，并且在同一时间也不能提供精确的和持续性的定性数据"。

（三）皮肤电反射（GSR）

皮肤电传导的变化与汗液分泌相关，而汗腺活动又受到中枢神经系统和交感神经系统的调节和控制。因此皮肤电反应间接地反映了神经系统的活动状态。许多心理现象与皮肤电水平有密切关系。人在情绪状态时，皮肤内血管的舒张和收缩以及汗腺分泌等的变化，能引起皮肤电阻的变化。例如，当你感到镇定和放松时，皮肤电阻会增大（电流减小），而当紧张、兴奋、心烦意乱时皮肤电阻会降低。这种由刺激引起的心理兴奋或抑制产生的皮肤电传导变化的现象称为皮肤电反射，简称GSR。皮肤电传导的变化受刺激强度、工作进程、工作性质、适应水平、情绪强度等因素的影响。因此它可以用作评价情绪唤醒水平和某些心理活动的指标。

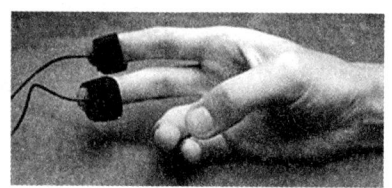

图 12-6　GSR 测量示意图

皮肤电反应是情绪反应中常用的测量指标，其原理是：在人情绪激烈时，皮肤内血管的舒张和收缩等变化，能引起皮肤电阻的变化，以此来测定植物性神经系统的情绪反应。同时皮肤电反应也可以反映汗腺分泌，它受被试者情绪觉醒程度、手指温度和手指活动的影响，情绪觉醒幅度的变化能引发明显的皮肤电反应变化，因此该技术还经常被用来测谎等。

皮肤电反射（GSR）方法是被广泛描述和广为人知的测试精神生理学反应的方法。这种方法是在自主神经系统（ANS）活跃时，皮肤电反应的微妙变化。因为自主神经系统（ANS）活跃度的增加是对刺激反应的显示器，可以使用皮肤电传导来测量相关的刺激反应（Ravaja, 2004）。在广告研究中，皮肤电传导法是稀有的，虽然在测量其他情绪项目时，一些研究者已经将皮肤电传导法作为一种验证工具（Aaker, Stayman, and Hagerty, 1986; Bolls et al., 2001）。在访谈应用皮肤电反射（GSR）的市场研究者和分析实践者案例之后，LaBarbera 和 Tucciarone（1995）总结出皮肤电反射（GSR）在预测市场行为方面比自我陈述的方法好，不过他们也明确地规划了设备的重要准则和应该在皮肤电传导设计中采用的统计公式。此外，LaBarbera 和 Tucciarone 认为许多之前的广告领域的皮肤电反射（GSR）研究（大部分在 20 世纪 60 年代进行），没有确定任何效果，因为它们缺乏足够灵敏的设备或者精确的统计学报告，这些都使他们不能将"噪声"和真实的激励反应分离。个体差异性在皮肤电反射（GSR）中是显而易见的。如今，科技的进步和复杂的统计模型有助于攻克这样的难题，尽管皮肤电反射（GSR）中一个主要的缺陷还存在：它不能确定情绪反应的方向和效价（valence），而只能测量刺激强烈与否的程度。因此，不管是令人愉快的广告刺激还是让人排斥的广告刺激，都能引起大的皮肤电反射（GSR）反应。

（四）呼吸（RSP）

呼吸是指人体与外界环境进行气体交换的总过程。呼吸是人体的一个重要生理过程，对人体呼吸的监护检测也是现代医学监护技术的一个重要组成部分。呼吸信号（RSP）的生理指标主要有两个：呼吸频率和呼吸幅度。呼吸频率是描述单位时间内呼吸的次数，受到各种内源性和外源性因素的影响；呼吸幅度是人体胸廓内气体压力随着呼吸而发生的变化。

呼吸信号对识别情感状态是非常有用的。例如：深沉而快的呼吸表明激动的情绪，伴随着的情感可能是高兴、愤怒或是害怕；深沉而缓慢的呼吸表明一种放松的状态；肤浅而急促的呼吸表明紧张情绪；肤浅而慢的呼吸表明是平静或是消极的状态。对呼吸信号进行滤波处理即可。

（五）脉搏信号（Pulse）

脉搏信号 Pulse 是一种微弱的生物电信号，是神经细胞传导信息时在血管内部或皮肤表面电活动的总体反映。脉搏就是有节律的动脉搏动。具体而言是由每一个心动周期中心室的收缩和舒张，引起动脉扩张和回缩，进而引发主动脉根部的搏动波，该搏动波又沿着动脉壁依次向全身各动脉传播。动脉脉搏的具体形态可因描记的部位不同而有变化。

第三节　新媒体营销传播的认知神经范式

认知神经科学带给传播学最大的吸引力是其研究工具的先进性和科学性，一定程度上可以摆脱传统传播学研究的主观属性的束缚，真正将之推向传播学研究的更高水平。认知神经科学实验工具都具有"刺激—反应"的理论假设前提，在结果呈现上更加精准和细致化。但实验室法一直被人们诟病，是因其将社会行为人为地抽离其发生的时空情境，另外不同的工具只能够探测出受众心理和生理的某一方面的变化，个别工具的发展本身也具有局限性，因此对工具的使用要辩证地看待，在实验设计上尽量体现多元化工具、多通道信息刺激的方式，这样得出的结论才有可能接近现实。

一、近年来营销传播认知神经范式的研究发现及进路

（一）潜意识是影响消费决策的重要因素

以往广告营销对消费者的消费决策的研究，是建立在消费者面临消费选择时能够完全自知选择特征的假设之上的，因此，传统研究消费特征的主要方法之一是问卷调查法。并且，由此所得出的消费决策过程模型也建立在"完全自知"的基础之上，如经典的 AIDA（Affention, Interest, Desire, and Action，关注—感兴趣—希望—行动）模型。但是，认知神经科学家的研究表明，消费者对自己的需求并非都是自知的。斯坦福大学的神经科学家 Steven Quartz 认为，不管问卷的效标有多么客观，最终仍然是经过大脑后期加工处理以后的判断，而实际上很多需求来自前期处理。神经学的威力就在于它能揭示大脑潜意识当中的需求。传统的"文案测试"（copytesting）方法，难以有效得到类似 AIDA 模型中各变量的真实情况，而神经科学为揭示人脑这种潜意识需求提供了可靠方法（目前还包括其他的一些生理测量方法，如眼动、心跳、皮肤温度等，但实际上均与神经系统的信息传递有关）。

2002 年哈佛商学院教授 Gerald Zaltman 提出把被试者在阅读图片的时候所记录下 fMRI 的数据与其他指标一起进行联合分析，可最终得到消费者的"心智地图"。Zaltman 认为，消费者只是对自己的感觉忠诚，但是"人们经常不知道自己知道什么——消费者 95% 的想法来自潜意识，而传统研究方法基本上触及不到"。

（二）商品质量并非购买的最终决定因素

2004 年美国贝勒医学院人类神经影像学实验室主任 Read Montague 教授等人做的非常著名的关于百事可乐和可口可乐的品尝的脑成像研究，其研究成果被认为是神经营销学领域的标志性成果，该研究发现可口可乐品牌所激活的脑区被认为是与高水平的认知能力有关的区域。这一研究表明品牌对消费者的作用是高级认知功能区域活动的结果，此时与味觉相关的低级认知功能区域被高级认知区域所取代。这项研究实际上证明了广告营销中的一个关键命题，即产品的质量并不是购买的最终决定因素。消费者在处理知名品牌时，有关积极情绪处理、自我肯定、奖赏的皮层神经回路被激活，该激活模式与该品牌提供的产品或服务分类无关；而处理非知名品牌时，工作记忆和负情绪反应相关的脑区域更加活跃。

（三）品牌的接受过程从低涉入的潜意识开始

百事可乐和可口可乐的味觉与品牌的神经学研究表明，品牌一旦在消费者大脑中建立，维系它的是与情感有关的高级认知活动的结果。那么，品牌是如何在消费者大脑中建立的呢？对这一问题的研究起始时间更早一些，2001 年 Robert Heath 在他的《广告的隐蔽力量：低涉入过程怎样影响我们选择品牌的方法》一书中大量采用了心理学和神经科学的研究成果，提出了完整的广告对消费者的作用模型。该模型认为品牌吸收过程（接受过程）是通过低涉入度的潜意识处理来实现的，其内容包括长期记忆、内隐记忆和内隐学习等。而有关长期记忆、内隐记忆、内隐学习等的研究，都是近年来认知神经学的热门研究领域的一部分。这为如何制定吸引新客户的广告，提供了神经学上的依据。

（四）体验式营销

广告营销研究中借助认知神经科学手段得出的有关神经反应区域和脑电

特点的基础研究成果,常常能够直接为制定广告策略、营销策略提供依据。如 2004 年在美国总统选举期间,加州大学就做了一项关于共和党和民主党人对竞选广告的大脑神经反应的差异研究,结果发现,民主党人在面对有"9·11"恐怖袭击画面的广告时,与恐惧和高兴相关联的脑区域也有强烈的反应。这为共和党的广告竞争策略提供了依据(虽然从应用的领域来看,这个实验应归为政治心理学的实验,但在广告的角度,也可以作为一个营销的例子来介绍)。

另一个有趣的研究是,2004 年美国国家卫生研究院(NIH)和德国汽车公司合作,做了一项关于汽车品牌的实验。该研究发现当被试者看到名牌汽车商标并想象自驾的时候,与看到非名牌车标相比,大脑内侧前额叶皮质的神经元有明显的活动。而这一区域和"处理自我信息"有关,即当人们感受到所接触的外在世界和自己有高度相关性或有比较熟悉、亲切的感觉时,这个区域的神经元活动便会增加。这为体验式销售提供了神经学上的依据。

(五)相关研究新动向

将认知神经科学引入广告营销后的研究成果的实用性,导致了一种有趣的现象:业界比学界更钟情于这一领域的研究。从新闻报道来看,目前有关这方面的研究报道、商业评论、公司咨询报告要远远多于学术期刊的论文(当然也有可能是在学术期刊上发表论文的周期要比商业杂志上发表文章长很多)。目前,美国从事该领域相关研究和业务的商业机构就有 90 多家,主要为宝洁、通用汽车、可口可乐、摩托罗拉等大型公司提供服务。

大约是由于实用性,"寻找消费者的购买按钮"成了企业、商家和商家服务的咨询机构的一个愿景目标,企业、商家和广告机构虽然很少公开在学术刊物上发表论文,但早已使用脑成像和脑电设备进行消费者行为研究,成果不比学术界逊色。

不过，由于商业机构对这一领域的研究大量介入，并且有的商家仅仅把脑成像技术看成一种简单测试工具，实验设计过于简单，而热衷于炒作，也引来一些微词，不利于该研究范式的进一步发展。

当然，目前这一领域的很多研究之间还存在互相打架的现象，例如，2004年3月，美国《新闻周刊》（News Week）报道了福特欧洲公司和戴姆勒-克莱斯勒公司支持神经营销学的研究，该研究发现，模特可以激活汽车购买者大脑的奖赏中心（类似酒精和毒品的激活方式），同时有关面部识别的区域也被激活，这一结果为公司采取汽车人格化策略和采取模特促销的销售策略提供了支持。但Yoon、Gutchess、Feinberg和Polk所做的一项研究，并不支持戴姆勒-克莱斯勒公司的上述结论，Yoon等人于2006年6月在《消费者研究学报》发表了《关于品牌与人物判别分离的功能磁共振成像研究》一文，公布了更为严格的、验证性的研究成果。该研究遵循认知神经学中的语义判断研究范式，要求被试者将450个形容词（例如reliable，sophisticated，cheerful）和一起出现的朋友姓名或品牌名字联结，判断这个形容词是否适合描述这位朋友或是某一品牌。fMRI的研究发现，当处理的信息是朋友姓名时，大脑内侧前额叶皮质的活动比其他区域更为频繁；当处理信息品牌名字的时候，与处理物体（object）有关的左侧下前额叶皮质区域表现活跃。这显示人脑对品牌形象和人物形象的判断是分离的，所谓的产品人格化可能另有原因，有待进一步研究。

二、基于脑认知机制的央视与湖南卫视播出平台效果研究

（一）研究方法

本研究采用认知神经科学中的脑电实验来完成，EEG测量的是大脑皮质

的电流，大脑皮质的电流是发生在细胞外的电流，是由细胞群与其他细胞群之间的电位差形成的。通过人们的信息接触、认知行为来推断人们的心理活动和信息接收情况，进而科学精准地把握人们的内心活动。

1. 实验被试

有偿招募 40 位大学生被试者，男女各半，年龄 18~23 岁，均来自不同专业和社会背景，所有被试者身体健康，视力或矫正视力正常，均为右利手。要求被试者之前没有观看过实验材料中的两则广告。

2. 实验材料

两段广告，一段是步步高音乐手机的广告，一段是 LG 的 Lollipop 手机的广告，在手机广告的左上角分别标注央视和湖南卫视的 LOGO，形成四段广告。如图 12-7 所示。

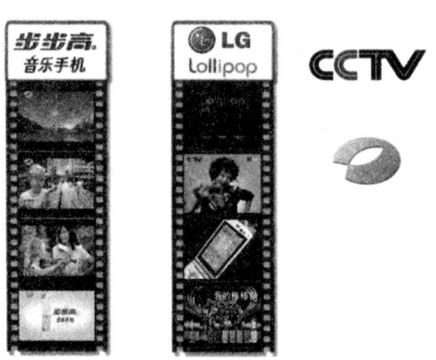

图 12-7　步步高音乐手机广告与 LG 手机 Lollipop 广告片

3. 实验程序

实验刺激全屏播放。实验被试者端坐于屏幕前 70cm 处，被事先告知只需要集中精神看相关画面即可完成实验任务，实验仪器会自动记录其观看画面时的各项指标，实验结束后提供相关的实验报酬。

4. 数据的记录与分析

本研究采用脑电 EEG 来测量神经生理反应，使用的相关研究范式为额叶不对称范式（Frontal Asymmetry Paradigm，FAP）通过左右脑半球谁为主导的方式，解释了额叶和前额叶区域的脑半球被激活的活动。额叶不对称范式（FAP）认为脑半球主导着激活及其显著程度，简单来说，即左脑额叶区域反馈积极，激活程度较为显著，显示被试者趋向于积极的正向反应；右脑额叶区域反馈积极，激活程度较为显著，显示被试者趋向于回避的负向反应。

本实验使用 Brain Products Quick Amp 的 40 通道 ERP 系统，分析被试者在观看广告时出现的 EEG 信号，大脑对该宣传片进行信息加工的总体卷入程度。还包括记录皮肤电 GSR（galvanic skin response）相关数据。测试内容显示在 19 英寸的屏幕上。用 presentation™ 软件来展现刺激物并且使得视频与 EEG 同步化。在（内容）显示的过程中，使用一个具有 32 个电极的大脑视觉放大器来记录被试者的大脑皮层反应。电极的放置位置与 10~20 的国际电极插入系统保持一致。大脑皮质的前额叶和额叶区域（Fp1、Fp2、F3、F4、F7、F8）的反应被记录下来。我们使用快速傅立叶变换（Fast Fourier Transformation），同时使用连贯的放大系数修正系统来计算每一个位于额叶的电极的 alpha 带（8~12 赫兹）的功率。我们对位于身体同侧的电极的 alpha 带功率进行平均，并且与另一侧面的平均功率进行对比，如果额叶和前额叶区域的大脑左半球活动（用 alpha 带来衡量）更为强烈，表明大脑左半球占主导，反之，则说明右脑占据主导。将左右脑的活跃程度相减，就能得出不对称指数，从而知道哪个大脑半球占据主导。

（二）数据结果

1. 眼动数据分析

本书主要将广告中出现产品和 LOGO 的最核心元素的图片截取下来，相关结果如图 12-8 所示。

从图 12-8 可以看出，在左半部分产品出现时，同一被试群体观看加有湖南卫视台标时注视的焦点有两个；而加有央视台标的注视焦点有一个，从整体注视面积上看，湖南卫视台标的广告获得被试者更多的注意力资源。

在右半部分出现产品 LOGO 和产品时，加有湖南卫视台标的广告片获得了更多的关注，同时被试者主要将关注集中在产品外形上，一部分集中在 LOGO 上；而加有央视台标的广告片中，被试者集中关注的是 LOGO，对产品外形基本上不关注。

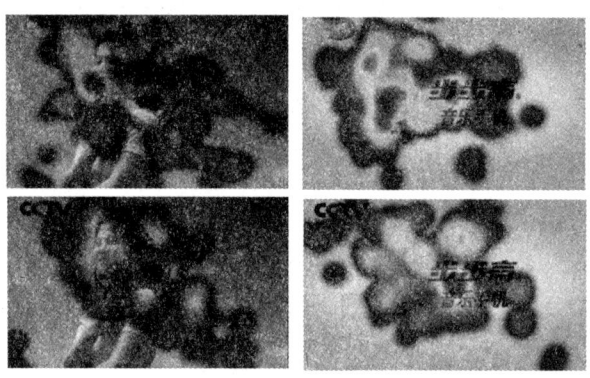

图 12-8　同一组被试者观看标有湖南卫视和央视台标的广告片的眼动热区图

从基本的眼动数据也可以看出，两个画面的注视点数量，湖南卫视台标的广告片明显高于央视台标的广告片。

2. EEG 数据分析

通过受众脑区前额叶 8 个电极对该宣传片的 EEG 的脑电指标，根据左右脑区不对称性原理，上半部分表示脑认知的情绪变化，称之为 relevance，即情感相关性，其中中间线以上的深色区域表示受众对该场景产生积极的正向反馈；浅灰色区域是中性的反馈；中间线以下的深色区域表示受众对该场景产生消极的负向反馈。

下半部分为 GSR 数据，是 GSR 的均值，表示的是 activation，即行为欲求激活程度。

（1）总体分析

图 12-9 为所有被试者观看加有央视台标和湖南卫视台标的两段步步高音乐手机广告片后的基本脑电反应，是随着时间序列变化其正负性情绪的变化。

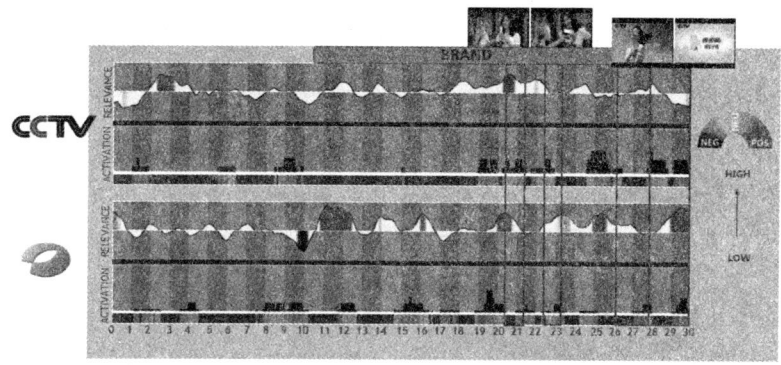

图 12-9 观看步步高手机广告片的情绪激活变化

从图 12-9 可以看出,加有湖南卫视台标的广告片激起的被试者正向情绪(中间基线以上的深色区域)远远超过了加有央视台标的广告片,尤其是在产品出现以后的这段时间内。由于被试者相对年轻,再加上步步高音乐手机与湖南卫视的整体风格比较接近,因此,同样的广告投在湖南卫视的效果会远远超过央视。

另外,在步步高音乐手机出现的四个关键画面中,加有湖南卫视台标的广告片所激起的正性情绪也超过了具有央视台标的广告片,作为一个广告,其最后出现产品 LOGO 和产品诉求时的被试者情感指标是衡量一个广告优劣的关键因素,即图 12-9 中的最后一个画面,湖南卫视台标的广告片也远远超过了央视台标的广告片。

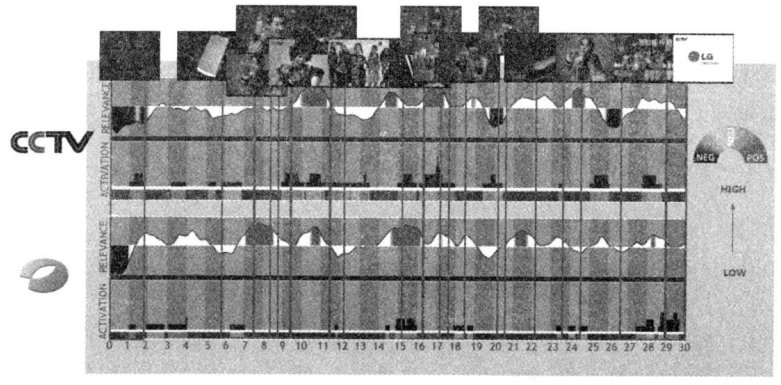

图 12-10 观看 Lollipop 手机广告片的情绪激活变化

根据图 12-10，首先可以看出这个广告片无论在央视还是湖南卫视播出都不是一个很好的广告片，尤其是在最后 LG 手机 LOGO 出现的画面中，无论是湖南卫视还是央视都是中性评价，并没有引起被试者的正向情绪，说明这个广告没有给被试者太好的商品诉求。

另外，加有央视台标的广告片中有几个画面甚至引起了被试者的负面情绪，被试者可能觉得这个广告片过于活跃，和央视一向庄重严肃的风格不搭配。

（2）性别差异

图 12-11 是不同性别对两个标有不同台标的步步高广告片的认知心理变化。在标有央视台标的广告片中，相较于男性，女性对该广告片的整体情绪水平要高一些，男性对这个广告片情绪反应较低。

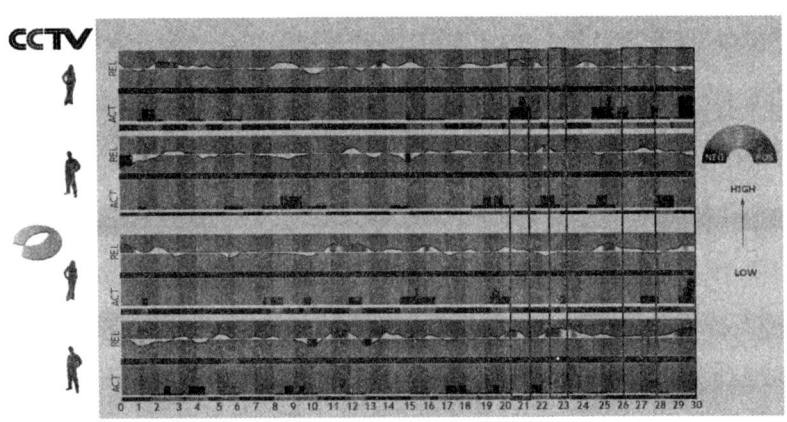

图 12-11　不同性别观看步步高音乐手机广告片的情绪激活变化

在标有湖南卫视台标的广告片中，同样的被试群体，反而男性的情感水平高于女性，无论是在出现产品信息的关键画面，还是在最后体现整个广告诉求的 LOGO 出现的画面，男性的整体水平倾向于正性反馈，这和标有央视台标的广告片恰恰相反。

如果从性别的角度来说，男女性都更倾向于标有湖南卫视台标的广告片。

图 12-12 是不同性别对两个标有不同台标的 LG 广告片的认知心理变化。在标有央视台标的广告片中，相较于男性，女性对该广告片的整体情绪水平要高一些，男性则情绪反应较低。

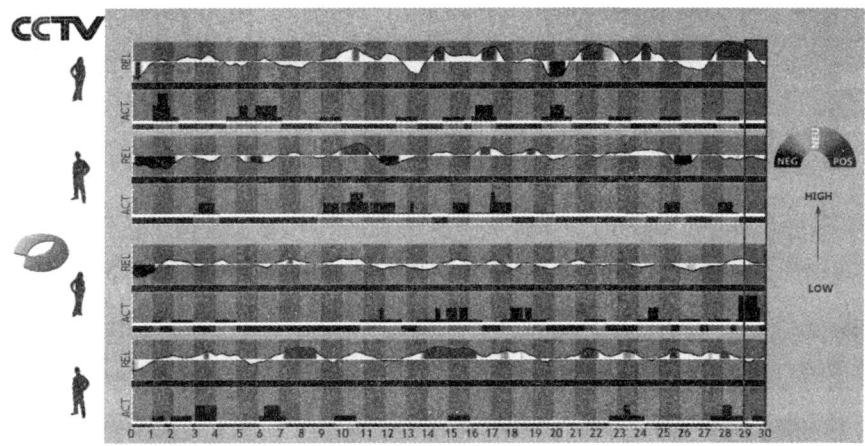

图 12-12　不同性别观看 Lollipop 手机广告片的情绪激活变化

在标有湖南卫视台标的广告片中，同样的被试群体，反而男性的情感水平高于女性，这和标有央视台标的 LG 广告片恰恰相反。

（3）年龄差异

图 12-13 是不同年龄组（年老组和年轻组）对两个标有不同台标的步步高广告片的认知心理变化。在标有央视台标的广告片中，相较于年轻组，年老组对该广告片的整体情绪水平要高一些，年轻组则情绪反应较低，这也与央视的受众人群年龄整体偏大有直接关系。

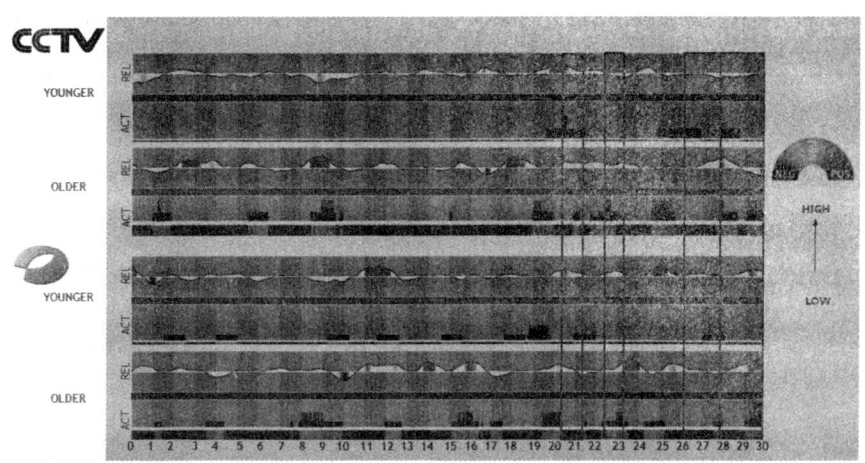

图 12-13　不同年龄观看步步高音乐手机广告片的情绪激活变化

在标有湖南卫视台标的广告片中，同样的被试群体，年老组和年轻组整体的情感水平基本相当，不存在显著性差异，这和标有央视台标的步步高广告片存在一定差异性。

图 12-14 是不同年龄组（年老组和年轻组）对两个标有不同台标的 LG 广告片的认知心理变化。在标有央视台标的广告片中，相较于年轻组，年老组对该广告片的整体情绪水平要低一些，说明年老组对央视的基本定位与 Lollipop 这个广告活跃的风格存在一定的偏差。

在标有湖南卫视台标的广告片中，同样的被试群体，和步步高广告片一样，年老组和年轻组整体的情感水平基本相当，不存在显著性差异。

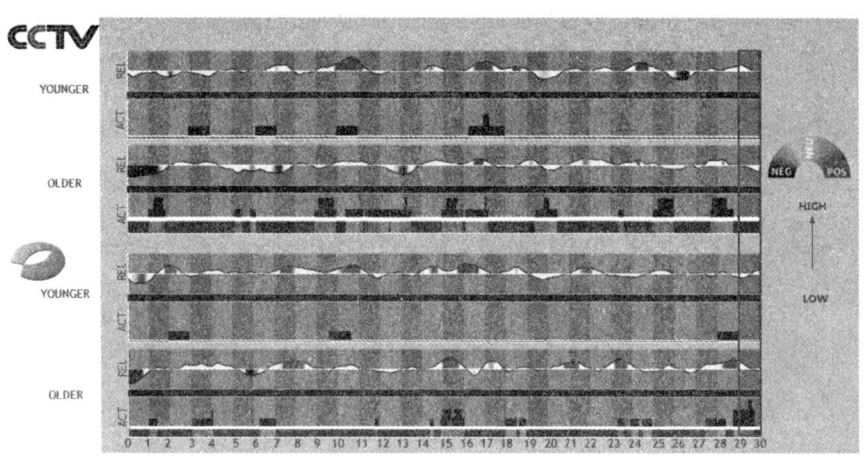

图 12-14　不同年龄观看 Lollipop 手机广告片的情绪激活变化

（三）结论与讨论

通过以上的数据和分析，可以初步得出以下结论：

一是媒介平台对媒介内容传播的渠道烙印是存在的，受众对媒介平台有基本的价值定位、公信力判断等看不见的"黑匣子"作为判断标尺，如果内容与媒介平台的风格出现偏差，信息传播的有效性必然是大打折扣的。

二是广告的媒介购买策略在考虑人群覆盖等因素的基础上，必须考虑传播平台自身的风格、受众对该平台的价值定位，只有这样才能取得更好的传播效果。